外婆桥心语
——小不点、大豆子和外婆

◎ 徐蕴 文沁 文弘 著

南京师范大学出版社
NANJING NORMAL UNIVERSITY PRESS

图书在版编目（CIP）数据

外婆桥心语：小不点、大豆子和外婆 / 徐蕴，文沁，文弘著. -- 南京：南京师范大学出版社，2014.8
（三代人成长档案丛书）
ISBN 978-7-5651-1757-2

Ⅰ.①外… Ⅱ.①徐… ②文… ③文… Ⅲ.①家庭教育 Ⅳ.①G78

中国版本图书馆CIP数据核字(2014)第101749号

书　　名	外婆桥心语——小不点、大豆子和外婆
作　　者	徐　蕴　文　沁　文　弘
责任编辑	张　莉
出版发行	南京师范大学出版社
地　　址	江苏省南京市宁海路122号（邮编：210097）
电　　话	(025)83598919(总编办)　83598412(营销部)　83598297(邮购部)
网　　址	http://www.njnup.com
电子信箱	nspzbb@163.com
照　　排	南京理工大学印刷照排中心
印　　刷	扬州市文丰印刷制品有限公司
开　　本	787毫米×960毫米　1/16
印　　张	19.75
字　　数	344千
版　　次	2014年8月第1版　2014年8月第1次印刷
书　　号	ISBN 978-7-5651-1757-2
定　　价	30.00元
出 版 人	彭志斌

南京师大版图书若有印装问题请与销售商调换
版权所有　侵犯必究

序　言

　　有一首在民间流传百年的童谣，名叫《摇啊摇》，它是这样唱的："摇啊摇，摇到外婆桥，外婆叫我好宝宝。请吃糖，请吃糕，糖呀糕呀莫吃饱。少吃滋味多，多吃滋味少。"这里描绘出了一个可亲可爱、又非常理性的外婆形象。大抵每个人对儿时的回忆，一提到外婆，总是心驰神往，津津乐道，兴奋异常。外婆，这位妈妈的妈妈，对孙辈总是掏心掏肺，爱恋有加，好像总有说不尽的爱、说不完的话。外婆慈祥、温厚的形象，将永远印在孙辈的脑海里，在那深处珍藏，发出神秘的光芒。在《外婆桥心语》的作者心中就有这样一位外婆，年纪70来岁，当了46年妈妈，18年外婆。她从事学校工作40余年，还有近30年的家庭教育工作和关心下一代工作的理论研究与实践，一直尝试着从未成年人的成长轨迹发现其成长规律，同时开展有针对性的家庭培育工作，探索家庭成功教育的实施路径。为了把自己多年来关于家庭成功教育的理念、方法、途径等的研究和从实践中得到的感悟，同那些和她一样关心着下一代成长的父辈和祖辈们交流切磋，她和两个外孙女合作编写了这本书。她在书中说的是发自肺腑的心声，是代表了古往今来妈妈的妈妈们的古老而现实、温情而智慧、悠久而深邃的心声。

　　全书分上下两卷。上卷"成长的心灵丝雨"，第一篇是小作者点点在小学的学习和生活体验，记录了她从刚刚学会写字、唱顺口溜，到童眼看周围的人和事的所见所闻、所思所想。第二篇是小作者豆豆在中学校园生活、人际交往、社会历练中的情感体验和人生感悟。两个部分80多篇小文，写的多是生活点滴，文笔稚气未脱，但篇篇真情实感，活脱脱勾勒出了未成年人的成长历程。她们的生活历程、学习历程以及心理历程、情感历程,种种经历虽是个体的,却能使人在字里行间体会到未成年人成长的一般规律。下卷"外婆的百招闲话",由外婆提出她在当妈妈、外婆和社会家庭教育工作者中遇到的100个问题,然后根据自己几十年的实践和研究得到的体验,对话题进行破解,阐述了作为孩子成长的教育者、引导者的家长应采取的对策和建议。这里涉及家长如何确立为国育儿的理念和提高自身素质的问题;涉及家庭如何按照现代社会对人才的要求,培育孩子德智体美劳全面发展的问题;涉及家长如何争取学校和社会的力量,营造孩子健康成长的优良环境的问题等等。每篇文章均以拾碎、话题、闲话三个部分组成,从现象说起,抓住话题,深入剖析,提出应对招数。虽是碎语,实非小事;虽为闲话,实为良方。

  本书的内容和结构显示出了它与其他同类书的不同特色。其一是合作性。它不是众多资料的汇集,而是独创了一种新形式——祖孙合作。孙辈提供成长的素材,祖辈提供的是数十年教育实践中形成的并经过实践检验的经验,具有十分具体的、可操作的现实指导意义。其二是系统性。两个孩子的文章构成了未成年人走出幼儿期,跨入儿童期、少年期、青春期的整个过程;外婆的文章涵盖了孩子成长过程中思想道德、身心健康、文化知识等各方面素质的家庭培育问题。纵、横结合,会对家庭教育工作产生立体、长期而广泛的影响。其三是科学性。本书采用的是从个体反映一般,从现象中透出本质,从个体的教育实践升华为成功家教的经验和方法,揭示现代家庭实施成功教育的理念、原则、内容、方法、渠道等规律性的东西。可以说,这不仅是作者个人的体验,而且是家庭成功教育的经验总结和科学研究。

  当前独生子女在成长过程中受到社会各种因素的影响,他们中绝大部分能健康成长,但也有少部分出现了这样那样的问题。问题的出现,除了社会的诱因,学校教育的疏忽外,就是家庭教育的不当。有的是家长本身素质造成的,未能以自己的行为做好榜样;有的是教育理念跟不上时代而误导;有的是教育方法不当起反作用。中国共产党第十八届三中全会通过的《中共中央关于全面深化改革若干重大问题的决定》中指出:"坚持立德树人,加强社会主义核心价值体系教育,完善中华优秀传统文化教育,形成爱学习、爱劳动、爱祖国活动的有效形式和长效机制,增强学生社会责任感、创新精神、实践能力。"这是给我们指出的培养新一代的根本方针。要为国家培养出高素质的人才，家庭必须提高科学育儿水平。《外婆桥心语》的出版可以说是应运而生。所有关心孩子成长的人们读一读此书，可能都会从中得到不少启示，以防在家庭培育中走弯路，尽快提高育儿水平，为祖国和家庭培养可靠的接班人。

本书的主要作者外婆曾获"全国家庭教育工作园丁奖"、"全国教育系统关心下一代工作先进个人"，多次在江苏省、南京市的家庭教育、精神文明及关心下一代工作中被评为先进个人，并获多项全国、省、市社科成果和优秀论文奖。参加主编了《家庭道德培育文集》、《中学教育力量整合》、《蒙学〈弟子规〉教程》等十多部书。专著《合作教育新探》为江苏省中小学核心图书，《一起成长》为江苏省推荐的百种青少年优秀读物之一。如今，为了下一代健康成长，她虽年逾古稀仍笔耕不止，希望将自己的体验与家长们交流，共同探索科学育儿的路子，促进青少年健康成长。我想，如果这本书对您有一点帮助和启发，这应该是作者最大的心愿。我诚挚地希望家长们都能来读一读《外婆桥心语》中的那些短文，亲身体验一下，当您品味外婆的那些短文时，是否能聆听到外婆们的心声？

张豫鹏

2013 年 12 月 8 日

目 录

(上)

上卷 成长的心灵丝雨

卷首语——两个妈妈的话 ················ 3

第一篇 小不点发芽了

第一章 发芽芽(一年级)

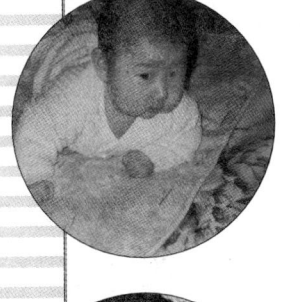

1. 过新年 ···························· 6
2. 你瞧,你瞧! ······················ 6
3. 护蛋日 ···························· 6
4. 画龙点睛 ·························· 7
5. 捡垃圾节 ·························· 7
6. 我最开心的事 ······················ 8
7. 小猫钓鱼公司 ······················ 8

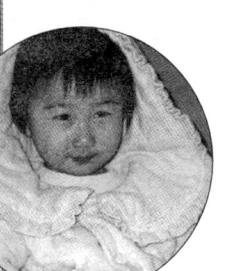

第二章 成苗苗(二年级)

8. 奥运就在我身边 ···················· 9
9. 节约用水 ························· 10
10. 暑假里的数学故事 ················ 11

11. 青岛之旅 ……………………………………… 12
12. 我的好朋友苏月 ……………………………… 13
13. 《波斯王子——时之刃》观后 ……………… 13
14. 印象最深的老师 ……………………………… 14
15. "点点牌"多功能文具架说明 ………………… 15

第三章　长茎茎(三年级)

16. 学钢琴的快乐 ………………………………… 17
17. 老师,我想对你说 …………………………… 18
18. 最难忘的一堂课 ……………………………… 18
19. 游记 …………………………………………… 19
20. 我 ……………………………………………… 20
21. 外婆的绝招 …………………………………… 22
22. 五月槐花醉童心 ……………………………… 22
23. 童话故事 ……………………………………… 23
24. 我的发现 ……………………………………… 25
25. 爸爸的爱 ……………………………………… 26
26. 妈妈你听我说 ………………………………… 26
27. 端午节的风俗 ………………………………… 27
28. 上海欢乐之旅 ………………………………… 28
29. 世博会中的快乐数学 ………………………… 29

第四章　叶茂茂(四年级)

30. 十岁那年的事儿 ……………………………… 31
31. "两会"采访记 ………………………………… 32
32. 晨会,我利用好了吗? ………………………… 33
33. 变废为宝,变害为利 ………………………… 34

34. 孝是做人最起码的道德 …………………… 35
35. 小笼包 …………………………………… 36
36. 德国音乐体验之旅 ………………………… 37
37. 我们的环保课老师 ………………………… 39
38. 冬雪 ……………………………………… 39
39. 我们家的植物 …………………………… 40
40. 我的绝活 ………………………………… 40
41. 为建设绿色家园出力 ……………………… 41

第五章　开花花（五年级）

42. 我的三个奖杯 …………………………… 43
43. 少儿模特大赛中的数学 …………………… 45
44. 连岛的奇遇 ……………………………… 46
45. 萤火虫的启示 …………………………… 47
46. "轻便活动浴帘"制作说明 ………………… 48
47. 三代人的琴梦 …………………………… 50
48. 从琴梦中看世界 ………………………… 51
49. 找年味 …………………………………… 52

第六章　结果果（六年级）

50. 民俗节 …………………………………… 54
51. 我爱上了跳高 …………………………… 55
52. 冬季的校园 ……………………………… 56
53. 价码中的奥妙 …………………………… 56
54. 做陶器 …………………………………… 57
55. 请保护弱小的它们 ………………………… 58
56. 果子狸该不该杀？ ………………………… 59

57. 我的姐姐 …………………………… 59
58. 年龄差 ……………………………… 60
59. 学当雷锋的滋味 …………………… 61
60. 穿越历史之旅 ……………………… 62

第二篇　大豆子有心了

第一章　校园心语

1. 初中三年规划 ……………………… 67
2. 书香作伴 …………………………… 67
3. 在这里 ……………………………… 68
4. 不该丢失的睡眠 …………………… 69
5. 在压力面前 ………………………… 70
6. 拥抱我的朋友 ……………………… 71
7. 流畅的音乐流淌 …………………… 72
8. 《西游记》读后感 …………………… 73
9. 学会说"不"（小小说）……………… 73
10. 有一种不寻常叫寻常 ……………… 74
11. 我的艺术梦 ………………………… 75
12. 君子生非异也，善假于物也 ……… 77
13. 关系 ………………………………… 78

第二章　摇篮情结

14. 留下脚印一串串 …………………… 80
15. 生命中的第一朵浪花 ……………… 81
16. 我的反思和愤怒 …………………… 82

17. 送给外婆的生日礼物 ……………………… 83
18. 一场梦后的我 ……………………………… 85
19. 死亡是一笔财富 …………………………… 86
20. 翠屏的雪仗 ………………………………… 87
21. 制作"拨云见日"有感 ……………………… 89
22. 换位(小小说) ……………………………… 90

第三章　人生感悟

23. 让心灵站立需要一种胸怀 ………………… 92
24. 恐怖的瞬间 ………………………………… 93
25. 女子十米气枪预赛 ………………………… 93
26. 龙清泉的奥运 ……………………………… 94
27. 生活需要调料 ……………………………… 95
28. 牙套 ………………………………………… 96
29. 闯关东 ……………………………………… 97
30. 有失才有得 ………………………………… 100
31. 生与义 ……………………………………… 102
32. 让"心"逃离城市 …………………………… 103
33. 读"我" ……………………………………… 104
34. 保持自我 …………………………………… 106
35. 学会反思 …………………………………… 107
36. 青春不朽 …………………………………… 108

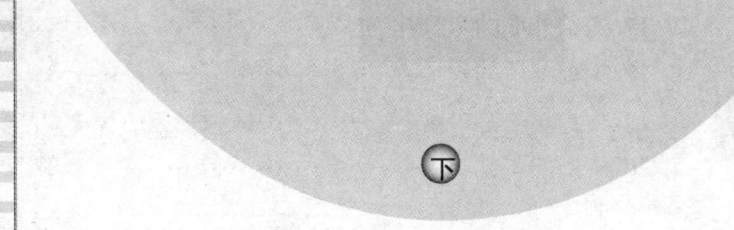

下卷　外婆的百招闲话

卷首语——外婆的导言 ……………………… 113

开篇　朝阳从家庭中托起

第二篇　自塑称职父母的形象

第1招　定好角色位置 ……………………… 117
第2招　在称职上下工夫 …………………… 118
第3招　更新自身的教育理念 ……………… 120
第4招　树立父母的威信 …………………… 121

第三篇　搭建永不堵塞的心桥

第5招　走进孩子的心灵世界 ……………… 125
第6招　多一点真正的关爱 ………………… 126
第7招　客观评价孩子的好坏 ……………… 128
第8招　理解孩子的需要 …………………… 130

第9招	多给孩子一点尊重	131
第10招	把选择权还给孩子	133
第11招	引导孩子与父母交流	135
第12招	变不听话为听话	136
第13招	优化亲子关系	138
第14招	给孩子生活注入活力	139
第15招	让孩子在活动中成长	141

第四篇　培育大写人的品行

第16招	把德育放在家庭教育的首位	143
第17招	及时抓好人生观教育	145
第18招	指导孩子确立理想	146
第19招	在孩子心中播下爱国的种子	148
第20招	从小培养服务意识	150
第21招	教会孩子以诚信立身	151
第22招	进行文明习惯的养成教育	153
第23招	指导孩子从小遵纪守法	155
第24招	让孩子懂得"勤"与"俭"	158
第25招	指导孩子学会理财	159
第26招	指导用好"零花钱"	161
第27招	不要让压岁钱放野马	163
第28招	让孩子真正美起来	164
第29招	医治孩子撒谎病	166
第30招	指导孩子学会人际交往	168
第31招	让孩子乐于付出,学会合作	170
第32招	指导孩子懂得如何择友	172

第33招　让孩子品尝劳动的欢乐 …………………… 174
第34招　教给孩子听不同意见的技巧 ……………… 176
第35招　培养孩子的主动性 ………………………… 178

第五篇　开启心灵的窗户

第36招　塑造健全的人格 …………………………… 180
第37招　培养孩子的爱心 …………………………… 182
第38招　保护孩子的自尊心 ………………………… 184
第39招　帮助孩子树立责任感 ……………………… 185
第40招　培育良好的意志品质 ……………………… 187
第41招　培养孩子的独立意识 ……………………… 189
第42招　帮助孩子克服自私心理 …………………… 190
第43招　将"行"字装进孩子心中 ………………… 191
第44招　进行抗挫力的培养 ………………………… 193
第45招　关注孩子性早熟 …………………………… 194
第46招　减轻孩子在学习中的心理负担 …………… 197
第47招　进行考试心理辅导 ………………………… 199
第48招　巧用激励法 ………………………………… 200

第六篇　传递智慧门的金钥匙

第49招　引领孩子崇尚科学 ………………………… 203
第50招　指导孩子自己学 …………………………… 205
第51招　培养良好的学习习惯 ……………………… 206
第52招　激发孩子的学习兴趣 ……………………… 208
第53招　指导孩子搞好预习 ………………………… 210

第54招	训练孩子上课专心 …………	211
第55招	指导孩子当作业的主人 …………	213
第56招	指导孩子提高作业质量 ………	214
第57招	帮助孩子克服粗心的坏习惯 ………	216
第58招	传授期末复习中的要诀 ………	218
第59招	分科指导有效复习 …………………	219
第60招	正确应对孩子考前的索取 ………	222
第61招	教给孩子考试中的应对法 ………	224
第62招	正确对待考后的短信息 …………	225
第63招	发挥考试分数的效应 ……………	226
第64招	把孩子变得聪明起来 ……………	228
第65招	指导孩子学会观察 ………………	231
第66招	帮助有效记忆 ……………………	233
第67招	指导科学思维 ……………………	234
第68招	给孩子插上想象的翅膀 …………	236
第69招	教给孩子读书的窍门 ……………	238
第70招	指导选择有价值的书 ……………	240
第71招	引导从书中吸取营养 ……………	242
第72招	保护创新积极性 …………………	243
第73招	培养孩子的实践能力 ……………	245
第74招	带着孩子到大自然中去遨游 ……	247
第75招	指导过好中小学衔接关 …………	248
第76招	导引跨好新的每一步 ……………	251
第77招	让孩子在寒假中放飞 ……………	253
第78招	指导科学安排暑假学习活动 ……	254

第七篇　锤炼健康的体魄

第79招　让孩子的生活充满生机 …………… 257
第80招　开展家庭体育锻炼 ………………… 259
第81招　开展家庭文娱活动 ………………… 261
第82招　当好孩子的保健医生 ……………… 263
第83招　关心孩子的心理健康 ……………… 265
第84招　进行考前的健康指导 ……………… 266

第85招　指导孩子学会生活 ………………… 267
第86招　指导孩子有序度假期 ……………… 269
第87招　教会孩子珍爱生命 ………………… 271
第88招　教会孩子自我保护 ………………… 272

第八篇　营造快乐成长的伊甸园

第89招　为孩子营造良好的成长环境 ……… 274
第90招　优化家庭文化建设 ………………… 276
第91招　整合家庭的教育力量 ……………… 278
第92招　让孩子懂得孝敬长辈 ……………… 280
第93招　给孩子参加家务劳动的机会 ……… 282
第94招　开展家庭艺术欣赏活动 …………… 284

第95招　合理发挥隔代教育的作用 ………… 286
第96招　和学校同步进行教育 ……………… 288
第97招　指导孩子融入集体中 ……………… 290
第98招　引领到社会大课堂去 ……………… 292
第99招　指导孩子科学使用互联网 ………… 295
第100招　充分利用社会教育资源 …………… 297

外婆桥心语

上 卷
成长的心灵丝雨

《外婆的澎湖湾》

晚风轻拂澎湖湾　白浪逐沙滩　没有椰林缀斜阳　只是一片海蓝蓝　坐在门前的矮墙上　一遍遍怀想　也是黄昏的沙滩上　有着脚印两对半　那是外婆拄着杖　将我手轻轻挽　踩着薄暮走向余晖　暖暖的澎湖湾　一个脚印是笑语一串　消磨许多时光　直到夜色吞没我俩　在回家的路上　澎湖湾澎湖湾　外婆的澎湖湾　有我许多的童年幻想　阳光　沙滩　海浪　仙人掌　还有一位老船长

卷首语
——两个妈妈的话

点点和豆豆，都是普通的当代青少年，她们在家庭、学校、社会的关爱下幸福成长。点点六年写下的点点滴滴的生活记录，豆豆抒写的细细微微的青春体验，一个小学生，一个中学生，两人加起来12年的学习、生活情况，思想、心理活动，反映了未成年人一般性的成长特征，正好能让人从中看到一个未成年人从儿童、少年到青年的成长轨迹。

一个是21世纪开局出生的，一个是20世纪后期出生的一对表姐妹，由于出生时间有先后，生活的家庭环境不同，就读的学校不同，生活的社区不同，成长的社会背景又不同，因此她们反映出的思想、心理、行为都有各自的个性，反映了青少年成长具有特殊性的特征。

几十篇文字不是孩子生活的全部，也不是可指导写作的美文，但都是原生态的，是生活的真实反映，是心灵毫无掩饰的披露。

"小不点发芽了"的作者点点是一名小学生，本文收录的是她从刚刚学会写几个字，到学着用笔记下自己所看到的、所想到的部分文字。稚嫩的童言童语背后实则是一颗纯真、可爱的童心，反映出一个孩子怎样在家长、老师、社会的关爱、引导下，逐步从家庭走向社会，用童眼去观察，用童心去思考，在学习和生活中慢慢长大。这些纯净的小草、小花，可以让我们闻到奶香，听到银铃般的笑声，看到天使般的笑脸，给人以享受。

"大豆子有心了"的作者豆豆是一名中学生，她把在中学6年中的校园生活、社会阅历、情感世界等以散文的形式记录下来，发表看法，抒发感情；又采用小小说的形式，以校园中发生的人和事为题材，略有加工，描述了处于青春期的少男少女的所作所为、所思所想，反映了21世纪青少年的思想状态和精神面貌，供人了解，给人启示，发人深思。她的作品虽然都用第一人称,但文中的"我"并非就是作者本人,用第一人称是为了增强文章的真实感和感染力。

只要用心看完这些片言只语,有谁能挡得住不被孩子可爱的言行、真挚的感情所感动?有谁能不被孩子的心灵呼唤引发思考?有谁能不为孩子健康成长而千方百计、竭尽心力?作为孩子们的妈妈,把平时积累的孩子们的作品奉献出来,意在期望每个有意读一读孩子们的"心灵丝雨"的人们,都能从看到的这种真正的"真"、感受到的这种原味的"美"中,领略到一种感悟,产生一种冲动,去关心可爱的孩子们的健康成长。

第一篇　小不点发芽了

导　言

　　本篇是小学生的作品,收录的是孩子从刚刚会写字,到学着用笔记下自己所看到的,所想到的部分文字。文字很稚嫩,但童心很纯真、很可爱,能反映出一个孩子怎样在家长、老师、社会的关爱、引导下,逐步从家庭走向社会,用童眼去观察,用童心去思考,在学习和生活中慢慢长大。

　　这些纯净的小草、小花,可以让我们闻到奶香,听到银铃般的笑声,看到天使般的笑脸,给人以享受。那些童言童语,给人带来的也许是心灵的震荡。那些看似幼稚的问题,会引发我们无尽的思考。

发芽芽(一年级)

1. 过新年

新年到,
步步高,
家家户户过年忙。
贴窗花,
挂灯笼,
小朋友们多开心。
包饺子,
蒸年糕,
亲人团聚真热闹。

(注:点点讲,外婆记。)

2. 你瞧,你瞧!

美丽的蓝天蓝晶晶,
粗壮的大树绿茵茵。
你瞧,
小鸟在天上飞。
你瞧,
小鸟在树上睡。

(注:点点讲,外婆记。)

3. 护蛋日

护蛋日的第一天

今天老师叫我们带鸡蛋。嘿嘿,你知道为什么吗?我告诉你吧,老师是让我们 gan 受爸爸妈妈带我们有多辛苦。带鸡蛋真烦,上课放抽屉里,下课带身上,连做操都要带身上。但是我的鸡蛋还是完好无损。

我 gan 受到了爸爸妈妈带我有多辛苦了。

汪刘楠作

护蛋日的第二天

今天,是护蛋日的第二天,我很 shāngxīn,有个小朋友 pèng 了我一下,所以我的鸡蛋 suì 了。dāng 时我很 shang 心,因为我没有把这个小生命 zhào gù 好,让它 suì 了。

想想爸爸妈妈把我们保护好是多么不容易呀!下次我一定要保护好小生命。

4. 画龙点睛

梁代有个画家,有一次他在寺庙的墙壁上画了四条龙,非常逼真,但都没有眼睛。人们都问:"你画的龙怎么没有眼睛呢?"他回答说:"如果有了眼睛,龙就会飞走的。"人们不相信,都说:"那你画上去试试看。"于是他就给两条龙点上眼睛。一会儿,只见雷电交加,两条有眼睛的龙飞上天空,只剩下两条没有眼睛的龙留在墙壁上。

5. 捡垃圾节

9月30日晚上,我和爸爸妈妈去逛商场。在路上,我看到了一个 píng 子,我问妈妈:"我能把这个 píng 子捡起来吗?"妈妈说:"可以。"然后,我就把这个 píng 子捡起来了。过了一会儿,我又在地上看见一张纸,我又把这张纸捡起来扔进垃圾 tǒng 里。

我想怎么有这么多人扔垃圾呀！我对妈妈说："我们造个捡垃圾节吧,这一天,每个人都得捡垃圾,爱护环境,人人有责。"

6. 我最开心的事

今天是我的生日,老师发 bàng bàng 糖,我很开心。因为我听见了小朋友们的祝福和欢笑,这让我很激动。可是有两个小朋友没有得到 bàng bàng 糖。但是我相信,如果他们表现好一点,也能得到好吃而美味的 bàng bàng 糖。

7. 小猫钓鱼公司

小猫钓鱼公司有 4 只小猫在开会,商量有人要买的 20 条鱼的货到哪里找。1 只小猫说："我家有 5 条鱼。"另 1 只小猫说："我家有 3 条鱼。"又 1 只小猫说："我家有 8 条鱼。"那么,还有只小猫要拿出几条鱼才够呢?

成苗苗（二年级）

8. 奥运就在我身边

2008年奥运，就在中国，就在我的身边。我感到兴奋、骄傲和自豪。

我在生活中，处处感到奥运的存在。鼓楼广场上的电子显示屏每天告诉我距离奥运会开幕的时间，我感到奥运离我们越来越近了。妈妈告诉我，她们单位为迎接奥运会，要开展龙舟比赛，我很兴奋。我在电视上看到了以前奥运会的盛况，觉得奥运是一件受到大家关注的事情。我还看到了代表中国参赛的运动员们辛

苦拼搏的情况，我觉得他们非常了不起。我参加了学校的舞蹈队，为迎奥运，排练了舞蹈"训练日记"，虽然很辛苦，但是大家跳得都很起劲、开心。

我问妈妈："奥运精神是什么？"妈妈说："奥运倡导理解、友爱、团结和公平，奥

运精神的精华是'更快、更高、更强'。只有做到'自信、自强、自尊',才能更好地发扬奥运拼搏精神。"我问妈妈:"是不是就是要争第一?"妈妈说:"比赛中最重要的不是胜利,而是奋斗;不是征服,而是奋力拼搏。传递圣火,目的在于传播奥林匹克精神,实现一个更美好、更安宁的世界。"听了妈妈的话,我不完全懂,但我看了电视中传递圣火的场面,我知道圣火会让和平和友谊的种子在更多的国家扎根、生长、开花和结果。

奥运会在我们中国举行,正是展示我们国家的机会,让世界了解我们中国的悠久历史与灿烂的民族文化。我们老师说,每个中国人都要为奥运胜利作努力。我想,我是少先队员,我也要为奥运出力。我要从生活中的每件小事做起,养成文明习惯,不乱扔废物,不随地吐痰,不闯红灯,说话文明,也要监督周围的人养成文明行为,和大家一起努力,使奥运办成绿色奥运、文明奥运。

我也要像奥运健儿一样,发扬拼搏精神,在成长过程中,不怕困难,不怕挫折,积极进取。在学习的过程中更加主动,用丰富的知识充实自己,以优异的成绩向祖国汇报。

我想对奥运说:加油!我想对中国奥运健儿说,我一定要向你们学习,和你们一起加油!

9. 节约用水

现在我们的淡水资源受到严重污染,我感到很伤心。

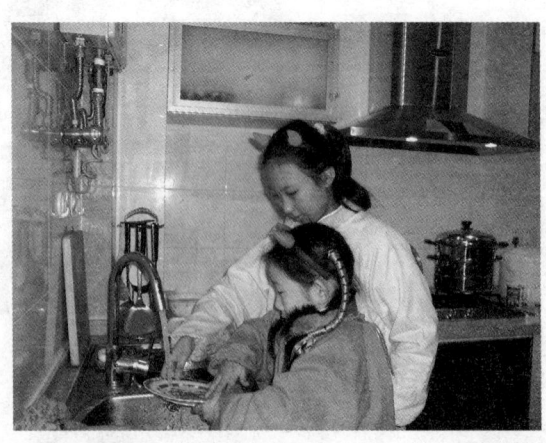

听说,目前,全球有200多万吨垃圾被倒进河流、湖泊和小溪中,每一升废水

正在污染 8 升淡水。淡水资源是有限的,地球上的淡水资源不到地球上水资源总量的 1%,其中人类可利用的连 15% 都不到。

　　淡水资源和我们的生活是密不可分的。淡水可保证地下水供给的储水层,为家庭生活和农业灌溉提供充足的水源。它还可以调节生态平衡,提供运输航道,还可以通过水坝提供再生能源——水电。

　　然而,随着人口的增加,工业和农业发展的扩大,人均用水量正在日趋减少。1950 年的人均用水量为 16800 立方米,到 2000 年已减少到 6800 立方米,干旱现象也越来越严重。所以,我们要节约用水,从自己做起,从生活做起。让我们一起珍惜身边的每一滴水吧!

10. 暑假里的数学故事

一、在叶老师家的快乐生活

　　星期六的下午,妈妈对我说:"7 月份你住在叶老师家,好吗?"我说:"好呀!"妈妈帮我收拾好衣服和其他东西,就送我到钢琴老师叶老师家了。

　　在叶老师家,我每天都去买早餐。叶老师给我 8 元钱,我花 2 元钱买了 2 个烧卖、花 1 元钱买了 1 个包子、花 3 元钱买了 5 根油条、花 2 元钱买了 2 瓶酸奶。买回来的早点供 9 个人享用,平均每人 1 元钱不到,但大家吃得很高兴。看到大家高兴我也很开心。

　　一个月过得很快,一转眼就过去了,我很快乐,因为我弹琴进步了,还学到了当家的本领。

二、我的账本

　　我住在阿姨家,学到了洗碗挣钱。

　　有一天,姐姐没有时间洗碗挣钱了。我说:"我来洗吧!"阿姨说:"好吧。"我洗了 4 个盘子、6 个碗,一共挣了 10 元钱。我说:"上次我还抹了一次桌子呢!"阿姨又给了我 1 元钱,这样,我一共挣了 11 元钱。

　　我高兴地告诉了妈妈,妈妈马上就说带我到文具店。第二天,我们去了文具店,我买了笔套、刨笔刀,妈妈说再买一个账本吧,这样,一共用去了 5 元钱。

　　回家后,我把收入 11 元、支出 5 元、结余 6 元记在账本上。

　　后来,我又把在好婆家洗碗得到的奖励钱,一次 2 元,2 次 4 元,又记在账本上，我现在已经有了 10 元钱。以后，我的学习用品都要用自己劳动挣的钱买。我想我一定要坚持记账，学会理财。谁叫我是"国际金融理财师"的女儿呢！

三、买皮蛋

暑假的一天，我和外公外婆去苏果超市买皮蛋。公公在货架上看到一盒 13 元钱 8 个的皮蛋，就拿了 3 盒。我又发现了 10 个一盒的皮蛋，只要 13.8 元，皮蛋还比 8 个一盒的大，我告诉了外公。外公就放弃了两盒 13 元的，买了一盒 13.8 元的皮蛋，一共花了 26.8 元。

买好后，我们感到很高兴。虽然少买了 6 个蛋，但比买 3 盒 8 个 1 盒的皮蛋，少花 12.2 元，心算好的外婆算了一下，一盒 13 元钱的，平均一个蛋要 1.6 元多，现在平均一个蛋 1.5 元不到，还是很合算的。外公外婆对我说："买东西就要这样，得比一比、算一算。"

11. 青岛之旅

8 月 22 日下午 6 时，我和爸爸妈妈坐着飞机来到了青岛，开始了我们的"青岛之旅"。我最感兴趣的是参观海底世界，海中动物真好玩：

金蝉脱壳

海参是一种软体动物。每当大型动物要吃它的时候，它会把自己的内脏吐出来给大型动物吃,然后趁机逃跑。过一段时间它还会长出一副新的内脏。海参的本事真大呀!

自切功能

和海参一样,海星也是一种软体动物。每当大型动物咬住它的时候,它会把那只脚切掉,然后逃跑。过段时间那个地方会再长出一只脚。

水母

水母有各式各样的种类,有的触须长,有的触须短;有的透明,有的不透明;据说,有的跟鲨鱼一样大,有的只有蝌蚪一样小。

12. 我的好朋友苏月

我有一个好朋友,她有一双大大的眼睛,看起来炯炯有神,她的头发短短的,从后面看显得很可爱。

她是一个非常温柔的小姑娘,可是发起火来是很凶的哦!

有一次体育课上,老师要求我们进行跑步比赛。在跑的时候,我不小心摔了一跤,跑了最后一名。下课的时候,同学们都不理我了,而且都在怪我,而苏月没有,反倒来安慰我。她真是个有爱心、关心同学的人。

她喜欢唱歌,每次下课的时候,她都会哼着小调走出教室。告诉你,她出教室的时候唱的歌,一般都是《祖国,祖国,我爱你!》

这就是我的好朋友苏月,一般我都叫她苏苏。

13. 《波斯王子——时之刃》观后

今天下午,我弹完钢琴后,爸爸妈妈带我去看电影《波斯王子——时之刃》。

电影讲述了在古老的波斯王朝时代,有一位波斯国王,在巡查市场的时候,偶然发现了一个勇敢的小男孩,于是国王就把他收养了,并且让他当没有皇家血脉的波斯王子。他就是这部电影的主人公"达斯坦"。达斯坦勇敢善战,打了很多胜仗。他在攻打圣城的时候,发现了一把能让时间倒流的神奇的匕首,这把匕首叫做"时之刃"。他在庆典上转送给国王的礼物是一件圣袍。可他万万没有想到圣袍里有毒气,国王去世了。达斯坦被误认为是杀父凶手,其实这一切都是国王的弟弟一手操办的。这是因为他想当国王,所以要把国王杀掉。

后来,达斯坦和圣城的公主也就是"时之刃"的守护者一起逃亡。国王的弟弟还派一帮杀手去追杀达斯坦和公主。在一次又一次的试探中,达斯坦发现杀死国王的真正凶手是国王的弟弟。达斯坦用他的机智和勇敢保住了能让时光倒流的"时之刃"。最后,达斯坦用时光倒流揭穿了国王弟弟的阴谋,改变了历史,保护了圣城的和平。

看来阴谋总有被揭穿的一天,正义和勇敢才是和平的保护者。

14. 印象最深的老师

我在琅琊路小学上学。我们学校的老师很多,应老师是我印象最深的老师,她是我的班主任。

她长着一对大大的眼睛,一个小小的鼻子,还有一张红润润的嘴巴。她的头发黑得发亮,在阳光的照耀下一闪一闪的,好看极了。

她是语文老师,她的每一节课都很生动有趣,所以我最喜欢语文课了。她希望看到的是我们在课堂上高高地举起我们的小手,大胆地说出我们的想法。应老师说过,我们的大脑就像一台机器,要多使用它,它才不会生锈。如果长期不使用,到最想用时都用不起来了。

她是一位好老师。有一次,在语文课上,应老师问了一个问题,我立刻想出了我自己的答案,所以举了手。没想到老师就请了我。我大胆地说了答案,可说错了。我想,这下要挨批了,可谁知道她没有责怪我,而是对我说:"说错了没关系,只要大胆地说出自己的想法就好。"老师这是在鼓励我进步,我真感谢应老师。

15. "点点牌"多功能文具架说明

根据现在提倡的低碳生活,应该把可以利用的东西尽量利用起来,不要浪费。这个"点点牌"多功能组合文具架就是利用废旧包装盒做成的。不需要花什么钱,只要想做,每个人都能做。要想美观,自己可以另外装饰。

(1)用途。虽然是废物利用,对办公人员来说很实用,特别适合学生使用。因为它可以把学习用具分类放,减少混乱,便于寻找,可节省时间,也有利于培养有序学习、生活的好习惯。

(2)结构。底层是资料盒,可以存放资料卡片、便笺、小记录本等。

第二层,一边是笔盒,可放铅笔、钢笔、圆珠笔、尺子等;一边是放计时器的地方,可以放小台钟、小电子钟等告知时间的东西。

第三层包括三样东西。中间是多用盒。中间用隔离板分成两格,隔离板是可以活动的,根据里边放的东西定位子。一边可以放剪子、胶水等;一边可以放各种彩色画笔。盒子的正上方,可以插放年历。盒子的盖上可以插放课程表或工作日程表。右边是两个袖珍盒,放小物品。敞开的可放橡皮、胶带、修正带;带盖子的放夹子、回形针、大头针等。左边是笔筒,可放毛笔、尺子等较长的文具。

（3）设想。如果能有工厂按照这样的结构,用塑料或竹子、木料制成美观的多功能组合文具架,一定很受小朋友欢迎,而且能进办公室作办公用品。

（获 2010 年区小发明二等奖）

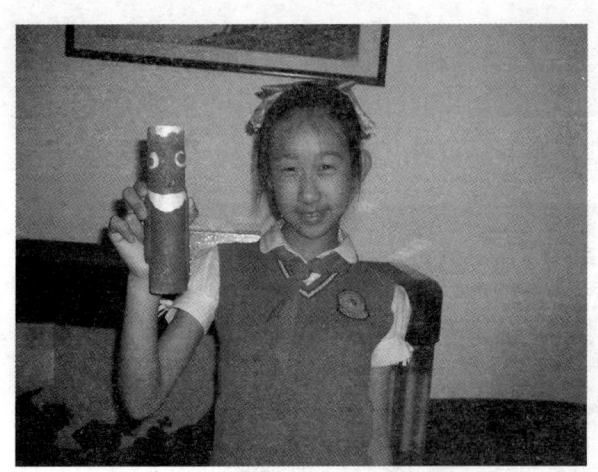

长茎茎（三年级）

16. 学钢琴的快乐

我4岁就开始学钢琴了。一开始，我连"do"这个最简单的音符都找不着。学了一星期，老师开始教我一些基本练习了。我总把"do"弹成"re"，把"re"弹成"mi"，把"mi"弹成"fa"。老师知道我错了，就说我是小笨蛋。我很不服气，就把这三个音弹了10遍。弹完了10遍，老师又说我是超级小笨蛋。这次我很生气地对老师说："你为什么说我是超级小笨蛋？"老师笑着说："因为你每次都弹错了。"话音刚落，我又把"do、re、mi"弹了一遍，果然我真的弹错了。但我想，我只要努力，就一定能取得好的成绩。

一年一年地过去了，我的钢琴水平也慢慢提升了。在2010年的1月1日，

我在维景大酒店参加了"小演奏家乐园"基本功大赛的总决赛,拿到了布格缪勒组的冠军,还得到了一个水晶奖杯呢!

我的钢琴水平还在继续提升,今年我要考8级了,我现在正在努力地练习,你们也要为我加油哦!

17. 老师,我想对你说

9月10日教师节,这是一个特殊而又神圣的节日。我情不自禁地想起教过我的老师。回想着每位老师的音容笑貌,回味着在幼儿园和小学生活中的点点滴滴,我想对老师说:"老师,我想念你,我爱你!"

在幼儿园里,庞老师教我唱歌、跳舞、认字,还有怎样和别人交往。

在小学里,应老师是我们班的班主任,也是我们的语文老师。每次我考试考得不好的时候,她都会鼓励我。应老师的字写得很好,我想写得跟应老师一样好,所以我一直坚持练字。应老师的课声情并茂,让我越来越喜欢上语文课了。

教数学的马老师经常鼓励我,让我对学习更有信心了。马老师就像一位心理医生一样,每当我烦恼的时候,她都会对我说:"孩子,加油!"

贾老师是我们班的音乐老师,每节音乐课她都上得生动有趣。同时,她也是校舞蹈队的教练,作为舞蹈队的一员,我总能听到贾老师教导我们坚持、坚强的话语。

老师和我们生活在同一个大家庭,我喜欢每一位老师和每一位同学。学校就是我的家。老师,我想对你说:"教师节快乐!"

18. 最难忘的一堂课

3月11日,我们的语文老师给我们上了一堂难忘的语文课。这堂课的课题是《微笑着承受一切》,讲述的是我国女子体操队员桑兰的故事。

桑兰是体操队中优秀的跳马选手之一,而且多次为国家赢得了荣誉。可是她在一次比赛中发生了意外,她头朝下,从跳马箱上摔了下来。经过医生诊断后,桑兰得知自己的伤势,她的颈椎骨折了。你知道骨折是什么意思?经过老师讲解,我知道了桑兰不是一般的骨折,而是骨头碎了。这真是太不幸了!队员们知道了她的伤势后都很伤心,因为桑兰不可能和她们一起参加比赛了。

桑兰却没有倒下。她每天都做2次2小时的康复治疗,课文里这样写道:"她总一边忍着剧痛,一边哼着自由体操的乐曲。"这说明桑兰坚强的意志和对体操的热爱。1998年10月30日，桑兰出院了。她出院时面带笑容，而且在医院里也一直面带笑容地承受一切。她用坚强、乐观、自信感动了我，所以这一课是我最难忘的一课。

19. 游记

一、玄武湖真美

站在玄武湖边，放眼远眺，连绵起伏的城墙就像一条长长的巨龙。碧绿的湖水中不时还会游来几条小鱼，它们在湖水里游来游去很自在。

眼看就要天黑了，玄武湖的湖面上，有许多游客划着小船欣赏着傍晚的景色。林荫大道上亮起了灯光，爷爷奶奶在那里散步、聊天。

玄武湖真美啊！

三月，从第一声春雷打响开始，这儿的春天就来了。

远处连绵起伏的群山一座挨着一座，就像是一条长长的龙。天空一碧如洗，几只小鸟在叽叽喳喳地唱歌，好像在唱"春天来了，春天来了"。草地上几只蝴蝶在翩翩起舞，它们有的跳芭蕾，有的跳恰恰，还有的跳民族舞，跳得好看极了。湖水清澈见底，里面还有鱼儿、小虾和青蛙呢！

啊，这儿真美呀！

二、热闹的湖南路

一到休假日，湖南路热闹极了。

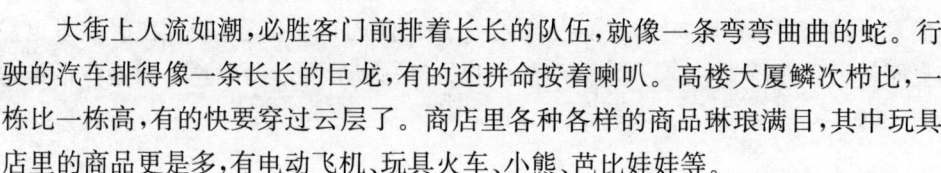

大街上人流如潮,必胜客门前排着长长的队伍,就像一条弯弯曲曲的蛇。行驶的汽车排得像一条长长的巨龙,有的还拼命按着喇叭。高楼大厦鳞次栉比,一栋比一栋高,有的快要穿过云层了。商店里各种各样的商品琳琅满目,其中玩具店里的商品更是多,有电动飞机、玩具火车、小熊、芭比娃娃等。

一到晚上,街上的灯光非常漂亮,有的树上还挂着一串串彩色的灯泡,有红、有黄、有蓝、有绿,真是火树银花啊!湖南路的夜晚真漂亮呀!

20. 我

一、我的外貌

我的名字叫白玥文弘,今年9岁,在琅琊路小学上学。我的眼睛不大不小,不过笑起来就是一条缝,眉毛弯弯像月牙,耳朵像两把小扇子,嘴巴又小又圆,像个小樱桃。因为我很爱笑,所以大家都觉得我很讨喜。我是一个很可爱的小姑娘,大家都很喜欢我。

二、我的自画像

我的小名叫点点,但我又不小,又不圆,个子瘦瘦高高的。我的最爱是画画,一有空我就会在本子上画一些画。比如动物、植物、房子,所以我在美术课上画的都挺漂亮的。我从3岁就开始学跳舞了,现在还是校舞蹈队的一员呢;我4岁开始学钢琴,而且经常参加钢琴演奏会。

我是个懂事的孩子,妈妈工作很忙,没有时间照顾我,我不怨她,而且学着自己照顾自己。我还很尊重老人,看到邻居的爷爷、奶奶都要问好,还经常帮助外公、外婆做事呢!

我是一个性格开朗的女孩,我热爱集体,关心同学,如果在下课的时候我看到小朋友摔跤了,或被谁打伤了,我都会去帮助他们。大家都说我乐于助人。

我的书写特别美丽、整洁。有一次公开课上,应老师让我们设计名片,说字写得潦草一点没关系,只要自己看得懂就行了。可是我不这样想,因为这是公开课,如果听课的客人老师不知道我们写什么,就会来看我们的卷子。我的字如果写得太潦草,客人老师就会看不懂,所以每次上公开课要写字的话,我都会把字写得漂漂亮亮的。

如果我再细心一点,我就会更棒了。

三、我最囧的一件事

我这个人很奇怪。现在我已经上三年级了,可是每天晚上我都要和妈妈一起睡。

今年我就要考钢琴8级了,所以妈妈让我在寒假的时候,到老师家集训10天。当妈妈告诉我这件事的时候,我的心都碎了。因为在这10天里,我都不能见到妈妈了,也不能和妈妈一起睡了。告诉你们吧,我是一个很认床的人,我在老师家每天晚上都睡不着,当夜深人静的时候,我都会偷偷地哭;白天我在琴房里也会偷偷地哭,但从没有人发现过。我每天都盼望着老师能让我早点回家。时间过得很快,没想到我熬到了最后一天。在这一天里我非常兴奋,因为我又能看到妈妈了,而且还可以和妈妈一起睡觉了。

看来我还没有长大呢,还离不开妈妈呢,以后怎么办啊?

四、我的最爱

可爱的猫

我家有一只小猫,它非常可爱。我发现小猫的眼睛是蓝色的,后来爸爸告诉我这只小猫是波斯猫。

每个星期六、星期天我都会去看这只小猫,我走路它会跟着我走,我停下来,它就会往我身上爬。

它真是一只可爱的小猫呀!

粉色的小熊

我的最爱是一只粉色的小熊。

它的嘴巴弯弯的,眼睛圆圆的,鼻子大大的,看起来总在对我笑。而且摸起来绒绒的、软软的,非常可爱。

这只小熊是妈妈从单位带回来的,我问妈妈:"这只小熊是从哪里来的?"妈妈说:"今天是你的生日,这是阿姨送给你的生日礼物!"

我非常喜欢这只小熊,连睡觉都抱着,有时还会讲故事给它听呢!它坐在椅子上,面带笑容,就像能听懂似的。

它真是一只可爱的小熊啊!

有趣的海豚

海豚长得又苗条又可爱,每天吃的食物分量约是体重的4%—8%哟!它没有规定的睡眠时间,一直持续游泳,但左右两边的脑部在轮流休息。每隔十几分钟,状态就会变换一次,而且很有节奏呢!它实在是一种非常有意思的小动物,我喜欢它!

21. 外婆的绝招

我的外婆是南京市二十九中的语文老师,她教出来的学生大多数是尖子生,大部分学生都能考上大学,有的还上清华、北大呢!可我在这说的是外婆的另一个绝招。

我外婆的另一个绝招很管用,可我外公总是称她的这一招为"卖狗皮膏药",你说这名字很好玩吧?

外婆的这一招就是捏耳朵,如果你有什么不舒服的地方,只要给外婆这么一捏,就好多了。

想起有一年的夏天,妈妈带我到红山动物园玩,出门我忘记带防晒霜了,只戴了顶小帽子。由于小帽子上有亮片,能够反光,所以太阳光直接照射到了我的脸上。回到家后,我的脸上就起满了疙瘩。我赶紧告诉外婆,外婆立刻抓住我的耳朵死命地捏,捏了一个地方又一个地方,差不多捏了3、4个地方,疼得我哇哇直叫。过了一会儿,我觉得脸上好多了。外婆的这一招真灵啊!

这中间到底有什么奥妙呢?直到有一天,我在外婆的桌上发现了一张耳穴示意图,我才明白原来外婆给我捏的都是治过敏的穴位。我一脸疑惑地问外婆:"你不是医生,为什么要研究耳朵呢?""这是圆我的医生梦!"外婆感慨地说。她告诉我,除了过敏点,耳朵上还有很多神奇的点,如肝炎点、便秘点、睡眠点……

告诉你吧,我外婆虽然不是医生,但她的这一招还是很有用处的啊!

22. 五月槐花醉童心

五月,槐花开了,校园里弥漫着浓浓的槐花香味。槐花白的像雪,紫红的百般妩媚,让人忍不住想摘一串,捧在手心里,含在嘴里。

在这个季节,我们三年级同学要在琅小校园里过自己的"槐花节"了。

在过"槐花节"的前一个星期,班主任应老师和部分学生家长就带着我们一起去摘槐花了。只见我们班上一位同学的爸爸一下子爬到围墙上,他负责把有槐花的树枝压低,而妈妈们呢,用剪刀把枝干上一串串的槐花剪下来,分给站在树底下兴奋地跳跃着、叫喊着的同学们。同学们将接到手的槐花小心翼翼地放在事先准

备好的塑料袋里。回到班上,同学们争相展示自己的战利品,比谁的花多,谁的花

漂亮。当听到老师要求同学们把槐花统统交到讲台上的大塑料袋里时,有的同学依依不舍地看着手中的槐花,有的悄悄地抓起一把,塞到自己的衣服口袋里,有的摘下花瓣往嘴里填。

5月10日,真正的槐花节到了。每个班过节的方式不一样,我们三(3)班要包槐花饺子。李卓晟的爷爷奶奶特意为我们准备了槐花饺子馅。饺子馅是用槐花、肉糜和葱搅和在一起的,花香和肉香混合在一起,闻起来香极了。闻着闻着,我们的小肚子好像也在打鼓,吵着要吃了!老师给我们每个人分了5张饺子皮,同学们很认真地动手包饺子。我们包出的饺子各式各样,有的像外星飞船,有的像月亮,有的像元宝。我们的妈妈们忙着为我们烧水煮饺子。我们终于吃上了自己包的饺子,好吃啊!

吃着饺子,我想到了唐朝诗人罗邺写的诗:"行宫门外百铜驼,两畔分栽此最多。欲到清秋近时节,争开全芯向关河。愁杀江湖随计者,年年为尔剩奔波。"

是的,在槐花盛开的季节,人们都会有感受,不同的人有着不同的感受。我们这些小朋友,吃着槐花饺子,感受到的是生活的美好和幸福。

23. 童话故事

一、铅笔盒

我的名字叫铅笔盒,我长着长方形的身体,而且我的身旁还有一个橡皮盒和铅笔刀。我穿着粉红色的衣服,衣服上还有三个美丽的公主。橡皮、铅笔、尺子都在我的肚子里睡觉。

小主人非常喜欢我,可我每天都很不舒服,因为小主人每天都把橡皮屑往我嘴巴里扔,所以我天天生病。我想对小主人说:"求求你帮我洗个澡吧!"可是,她还是一直把橡皮屑往我嘴巴里扔,而且越来越多,就连躺在我肚子里的尺子和铅笔身上也越来越脏。

我真想离开这个小主人呀!不过,这个小主人经过她妈妈的批评,再也不把橡皮屑往我嘴巴里扔了。所以,我决定继续帮助小主人学习。

汪刘楠作

二、三只小猪的故事

在很久很久以前,在黑森林里住着猪妈妈和三只小猪。老大叫大肥,老二叫二肥,老三叫小肥。

三只小猪们长大了,猪妈妈要小猪们自己去盖房子。大肥很笨,就用稻草盖了个草房子。二肥还算聪明,好歹它还知道木头比稻草坚硬些,所以它用木头盖了一个房子。小肥是三只小猪中最聪明的,它知道砖头比稻草和木头都坚硬一些,所以它用砖头盖了一座房子。不久,大灰狼来了,它先到大肥的门前说:"可爱的小猪,让我进去吧!"大肥说:"不行,不行!我才不会让你这只大灰狼进来呢!"大灰狼又说:"那我就把你的房子撞倒。"说完,大灰狼用劲一撞,把草房子撞倒了。大肥吓坏了,赶紧逃到二肥的木房子里。二肥问道:"大肥,你是在减肥,还是在跟谁赛跑呀?"大肥气喘吁吁地说:"大灰狼来了,赶快逃吧!"二肥也开始紧张起来。这时外面又响起大灰狼的声音:"可爱的小猪,快让我进去吧!"这次,两只小猪一起说:"不行,不行!我才不会让你这只大灰狼进来呢!"大灰狼又说:"那我就把你的房子撞倒。"话音刚落,大灰狼就鼓起全身的劲,把木头房子也给撞倒了。这次是两只小猪吓坏了,它俩一起逃到小肥家。

这时，小肥已经在门口迎接它的两位哥哥了，可大肥、二肥一头就冲进屋里，连看都没有看小肥一眼，还立刻把小肥也拉回家里。已经经历过两次危险的大肥说："我们快躲起来吧！大灰狼马上就要来撞我们的房子了。"这时大灰狼已经来了，它饿极了，什么也没有说，只顾着撞。结果，撞了三四次，房子一动不动。就在它撞第五次的时候，不小心撞到了头，倒在地上死了。

三只小猪松了口气，大肥、二肥从中吸取了教训，再也不敢偷懒了。从此以后，三只小猪过上了幸福、快乐的日子。

三、小猪"笨笨"

很久很久以前，在一个偏僻、遥远的地方住着一只小猪，它的名字叫"笨笨"，其实它不是很笨，只是有一点点笨罢了。

一天，小猪到菜场买菜，小动物们看到小猪都说它笨，小猪惭愧地低下头，默默地说："我的智商一定会比你们高的。"话音刚落，小猪就立刻跑回家，开始埋头看书。它连续看了4个月书，智商大大提高。

一天，它又去菜场买菜，小动物们还像往常一样说它笨，但这次小猪鼓起勇气大声地说："我的智商已经大大提高了，不信，你们出一道脑筋急转弯考考我吧！"这时，动物村里最聪明的小猴来了，它说："我来给你出道题吧！题目是这样的：一个人想让别人看到他的苹果，自己却看不见，这个苹果应该放在哪儿？"小猪立刻回答："放头上。"小猴高兴地说："你答对了！"小动物们也立刻帮小猪改了名字，小猪的新名字就是聪聪。

从此，动物村的村民们和小猪一起过上了幸福、快乐的生活。

24. 我的发现

一天下午，我在写作业的时候，发现了一只臭甓子。我用牙签碰碰它，它发出了奇臭无比的气味。这时候我有些疑惑不解，臭甓子为什么会发出臭味呢？我赶紧翻出《十万个为什么》查看，原来臭甓子发出臭味是为了保护自己呀！

等我准备继续观察的时候，发现这个会放臭气的顽皮小家伙不见了。过了几分钟后，我又发现它了。它跑到了台灯的上面，不一会儿又掉下来了，不过有"咚"的一声，原来它的外面有一层坚硬的外壳，也是用来保护自己的。

说到会放臭气的臭甓子，我又想起了我奶奶家的一种植物，只要你一碰它的叶子，它也会发出奇臭无比的气味，我给它取名叫"臭臭花"。其实，它的真名叫"石蜡红"。

各种生物都有保护自己的本能,这两种生物保护自己的方法就是发出臭味。它们这种保护自己的方法是否很奇特呢?其实,除了发出臭味,还有别的方法。比如:枯叶蝶、竹竿虫、变色龙,它们都是用伪装来保护自己的;而刺猬和乌龟是用锋利的刺和坚硬的外壳来保护自己的。那我们人类用什么来保护自己呢?我们人类是靠使用各种工具来保护自己的。所以,我们现在就要好好学习,多学点自救方法,这样,我们就不会受到伤害了。

25. 爸爸的爱

爸爸的爱是一件温暖的外衣。

一个夏天的晚上,爸爸带着我到老干部局游泳馆游泳。游完了,我拿着衣服出来冲澡,裙子在我手中的袋子里,可我把袋子淋湿了。我想:"袋子湿了没关系,衣服肯定没有湿。"没想到的是,在我穿衣服的时候,我突然发现我的裙子湿了。我穿着这条湿透的裙子走出了游泳馆。爸爸看见我穿着一件湿透的衣服,立刻把他的衣服脱给了我,而他自己却光着身子,我的眼睛湿润了。

爸爸骑着电动车带我回家,一到家,妈妈就煮姜汤给我和爸爸喝。看着光身子的爸爸,我赶紧拿了件衣服披在爸爸身上,爸爸高兴地说:"谢谢!"我心里一阵热乎乎的:"爸爸,应该谢的是我!爸爸,我也爱你!"

26. 妈妈你听我说

一、我不怪你

妈妈你听我说,你工作很忙,没有时间照顾我,但就是没有你的照顾,我也会更加努力学习,还会把钢琴练得更好,争取5年级就考十级。你就专心工作吧!

可是我也很希望你能抽出时间照顾我,有空的时候我会帮你做家务,我也会尽量多看一些课外书。

妈妈你没时间照顾我,我不怪你,但还是那句话,我希望你能抽出一点点时间照顾我。

二、妈妈,你辛苦了

你知道妈妈的烦恼吗?我知道妈妈的烦恼就是如何把工作和教育我这两项

任务都做得非常到位。

妈妈经常早出晚归,如果晚上还要开会的话,要到9点或10点才能回到家。晚饭也只能在办公室里吃点面包,妈妈真辛苦呀!

她虽然很忙,但也会在百忙中抽出时间来辅导我的学习。这也能说明她对我的关心和爱。我的爸爸在上海上班,每星期只能回来一次,没有一点时间来辅导我学习。所以一切责任都在妈妈身上,她又要忙着工作,又要辅导我的学习,这真劳累。等我长大后,我一定会用我的汗水来报答妈妈。

妈妈,您辛苦了!

27. 端午节的风俗

每年5月初五为端午节,这是中国的传统节日,又称端阳节。

端午节流行于汉、壮、布衣、侗、土家、仡佬等民族地区。许多学者认为,端午节是龙节,是四五千年以前南方少数民族纪念龙神的节日。

关于端午节的儿歌还不少呢!比如:"五月五是端阳,插艾叶,戴香囊。吃粽子,撒白糖。龙船下水喜洋洋。"在端午节里,许多习俗都与"五"联系在一起。用红、黄、蓝、白、黑五色丝线系在儿童的脖颈、手腕或者脚上,称为长命缕。

赛龙舟、吃粽子是端午节的主要活动。相传龙舟竞渡,是为了捞救投汨罗江而死的爱国诗人屈原。把粽子投进江河,是让鱼、蛟、虾、蟹吃饱了不再吃屈原的遗体。说到这件事,我想起了唐代诗人文秀写的《端午》:"节分端午自谁言,万古传闻为屈原。堪笑楚江空渺渺,不能洗得直臣冤。"

虽然许多民族有端午节,但是形式不尽相同。

28. 上海欢乐之旅

7月31日下午妈妈下班后,我和她乘坐下午6点的动车去上海旅游。由于爸爸在上海工作,所以住宿的问题就不用愁了。

8月1日上午,我和爸爸妈妈一起去参观上海科技馆。在科技馆里有好多有趣的、奇特的、好玩的东西。其中令我印象最深的是一个名叫"怒发冲冠"的游戏。我看到一个韩国姐姐在玩,头发竖起来跟刺猬没有两样,真奇妙!这个游戏很简单,可惜我不能去做。因为按规定,只有长直发的姐姐或阿姨才能参加。我们在科技馆整整玩了一个上午,到下午2点钟才离开。

出了大门,我们打车去东方明珠。我在语文课上学了《东方明珠》这课后,就一直想上去看看。可是到了以后,一看一张门票要200元钱,一算,3个人要600元钱,我不想让爸爸妈妈为我破费太多,就赶紧跟妈妈说:"门票太贵,我不去了。"可妈妈坚持说要让我见识见识。但当我们向那些等待参观的"长龙"中的人一询问,才知要等4个小时才能进去,我们都泄气了。我们没有那么多时间,而且,在38度高温下,可能要被晒成人干了。这时,妈妈提议说:"就在外面照相吧!"我立刻响应,"咔嚓"一声,我把东方明珠装进了照相机,让它永远留在我的记忆里。随后,爸爸带我们在外滩转了转。外滩像个公园一样,可以看到近处黄浦江中无数大轮船争先恐后,还发出"鸣鸣"的鸣叫声,远处许多高楼大厦琳琅满目,好美啊!爸爸问我:"你知道什么叫国际大都市了吗?"我连忙点头,说真的,我为爸爸能在这样的城市里工作而感到骄傲。

8月2日我们去了欢乐谷。欢乐谷里有好多好多好玩、刺激的游戏项目。我和爸爸一起玩了谁都会害怕、又刺激的项目,那就是过山车,过山车在上下翻动的时候,真好像世界末日要来临了。其他项目也够刺激的了,我越玩越来劲,整整玩了一天,真开心!

8月3日是这次旅游中最重要的一天。我们去了早就仰慕的世博会。我们参观了太平洋联合馆、英国馆、埃及馆、澳大利亚馆、国家电网馆和铁路馆等8个馆。它们的外形各具特色,里边的内容也很丰富。在国家电网馆的魔宫里,我好像变成了宇宙人,一会儿刮风、一会儿打雷、一会儿下雨、一会儿太阳出来,晴空万里,一会儿出来星星、月亮。整个人被声、光、雷、电包围起来,真奇妙!但我最喜欢的还是泰国馆,馆里有世博会上最大的机器人,还有蕴含泰国传统民族风格的风光片和好玩有趣的动画片。在世博会除了大饱眼福外,还有一个很大的收获,那就是在护照上盖了很多国家的章,可以留作永久的纪念,遗憾的是虽然有20多个,但护照上没有盖满。我没有办法了,因为时间已到晚上11点了,我的两条腿已经迈不动了。看完世博会,我最想说的一句话是:现在的科技真发达呀!

8月4日,我们的行程要结束了,爸爸带我们逛了半天徐家汇闹市区,我再一次看到了上海的繁华。当我下午乘上列车返回南京的时候,我还真有点舍不得走呢!上海,你让我开了眼界;上海,你给了我快乐。我好开心啊!

29. 世博会中的快乐数学

放暑假了,海宝向住在北京的贝贝、晶晶、欢欢、妮妮、迎迎五个好朋友发出了参观世博会的邀请,并主动编制了世博数学一日游的行程表。好友们立刻被这奇妙的数学之旅深深地吸引住了,一放假就来到了上海。

海宝义不容辞地承担了做导游的职责,海宝给五位好友介绍说:"世界博览会(Universal Expo,Expo 是 Exposition 的缩写;也称 World Fair)或 World's Fair,

它的理念是鼓励人类发挥创造性和主动参与性。把科学性和情感结合起来,把有助于人类发展的新概念、新观念、新技术展现在大家面前。"说完,海宝神秘地跟大家说:"这里的门票要160元,如果每人分别答对一道数学题,我就能帮你们领到免费门票。"大家听了都催海宝赶快出题。"考试"开始了:

第一题:2010年上海世博会于5月1日开幕,10月31日闭幕,历时几个月,共多少天?

贝贝立刻回答道:"是6个月,共184天"。

第二题:这次世博会每天大约有300000人参观,到10月31日共有多少人来参观世博会?

晶晶立刻回答道:"世博会期间大约一共有55200000人来参观世博会"。

欢欢等不及了,就说:"海宝老弟,可以让我来出一道题吗?"海宝爽快地回答说:"当然可以了。"于是欢欢就当起考官来:如果一张票160元,那么世博会期间光门票能收到多少钱?

迎迎扳着手指算起来:"58512000000。"报出数字后,不好意思地说,这个数字太大我不会读。小机灵妮妮说:"我来说说看,585亿1200万。不知对不对?"

不等海宝回答,大家就惊叫起来:"啊,这么多钱啊!"

这时海宝大声地说:"本来嘛,这次世博会举办时间长、展出规模大、参展国家多,被誉为世界经济、科技、文化的'奥林匹克'盛会。"

五个北京的小客人不约而同地叫起来:"真的,这与2008年的奥运一样,是中国史上的又一大盛会。"

"既然大家都知道世博会的意义了,我们就开始参观吧!不过,大家要注意,下面还有很多数学题等着你们呢!""不怕,越多越好!"海宝带着小朋友说着笑着,正式开始世博之旅。

叶茂茂(四年级)

30. 十岁那年的事儿

2010年我十岁了。在这一年里发生了很多值得纪念的事:

(1) 参加2010年小演奏家音乐乐园基本功大赛,获布格缪勒组冠军,荣获第一个奖杯;并且在克莱德曼组基本功大赛的预赛中胜出,取得2010年小演奏家音乐乐园基本大赛的决赛权。

(2) 7月份代表中国出访德国,参加国际文化艺术节,表演舞蹈《荷叶儿亲亲》、《红红的中国结》。

(3) 参加南京市舞蹈团验收的舞蹈表演,获一等奖。

(4) 代表学校参加南京市和鼓楼区的集体舞比赛,获一等奖。

(5) 在儿童剧《小木偶》中演红狐狸,获鼓楼区一等奖、南京市二等奖。

(6) 参与表演的舞蹈《荷叶儿亲亲》,在第八届中小学文艺大赛舞蹈专场比赛中获一等奖。

(7)《孝是做人最起码的道德》一文在鼓楼区道德征文比赛中获二等奖。

(8) 在南京市"四小"科技作品比赛中,《为建设绿色家园出力》获市一等奖,《变废为宝》获鼓楼区二等奖。

(9)《德国音乐体验之旅》刊登在《家教周报》树人版 31 期,获第一笔稿费 20 元。

(10) 8 月 31 日,通过钢琴 8 级考试。

31. "两会"采访记

鼓楼区两会在鼓楼区政府大礼堂开幕了。1 月 22 日下午,傅厚岗社区红领巾小记者站的辅导员,带着我和小记者站的其他成员,一起步行前往鼓楼区政府进行采访活动。

走进大厅,一股暖风迎面吹来,但暖风中还夹着严肃的气息。进入大厅,大会工作人员接待我们,对我们的采访提出了具体要求。我们怀着激动的心情,想着和代表见面的时刻。会议结束了,代表们纷纷从会堂里走了出来,我们看到了鼓楼区人大主任黄红云阿姨,就涌了上去,黄主任高兴地和我们合了影。接着湖南路街道的人大主任带着我们进大会场,和湖南路街道的人大代表合影。

根据大会的安排,我们要进湖南路街道分会场进行采访。我采访的对象是公安战线的代表宋玉兰阿姨,她是一位模范人物,而且还是全国人大代表。

"宋阿姨,您好!我能采访您吗?"

"当然!"

"对于青少年进网吧,您有什么办法解决?"

"解决的方法只有定期检查,拍照取证。按照国家的规定,进网吧首先要出示身份证件。这就要看那些网吧老板是否自觉执行制度了。"

"那您对青少年犯罪有什么看法?"

"青少年犯罪有家里的、学校的原因以及社会的诱惑。青少年对道德、法律、规则中的条条,都要遵守。"

"那对于一些绑架案要怎么看?绑匪的目的是什么?对我们会造成什么样的伤害?"

"他们的目的主要是钱和人质,但也有些犯罪分子是因为失业、失恋等事造成了巨大心理打击导致犯罪。绑架会威胁到我们的人身自由和安全。"

"我理解了,谢谢您接受我的采访!"

短暂的采访任务结束了,我认为我的第一次采访很成功。它让我得到了锻炼,做到敢想、敢问、敢参与;它让我学会了做一位国家的小主人,去关心老百姓的事情。这次活动深深地印在我的脑海里,让我回味无穷。

32. 晨会,我利用好了吗?

每天清晨,伴随着轻快的音乐,我和同学们一起踏进了明亮的教室。这时,晨会开始了。

晨会上,老师会给我们播放视频《百家讲坛》;听红领巾广播;看小主人电视台录制的节目;听卫生广播或者检查个人卫生;参加升旗仪式。

星期一,我们全校师生参加升旗仪式。在阳光下,庄严的升旗仪式开始了,首先是全体整队,然后是升旗、敬礼,最后是大队辅导员进行上周表现总结。

星期二,老师会让我们看一些视频,比如《百家讲坛》、《西游记解说》……

星期三,我们会坐在座位上听红领巾广播,广播里会给我们介绍一位学习优秀的校园小名人,还会有一则短小精悍的小故事。

星期四,卫生老师李老师会在广播里给我们讲一些预防艾滋病、甲流或"非典"的知识;每隔一周也会让红会会员检查一次个人卫生。

星期五,电视里会播放小主人节目,每次都会给我们介绍"感动琅小人物"。

晨会内容丰富多彩,可以让我们了解更多的课外知识,也让我们的学习更上一层楼。

因为我利用好了晨会,所以,一周下来我学习到了很多的知识。

33. 变废为宝　变害为利
——从用废盒子做多功能文具架想到的

在暑假,我用废盒子做了个漂亮又实用的多功能文具架。从这件事里我受到了启发:废物可以利用。

在日常生活中有很多这样的现象,如我看到奶奶把海苔盒做作料盒、用乐事薯片的罐子做笔筒、把袖口磨坏的长袖衬衣改成短袖、把旧棉衣做成垫子等。我看奶奶改的衣服还挺合身,不用花钱,一样用。现在都在讲低碳生活,我看可以先从废物利用开始。

我认为废物利用的事情家庭完全可以做:

如有旧毛衣,可以做坐垫;把许多旧毛衣合起来用弹棉花机弹松,还可做成羊毛被子呢。家里会有大大小小的包装盒,现在的包装盒好多既漂亮又结实,可以根据大小派不同的用场:做成书箱、资料盒,也可放衣服、棉被。金属包装的食品盒,里边的食品吃完了,还可继续用作食品盒。有些瓶子很漂亮,特别是酒瓶,可以用作花瓶。生活废水积起来可冲马桶、浇花,喝完了牛奶的瓶子和盒子可以用水冲洗,这种水浇花可以让花开得更加鲜艳,听人说,拿来洗脸的话,可以使皮肤白嫩。废物利用好处真多,既减少了社会资源的浪费,还节约了家庭资金,既造福社会、也造福家庭。这样的事情为什么不多做一些呢?

废物利用的事情社会也应该做:

如每个家庭都有很多旧衣服或嫌小的衣服、玩具、儿童用品、书籍、运动器械,放在家里是个负担,扔掉又舍不得。如果社区能办个跳蚤市场,让大家交换物品,这样没有用的东西就变成有用了;或者能帮助联系灾区、贫困地区,或者社会福利院等,可以让那些东西利用起来。学校、少先队可以经常组织义卖活动,既是交换,又能卖到钱,用来帮助有困难的人。

有些有害、有毒的废物不能随便利用,但是可以想办法进行无公害的处理。处理之后再使用,也许非但无害,还是"金子"。

比如:把电池外面的金属集中起来,加工一下再做电池,把剩下的有毒的东西用化学物品分解掉,让大家自觉地另放一个地方,专门有人回收,把它们集中粉碎、融化后,制成塑料制品,让白色污染消失。

再比如:一到夏天,很多湖里、河里出现的蓝藻臭气冲天,大家都十分厌恶。但我想起我外婆吃的一种保健品叫螺旋藻,对身体很有好处。同样都是藻类,为什么不研究研究,从中提炼有益的成分,做保健品,如果不行,就做肥料。只要一方面办一个蓝藻处理厂,一方面有人把这些蓝藻打捞起来集中送货,事情就能解决了。

还有一样东西,夏天小麦收割后,打掉了麦子的麦秆,本身没有害处。但是现在农民把它们放在田里直接烧荒,搞得满天都是黑烟,能飘到好远好远,污染一大片。听家里的老人说,他们小时候用麦秆当吸管,而且麦秆还可以编成很多工艺品,如扇子、草帽、包,还有好玩的龙灯、草人等等。为什么现在不把麦秆利用起来呢?如今科技发达了,做出的工艺品一定会比以前的更漂亮。

我们小朋友见识不多,但确确实实能感受到生活中很多废物可以利用。我要呼吁社会:如果大家都能这样想、这样做,那么,我们就能花更少的钱,办更多的事,我们的生活就能更美好。

（南京市鼓楼区中小学生科技征文二等奖）

34. 孝是做人最起码的道德
——读《弟子规》"入则孝"想到的

这个暑假,我读了《蒙学〈弟子规〉教程》后有许多感想,特别是其中的"入则孝"。《弟子规》原名《训蒙文》,是古代儿童学习的一本教材。作者李毓秀在书中讲解了孝敬父母、关爱兄弟、尊敬长辈、修身养性、为人处世、读书求学等方面的基本规范。"入则孝"是书中的第二部分,讲的是怎样孝敬父母。我以前也知道小孩子要孝顺,可是不知道该怎样孝敬父母。读了"入则孝"后我都明白了。

什么叫"孝"?《弟子规》中说"首孝悌",把孝放在第一,把孝作为做人最起码的道德。在"入则孝"中讲了很多孝的做法。

如对父母的态度要做到"父母呼,应勿缓。父母命,行勿懒。父母教,须敬听。父母责,须顺承。"对父母要关心:"冬则温,夏则凊。晨则省,昏则定。""亲有疾,药先尝。昼夜侍,不离床。"

对父母要尊重:"出必告,返必面。""居有常,

业无变。事虽小,勿擅为。""亲所好,力为具。亲所恶,谨为去。"对父母不能有私心:"物虽小,勿私藏。""亲有过,谏使更。怡吾色,柔吾声。谏不入,悦复谏。号泣随,挞无怨。"这些做法都已成为中华民族的传统美德。

　　我国历史上有很多孝子。有个故事叫《啮指痛心》,表扬曾参是孝子;岳飞背上刺字,听母亲话"精忠报国"是大孝子;鲁迅从小懂得孝,小小年纪就帮父亲买药;现在也有很多孝的故事。那么现在的我们应该怎么做到孝呢?我认为要做到这样几点:

　　要听话,家长提出的要求我们要努力去做。比如要我们认真读书,我们就要用功专心;要我们不要玩游戏,我们就不要偷偷上网。

　　要关心,在父母疲惫的时候,我们要问他们的身体状况;在父母生病的时候,我们要主动端水拿药。

　　要体谅,父母工作很辛苦,不能给他们提太多的要求;不能给他们添麻烦;有时候父母心情不好,对我们发脾气,我们不能计较;批评我们,我们不记仇。

　　要支持,父母工作忙,我们尽量自己的事情自己做,多分担一些家务。让爸爸妈妈集中精力工作,我们不拖后腿。

　　要有责任感,我们要对自己的家负责,对自己负责。不管是品德、学习、身体,都不要让父母为我们担心。

　　总之,我们对父母最好的孝,就是要做一个不辜负父母希望的、全面发展的好少年。《弟子规》中说:"身有伤,贻亲忧。德有伤,贻亲羞。"我们要为父母争气,要让中华传统美德在我们这一代发扬光大。我想,如果我们能在老师和家长的指导下,读好《弟子规》、《三字经》等国学经典,就能学到前人的智慧,学到做人的道理,我们就能更快地长大。

（获南京市鼓楼区道德征文二等奖）

35. 小笼包

　　从开学开始,我们就一直盼望着春游的到来。这次春游我们去的不是公园,而是职业体验城"柠卡王国"。

　　在柠卡王国玩的时候,给我印象最深的一个职业体验是"做小笼包"。

　　首先,阿姨给了我们一人一个面团。这面团一开始很软,阿姨让我们一直揉,面团越变越硬;然后阿姨让我们用擀面杖把面团擀平,在里面放上糖;最后一步也

是最最关键的一步,就是封口!把面皮拿起来,捏一个角,就这样一个个捏下去,直到完全封口,一个包子就完成了。

做一个小笼包子的程序就这么多了,那包子店的工作人员一天要多累啊!我体会到做任何工作都很辛苦,都要付出汗水。所以,我们现在一定要努力学习,以后为祖国做出更多的贡献!

36. 德国音乐体验之旅

7月6日,我和琅小丫丫舞蹈团的团员们一起开始了德国音乐体验之旅。我们乘大巴前往上海浦东机场,在那里坐飞机去德国。

一路上,同学们又是激动又是难受。激动的是我们这么小就能代表祖国参加德国音乐节,我们觉得很自豪;难受的是这期间我们不能和爸爸妈妈在一起了。

到了上海,我们乘晚上11点50分的飞机。当飞机离开跑道,飞向蓝天的时候,我的心怦怦地跳,我将离开祖国,等待我们的不知道是什么样的欧洲,真有点害怕。但看到老师和那么多同学,我的心慢慢地放松了。

在飞机上,除了吃饭就是睡觉,无聊到不能再无聊了。幸好我带了"搜学王",一路上很有事干。一会儿学英语,一会儿和旁边的杜梦琦打游戏。时间过得很快,转眼十几个小时就过去了。当听到飞机到达目的地的播音响起来时,我们高兴得欢呼起来:"快乐的德国音乐之旅开始了!"

北京时间上午11点,我们到了德国法兰克福机场。因为语言不通,出关的时候遇到了一点小麻烦。带队老师赶快给中德协会的阿姨打电话,阿姨一来,我们就感觉安全了。出机场后,我们乘车赶往埃特林根市。

我们到了目的地埃特林根市的一级文理中学,学校的老师们已经在等我们了。他们很热情,带我们参观了校园,然后由接待家庭的哥哥姐姐把我们接到他们家里。我和另一位同学被一个叫倍佳的姐姐接回去了,她家里还有爸爸和一个小姐姐。他们都会讲中文,因此,我们沟通很融洽,感到很温馨。我们在异国他乡的第一个晚上就在德国的"家"愉快地度过了。

第二天,我们在学校的礼堂排练,准备晚上的演出。因为晚上演出时,学校的学生不可能都参加观看,所以学校安排五、六年级的学生看我们排练。他们在观看时,一次次发出惊呼声。当我们舞蹈跳到高潮时,他们会发出尖叫声。我想这大概是被我们吸引了,在为我们叫好。

到了晚上,我们就正式演出了。我们千里迢迢到德国就是为了这场演出,大家心里很激动,也很紧张。我们来到了一个挺漂亮的表演厅,因为我们一心想的是怎么能保证这次演出成功,大家都认真地化妆,所以也没有来得及看别人的演出。当主持人报幕《荷叶儿亲亲》的时候,我心里越来越紧张,生怕跳错了,影响集体荣誉。但是我相信这次交流演出我们一定能成功,因为我们已经做了充分的准备。上场后,我看到台下那些和蔼可亲的哥哥姐姐、叔叔阿姨的时候,我觉得我的心情放松了许多。我尽量地和大家配合,把最好的水平奉献给观众。一演完,我们赶紧冲到化妆间,换衣服,准备下一个舞蹈。一切准备就绪后,我们就到后台等候。不一会儿,主持人就宣布:"这场演出的压轴戏是中国小朋友带来的《红红的中国结》。"因为有了前面演出的体验,我一点不紧张。于是我和团员们一起尽最大的努力,争取跳出最好的水平。因为我们知道,这是在完成祖国人民的嘱托。舞蹈一演完,台下响起惊人的欢呼声,我们觉得这才是对我们付出的最好的回报。我们觉得没有辜负老师的希望,我们为祖国、为学校争了光,我们终于松了口气。

演出任务完成了,我感到很骄傲。小小年纪的我就经历了人生中难得的锻炼。这次任务是光荣的,也是艰巨的。我们吃了苦,付出了汗水,才有最后的成功。我深深体会到,作为一个中国人,要以自己的实际行动为祖国争光。不管大人还是孩子,只要有责任感,只要肯努力,没有做不到的。

(本文在《家教周报》上发表过)

37. 我们的环保课老师

　　说到我们的环保课孙老师,首先让我们来看看他的外表吧。他长着一双小小的眼睛,乌黑的头发中还带着一丁点白色,他还有一张小嘴巴,整张脸看起来很秀气。如果你要了解我们的孙老师,那你就应该听听我们孙老师的课。

　　今天,我们上了一节环保课。这节课的主题是"螨虫"。孙老师先让我们说说螨虫的特点。一听说要说说螨虫这个似曾相识,但又看不见摸不着的"小怪物",同学们立刻像炸开了锅一样,你一句我一句地争相发言,而且每个发言的内容各不相同:有的说螨虫很小,用肉眼看不见;有的说螨虫对人体会造成危害;还有的说螨虫的生存环境很潮湿、很阴暗……

　　然后,孙老师让我们学着螨虫做自我介绍,要求我们要把声音压低,并做出螨虫的动作。上台表演的同学那惟妙惟肖的声音和表情,让坐在台下的同学笑得前仰后合。接下来,孙老师给我们讲解了螨虫会在哪里生长,会引起哪些疾病。当他告诉我们,从空调吹出的风中,就有成千上万的螨虫,会造成我们呼吸道的疾病,留在我们的鼻子上,会造成酒糟鼻,听到这里,同学们大喊:"我们再也不用空调了!"这时,孙老师说道:"学科学就是要了解生物的客观生存条件和环境,这样我们才能做好防治工作。在使用空调时,经常清洗过滤网,就能减少螨虫对我们人类的伤害。"听了孙老师的解释,同学们长舒了一口气。

　　就在孙老师提出让每个同学做一份有关螨虫的电脑小报的要求后,下课的音乐响起来了。唉,这堂课的时间太短了!

　　这下,你认识我们的孙老师了吧!

38. 冬雪

　　元月18号,南京迎来了2011年的第一场雪。外婆告诉我雪分为两种,一种是冬雪,一种是春雪。今年立春是2月5日,因此这场雪是冬雪。

　　由于今天还要考试,我早早地从被窝里爬了出来。在上学的路上,我看到到处洁白晶莹、银光闪烁。观赏着美丽的雪景,我想这些晶莹剔透的雪大概都是雪姑娘带来的。雪姑娘把魔杖一挥,树上便开满了洁白的雪花;雪姑娘再把魔杖一挥,汽车们都给自己铺上了一层绒毯;雪姑娘又把魔杖一挥,所有的房屋都变成白雪公主的白宫了。

上学途中,我还看到了另一幅景象。商店的员工、附近的居民排成一长条,拿着铲子、扫帚,顶着寒风在马路上铲雪,他们的双手、脸蛋、耳朵都被冻得通红。他们这样做是为了避免发生交通事故。可以用一个词来形容他们,那就是"雪中送炭"。他们火热的心,把雪都融化了,他们的心灵真像白雪一样纯洁。

这场雪给人们带来了美,带来了欢乐;虽然也给人们带来了不便,但也带来了人间真情。雪过后,人们就会知道这场雪的好处了。冬雪能渗透到地底冻死害虫,庄稼就不会被虫吃了。俗话说"瑞雪兆丰年",我敢肯定,下完这场雪,2011年一定是一个丰收年。

我爱冬天!我更爱冬天的雪!

39. 我们家的植物

我们家有好多种植物,有雪柳、米兰、杜鹃,还有樟树。其中我最喜欢的是雪柳。

这盆雪柳在我们家度过了三个春秋。雪柳在春天开花,那五片花瓣儿是娇嫩的雪白色,嫩黄色调皮的小芯跳跃着点缀其中,从那幽幽的花香中,可以闻到一丝甜味。夏天,雪柳的叶子苍绿而繁茂。秋天,雪柳的叶儿碎落一地,就像一场"雪柳雨"之后的寂静。

雪柳的身高大概在1~2米左右,适合生长在阴凉的大山里。有一次爸爸带我和妈妈一起去将军山野餐,在路上我就看见了山上生长的一丛丛雪柳。由于是春天,已经有好多花开了,远看像白雪,可能就是因为这样,所以才称她为雪柳的吧!

看着这雪白的雪柳,我想起了一句古词:蛾儿雪柳黄金缕,笑语盈盈暗香去。

40. 我的绝活

我的绝活是讲笑话。昨天我讲了一个笑话给爸爸妈妈听,结果他们笑了好长时间。

笑话是这样的:一天,一个老师正在黑板上写字,有三个同学准备整一整他,于是提前带好了八宝粥。一个同学做出吐的样子,另一个听到暗号后立即把八宝粥往桌上倒,老师回过头来看到了,便问:"你没事吧,哪儿不舒服啊?"但就在这时,另两个人拿起了勺子一边吃桌上的八宝粥,一边说:"你今天中午吃了花生,怎么也不告诉我们一声?"这下老师和其他同学可真吐了……

我说的笑话好玩吗？如果你还没听够的话,我以后还可以慢慢讲给你听,比如《86层楼》、《火灾》、《逗你玩》、《学习》、《鬼》等等。只要你们发挥想象,你们也能创造出更有趣的笑话的。笑话不仅能让人娱悦身心,还可以让你的思维更加活跃,让你更有创造力。

41. 为建设绿色家园出力

小学语文课本中有一篇叫《蚕姑娘》的文章,这篇文章写了蚕宝宝的成长过程。从卵变成蚕,从蚕变成茧,从茧变成蛾。我读后觉得这个过程好神奇、好有趣,但是还存有一点疑问,所以我要亲自来做个试验。

汪刘楠作

妈妈很支持我,2月27日给我找来了一张蚕籽纸。3月20日那一天,蚕卵里钻出了细细黑黑的,像针尖一样小的、轻轻蠕动的蚕宝宝。只见她们长出的头和身子又黄又瘦。我开始天天喂她桑叶,天天观察,天天盼她长大。到5月4日这一天,我去看她的时候惊喜地发现,她终于脱去了难看的黄衣裳,变得又白又嫩,简直像白雪公主一样。我太喜欢她们了,我更加精心地喂养她们。

我发现她们的胃口变大了,每两、三个小时就要喂一次,每到夜深人静的时候,我都能听到沙沙的声音。过了几天,蚕姑娘变得又白又胖,长得和我的食指一样长、小拇指一样粗。奇怪的是有的蚕姑娘身上还有花纹。妈妈告诉我,这种蚕姑娘叫虎皮蚕。还有的蚕姑娘的背上出现了一条青色的筋,这条筋一收一放,真是太奇妙了!

5月13日,我发现蚕姑娘不吃桑叶了,爬到了盒子的边上,头绕啊绕的,看得我眼睛都发花了。妈妈告诉我:蚕姑娘要结茧子了。没有多久,我看到了白白的茧子,竟然还有黄色的、嫩绿的,一个个都是椭圆形,像橡皮一样大,真可爱!

5月22日是我最高兴、也是最伤心的一天。高兴的是,我发现蚕茧破了一个小洞,我往旁边一看,"呀,一只蚕蛾!"我高兴地叫起来。蚕蛾有一对黑色的触角,还有一双翅膀。它们中间有雌的,有雄的,交配后又会有新的蚕卵,新的蚕宝宝,这多好啊!但当我想到蚕蛾产卵后会因能量耗尽而死去,我忍不住伤心起来。我真的舍不得蛾姑娘离去。

读了《蚕姑娘》这篇文章并做了试验后,我体会到了成长是有一个过程的,而且还有一定的规律,它不可能缺少某个阶段或超越某个阶段,大概这就是科学。从蚕的身上,我看到了生命是可以无限延续的。但这一切都要有条件的,有了适当的条件,生物才能生存。这使我想起现在地球上存在的污染是对生物健康成长的威胁,所以我们要保护环境,爱护生态,保持生态平衡,让地球成为每种生物的绿色家园。

让我久久不能忘怀的是蛾姑娘的离去,她把又细又软的蚕丝留给了人类,把新的生命留给了蚕的家族,"春蚕到死丝方尽,蜡炬成灰泪始干。"我被蚕蛾的献身精神感动了,我真想对她们说:"虽然,你们离我而去了,但你们的精神'离'不去。"我要发扬你们的这种精神,为我的地球伙伴——蚕姑娘、青蛙王子、蜻蜓公主、飞鸟将军……为建设美好的绿色家园出一份力。

(南京市中小学生科技征文一等奖)

开花花（五年级）

42. 我的三个奖杯

2010年的一天，妈妈在一次偶然的机会中，替我报名参加2011年暑假举行的新丝路全国少儿模特大赛，说是要我增加一些经历，得到多样的锻炼，培养多种能力。从此，我的业余生活多了一抹色彩。

一、第一个奖杯

2011年7月16日,我参加了南京地区B组的比赛。经过多轮的角逐,我直入南京总决赛。

激烈的比赛结束了,最激动人心的时刻到了:颁奖!

当主持人开始报名单时,我的心就一直咚咚地跳。大约过了半个小时,还没报到我,这时我急得眼睛都要爆血丝了。又过去了半小时,依然没报到我,我都要哭了。这时,主持人突然喊道:"白玥文弘,上台领奖!"我没想到我竟然拿到了冠军,我得到了今年的第一个冠军奖杯!那高兴劲就别提了。看来我和妈妈的努力没有白费,但是我不骄傲,因为还有江苏省总决赛和全国总决赛等着我呢!加油!加油!加油!

二、第二个奖杯

7月30日,我参加了在六合的金牛湖风景区进行的江苏省总决赛。选手来自南京、苏州、无锡、溧阳、扬州等地,高手云集,但我心里不紧张,因为我相信我是最棒的。

上午比试才艺。我的才艺是现代舞"波比波比"。这是我自己看视频学习的。为了达到良好的舞台效果,爸爸为我网购了配件,妈妈为我定制了服装,我对我的舞台妆也很满意。可是我的得分不高,可能因为现代舞不是我的强项,不像上次比赛中的青花瓷总是被别的家长提起。虽然下午的走秀我有实力,还有机会。可不知什么原因,可能还是紧张,我最好的状态没有发挥出来,得分也不是很高。为此我大哭了一场。

又到颁奖的时候了。我焦急地等待,终于被呼唤上台:我得了银奖。我捧到了今年的第二个水晶奖杯。我对这次的成绩不是很满意,我下决心要在全国比赛中更加努力!

三、第三个奖杯

8月15日,关键的时刻终于到了!妈妈陪我到首都北京的龙脉温泉山庄参加全国总决赛。这次的对手比我想象的多得多,有来自广东省、山东省等10多个省、市、地区的近600名选手。但我不怕,我相信自己,因为在赛前,我在老师的指导下进行了反复的训练。意想不到的是这次我被调整了组别,到了11~16岁的C组。我还不到11岁,同组的大姐姐有的高达1米7,我处势不利,好绝望!我观察同组的对手,发现她们有的舞台表现轻松自然,毕竟人外有人,山外有山啊。妈妈鼓励我不要怕,只要尽力就行。我想,人小志气要高,决心拼了。

比赛前,我和妈妈一起绞尽脑汁改比赛服,设计了我和妈妈都满意的款式。第一项时装秀,我穿着亮丽的服装走得很自信。泳装秀我表演了一个高难度的转身动作。才艺表演环节我跳了经过贾老师指导改进的青花瓷舞。不管评委给我打多少分,我觉得我是认真对待,尽到了最大努力。

8月17日的比赛发布会在人民大会堂进行。我好激动,一方面因为我竟然能进入庄严的人民大会堂,一方面是我既想知道又怕知道的比赛结果就要出来了。等待宣布时的心情比第一次还紧张。但当听到获得银奖的名单中的"白玥文弘"时,我笑开了花。

我原认为自己获奖的机会不大,但最终还是获得了银奖,我好开心啊!功夫不负有心人,我的辛苦得到了承认。我真感谢父母和社会给我提供了这样好的锻炼机会,我忽然觉得自己又长大了一些。

43. 少儿模特大赛中的数学

今年暑假,我参加了新丝路全国少儿模特大赛,到北京报到后,意想不到自己的比赛组别从B组改为C组。我顿时傻了,凭什么要我改?

我知道这次比赛分为三个组,8岁以下为A组,8—10岁为B组,11到16岁为C组。我是11月19日出生的,不到11岁,在省、市比赛中一直参加B组。这也是按规定的。为什么现在又要变了呢?

工作人员解释说,按规定,凡是2000年出生的一律参加C组比赛。这种规定合理吗?我不到11岁的人和可能16岁的人比,不是明显吃亏了吗?我看着那些1米7几的大姐姐,感到失望极了。幸好妈妈鼓励我,人小志气要高,我决心拼了,最终我还拿到了银奖。

因为心里总感到冤枉,事后我反复回想这个问题。后来发现,组织比赛的人可能算了这样一笔账:总决赛已是8月份了,2011年已过7个多月,剩下4个多月。介于10—11岁的人总有吃亏和沾光的。他们可能算过两种人数,然后做了这样的规定。你说,这样的规定对大多数选手是有利还是不利呢?想到这里,我心中的疙瘩解开了。谁让我是小龙女呢？我能那么小气吗？

你知道这样的数学题怎么解？小龙女是怎么想通的吗？

44. 连岛的奇遇

7月20日，我和家人一起冒着瓢泼大雨来到了连云港连岛的海滩边玩。

我发现海滩上有各种各样的贝壳，还有透明的石头。我赶紧去捡"宝贝"，突然，听爸爸喊道："点点，快来看，这里有一只小小鸟！"我最喜欢小动物了，听到这样的好消息，连忙放下手中的宝贝跑过去。果然有一只小小鸟在爸爸手上立着，只见爸爸把小鸟放在伞上，把小鸟转晕。然后说："点儿，我要照相，你来转！"一开始，我也舍不得把小鸟转晕，但我又想拥有它，所以照爸爸的意思做了。小小鸟很可爱，花羽毛由白色、灰色、棕色和黑色组成。我把小小鸟放在伞上，不断地转，使小鸟转得晕乎乎的。玩了一会儿以后，爸爸把小小鸟放在我的手心里，说："它属于大自然，我们应把小小鸟放了。"我把小小鸟放在沙滩上，它一蹦一跳地朝着海边走去。正当我们准备走的时候，一个哥哥用沙子埋那只小小鸟。我连忙上前阻止，可是他不听劝，继续用沙子埋小小鸟。我气得直喊："我鄙视你！"幸好他没有埋小小鸟的头，最后，小小鸟还是逃出了那个哥哥的魔爪。我真为小小鸟庆幸，也为它为生存而斗争的精神所感动，我大声赞美它："oye！oye！好棒！"

由于这天下大雨，不能在海边游泳，未免有点遗憾。但转念一想，还可以到宾馆的游泳池游，可是亲眼目睹小小鸟的生死经历是很难得的，能有这么一次奇遇也就不虚此行了。

45. 萤火虫的启示
——读《萤火虫为什么会发光?》有感

我在《十万个为什么》一书中看到了一篇《萤火虫为什么会发光?》,了解到了有关萤火虫的一些资料:萤火虫小小的身体有四只脚和一对触角,头部是红色的,身体是咖啡色的。长得有点像瓢虫,不过它是椭圆形的。我研究了一下它发光的原因,是因为萤火虫的尾部空囊里有可以发荧光的物质。发光时需要大量体力,所以老弱病残的萤火虫是不能发光的。我感到很神奇,真想亲眼见见。

我真幸运,暑假里我竟然亲眼见到了真正的萤火虫。那天,我们一家到盱眙玩。傍晚,吃完饭后我们在盱眙的铁山寺绕了一圈。这时天已经黑了,在下山的路上,由于没有灯,我们都是摸黑走的。刚走了一会儿,爸爸突然在前面喊起来:"点点快来看,这里有许多萤火虫。"我赶紧跟上去,只见路边草丛中,星星点点的亮光,一闪一闪。有只萤火虫飞到爸爸的身上;另一只萤火虫飞到了奶奶的包上;还有只飞到了妈妈身边的树叶上。妈妈和奶奶用手把萤火虫捉了起来,我上前仔细观察,看上去像瓢虫,外面有硬壳,形体和书中介绍的一样。不过我听到它们发光的时候发出了像打火机打火时"呲"的声音,好好玩!

这种神奇的景观令我遐想不已。

这么迷你的小昆虫,竟然能发出这么亮的光,实在是难能可贵。据说全世界一共有 2000 种萤火虫,南京就有 3 种。一只萤火虫发一点光,但很多萤火虫聚在一起就相当于一盏灯。我们的先人就已懂得利用萤火虫的光亮,车胤就是用萤火虫作灯读书的。还有人把很多萤火虫装在布袋里作引路灯,用于夜间行走。今天我们是不是也可以这样做呢?或者根据仿生学的原理,利用萤火虫发光的特点制造一些发光器为人类服务。据说高速公路上的荧光板就是根据萤火虫发光的特性做出来的。如果现在人们已经成功地进行了这方面的研究,那么,不是可以进一步利用萤火虫的发光原理制造更多的东西?

另外,现在有很多人利用蟑螂、知了、蚕蛹、蚂蚁做药给人治病,我想,萤火虫能发光,体内是不是有对人的眼睛有好处的物质,能不能从萤火虫体内提炼出来把它做成一种药呢?这倒是一个值得研究的课题。如果萤火虫能派上这种用场,那就需要很多很多只萤火虫,仅靠到自然界捕捉肯定不够。现在有很多人养殖蜈蚣、蝎子,我想是不是也可以养殖萤火虫呢?

我觉得萤火虫身上有很多很多的谜题值得我们去破解,可惜我年龄太小,知识太少,现在还解决不了,我真想快快长大。但我要呼吁大家多关注身边这些不起眼的小虫虫,这样的、那样的,他们各有特点,可能都能用来为人类服务。

晚上看到的奇景我一直忘不掉。萤火虫,你给人们的生活带来多少乐趣啊!可惜我在城里看不到。这一点说明现在世界上的萤火虫并不多。但是,听说7月份在中山陵举行了一次萤火虫节,说明生态好的地方,萤火虫还是愿意来,还是会在那里生存繁殖。所以人们一定要保护好地球环境,让生态平衡。这样,萤火虫多了,我们就能加以利用。各种昆虫、动物生活好了,大自然对人类的贡献就会越来越大。当然我们这些小朋友也不能光叫别人要爱护环境,我们自己首先就要做环境的小卫士。从我做起,从现在做起,从一件件实事做起。同时培养自身对科学探究的兴趣,勇于去发现,去探索,不断扩大知识面,提高能力,为科学发展作贡献。

(南京市科技书籍读后感比赛一等奖)

46. "轻便活动浴帘"制作说明

一、制作缘由

日常生活中还有不少家庭没有专门的浴室,有的还用浴盆洗澡。这样经常会搞得地上都是水;而且冬天也冷,因此,很多家庭冬天无法在家洗澡。如果用浴帘围起来就会好多了。但往往因为没有悬挂的支撑物无法使用浴帘。有的虽然有浴室,除了有浴缸靠三面墙的以外,大多是只靠一面墙或靠两面墙的,挂浴帘都比较困难。轻便活动浴帘就是为了帮助解决生活中的这个难题。这也就是这个小制作的实用价值。

二、轻便活动浴帘的构造

(1) 类型。轻便活动浴帘分四种型号:

1 型为全包型(包括 4 个底盘、4 根支撑杆、2 根连接线、4 个插销、一块大浴帘、一块顶盖布)。

2 型为 3 包型(包括 4 个底盘、4 根支撑杆、2 根连接线、4 个插销、一块中浴帘、一块顶盖布)。

3 型为 2 包型(包括 3 个底盘、3 根支撑杆、2 根连接线、3 个插销、一块小中浴帘)。

4型为一面型(包括2个底盘、2根支撑杆、2根连接线、2个插销、一块小浴帘)。

(2) 零件说明。轻便活动浴帘由底盘、支撑杆、连接线、浴帘、插销组成。

底盘:为圆形(比较稳),中间有洞,供插杆。2—4个。材料要重一些。用几个根据不同型号而定。

支撑杆:可伸缩。最低2米,最高达2.5米。支撑杆靠顶部打洞,供穿连接线,或插连接杆。在靠两米处打洞,或突出一圈,或做成螺纹,目的是不让上面的杆子掉下来。可根据房子的空间调节高度。按型号决定用2根、3根或4根。

连接线:为上下两根,上面供挂浴帘用,下面为固定用。最好用比较牢固而坚挺的材料。长短根据不同型号定。

浴帘:用防水布。根据不同型号定大小。

全包的:一大块布(最少6米宽),上面做成椭圆形,小于浴缸大小;用一块顶盖布(1.5米宽、2.5米长)。

包三面的:用一中块布(4米宽),上面做成开口的椭圆形,小于浴缸大小;用一块顶盖布(1.5米宽、2.5米长)。

包两面的:用一小中块布(3米宽)。

包一面的:一小块布(2米宽)。

插销:4个。

三、使用说明

(1) 装配。支撑杆插入底盘,连接线上下穿起来,框架就固定了。然后用浴帘围起来就可洗澡。冬天,可把顶盖盖在上面,洗澡就不冷了。

(2) 保管。用完后,全部拆卸,分类包起来备下次使用。浴帘要吹干。

四、作品优点

(1) 成本低,适合广大家庭。

(2) 适用范围广。

(3) 装配、拆卸方便,保管方便。

(南京市科技小发明三等奖)

47. 三代人的琴梦

外婆小的时候，
有个琴梦。
她得到了一只口琴，
吹出了5656161。

妈妈小的时候，
有个琴梦。
她得到了一台电子琴，
自弹出了《致爱丽丝》。

我小的时候，
有个琴梦。
我竟然有了一架钢琴，
老师指导我弹奏美妙的音符。

抒情的《绣金匾》让外婆陶醉，
她感叹没有共产党就没有今天。
流畅的《爱的协奏曲》让妈妈陶醉，
她感叹一代胜过了一代。

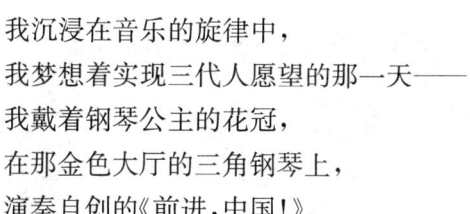

　　我沉浸在音乐的旋律中，
　　我梦想着实现三代人愿望的那一天——
　　我戴着钢琴公主的花冠，
　　在那金色大厅的三角钢琴上，
　　演奏自创的《前进，中国!》。

（南京市纪念建党90周年诗歌比赛一等奖、
江苏省中小学生诗歌大赛二等奖）

48. 从琴梦中看世界

　　为了纪念建党90周年，我写了一首诗《三代人的琴梦》："外婆小的时候，有个琴梦。她得到了一只口琴，吹出了5656161。妈妈小的时候，有个琴梦。她得到了一台电子琴，自弹出了《致爱丽丝》。我小的时候，有个琴梦。我竟然有了一架钢琴，老师指导我弹奏美妙的音符。抒情的《绣金匾》让外婆陶醉，她感叹没有共产党就没有今天。流畅的《爱的协奏曲》让妈妈陶醉，她感叹一代胜过了一代。我沉浸在音乐的旋律中，我梦想着实现三代人愿望的那一天——我戴着钢琴公主的花冠，在那金色大厅的三角钢琴上，演奏自创的《前进，中国!》。"

　　诗中20世纪50年代外婆的梦、70年代妈妈的梦、和我这个2000年出生的21世纪宝宝的梦，都涂上了时代的色彩。都是一个"琴"字，反映的却是不同的生活水平。三代人的琴梦都实现了，说明在党的阳光沐浴下的孩子都是幸福的。但明显三种"琴"的含金量是不同的，一个比一个高，充分表现了时代在前进，祖国在发展。

　　这种变化，何止在一台"琴"上。我们在生活中随时随地都能听到、看到、感受到。谁都知道，90年代人们都不敢想自己家里会有电脑，而现在呢，在城市里几乎所有的家庭都有电脑。以前，一部手机要几万元，只有政府工作人员工作需要才有一部，现在小孩子、老人，个个都有。这样的变化，在我们的吃、穿、用中可以举出很多很多。这样的变化，使我强烈地感受到我们的生活多美好，真是芝麻开花节节高。

　　放眼看世界，我的心情更激动。"神七"上天，嫦娥奔月，航母下水；中国"奥运"成功，"世博"盛况空前，"青奥"将在南京开幕。这一桩桩、一件件，使我从心底里感到自豪:因为我是中国人!

我们的生活为什么这么美好?我们的祖国为什么发展得这么强大?原因就是大家都感叹的:"没有共产党就没有新中国,没有改革开放就没有今天。"

作为幸运地生活在这样时代的少年,我除了感恩,还想歌唱,用我的琴弹出时代最强音:"前进,中国!";用我的琴弹出我们这些新一代人的心声:"加油,为了祖国!"

(南京市鼓楼区纪念建党90周年诗歌演讲比赛二等奖)

49. 找年味

大年初二,我和家人一起去璇子巷、夫子庙和狮子桥找年味。

首先我们去了璇子巷。我们原以为里面会是张灯结彩,热热闹闹的情景,可是进去一看,并不是我们想象的那样。人们都很低调,各自做各自的事,互不相干,只有几家在门上贴了倒福和春联,我们有点扫兴。可当我们快走到路口的时候,突然听到了一声"新年快乐!"。继续往前走,我们发现了一些壁画,有的上面刻满了祝福、雕满了龙;有的刻满了老南京的情景;还有的刻满了姹紫嫣红的花。人们虽然没有边撒糖花边互相拜年,但是人们以朴素的方式把浓浓的年味表达了出来。

接着我们去了夫子庙。这里可热闹了,和璇子巷完全不一样,人头攒动,车水马龙。大街上有的卖龙灯,有的杂耍,有的照相,还有苗族的姑娘卖银首饰……浓浓的年味把人们的心都连在了一起。

最后我们去了狮子桥。狮子桥也很热闹,有的卖糖葫芦,有的卖泥人,还有的卖糖人……老南京的各种民间小吃和小玩意儿都聚集在了这里。

一天玩下来真的好开心啊!现在时代在前进,所有的东西都变得先进了。但在过年的时候回味民族特色和古典艺术还是很有味道的,如果我们把民族传统和现代新潮结合起来那就更好了。

结果果（六年级）

50. 民俗节

今天，我们班迎来了一个特殊的活动：金陵民俗节。这里说的民俗，不是指各个民族的民俗，而是南京的民俗。上午第四节课活动开始了，主持人上台报了节目，接下来就是一个个精彩的表演了。

同学们不紧不慢地按顺序介绍着南京的美食和民俗文化，其中让同学们印象最深的是苏月、陈露这组的南京话念白。特殊的音调被有节奏地念了出来，别有一番风味。在活动中，同学们不仅眼睛、耳朵没闲着，嘴也没闲着。有好几组同学都带来了南京的特色小吃，比如饺子、元宵、小笼包子、茶叶蛋等。这下可好，既能学到知识，又能吃到美食，把同学们乐得合不拢嘴。当然，赶上这么好的一次活动，我

也不能怠慢。于是,今天早上5点多钟我就和妈妈一起去菜场买了1斤臭豆腐。回家后就忙活起来,经过了不知道多少工序,菜终于做好了。我将臭豆腐装进饭盒里,准备中午的时候让同学们大饱口福。

下课铃响了,同学们的表演也结束了,可民俗节还没有结束,因为我的臭豆腐还没上场呢!我从老师办公室端着热腾腾的臭豆腐往教室走,快到班上,我就听到同学们的尖叫声。随着耿聪的一声大喊"呀,臭豆腐!",许多同学都跑来跟我说:"白玥,多给我一点,好不好?"看同学们可怜巴巴的眼神,我只有答应。很快,满满的一盒臭豆腐就见底了,想不到我带的臭豆腐还蛮受欢迎的呢!

就这样,民俗节结束了!可是同学们意犹未尽,下课的时候坐在最后一排的宗淑宜还拿着自己带的盐水鸭分给同学们呢!

这就是我们的民俗节,这里有多种多样的美食,多种多样的文化。同学们玩得不亦乐乎的同时,也受益多多。

51. 我爱上了跳高

这学期的体育课与以往不同,老师教授我们一些高难度的体育项目,比如800米长跑、跳高等。不过对我来说,这跳高可是一点难度都没有。

记得爸爸曾经对我说过,他以前是他们学校的跳高冠军,他最高能跳到2米3呢!这让我惊讶不已。更让我吃惊的是爸爸竟说我遗传了他的这一优点,我疑惑地问他:"我又不会跳高,你怎么知道你遗传给了我?""因为你和我一样,脚垫都很高。"原来如此!看来我对跳高还真有一点天分哦!

上星期第一节体育课,老师让每个组的小组长到楼上体育器材室拿软垫。咦?老师要垫子干什么?我心里不禁冒出了许多问号。老师把垫子铺好后,大声宣布:"同学们,从今天开始,我们学习跳高!""跳高?应该是我的强项吧?"我顿时回忆起了爸爸曾经说的话。开始训练了,我很快掌握了窍门,从软垫上立起的杆子上方一次次地跃过,被组员们称作了"组冠军"。越来越熟练的跳法让我有了一点点骄傲。

回到家,我在电话里向爸爸讲述了体育课上的情况,爸爸夸奖道:"不错,不错,我相信你很快会成为你们班的冠军的,也许会更好。像运动员那样努力吧!"这段话让我高兴得都快找不到东南西北了,在床上又蹦又跳,还不停地重复着跳高的动作。

从那天开始,我天天都会练习跳高,虽然不能成为真正的跳高运动员,但是我一定会朝着那个方向不懈努力。这是因为我爱上了跳高,觉得它似乎是我身体的一部分,我无法和它分离。

52. 冬季的校园

冬天来了,彩色的校园变成了一片雪白的荒地,但这可难不住我们。

下课了,我拉着两个好朋友一起去玩雪。我们把雪捏成了各种各样的形状,好多低年级的小弟弟小妹妹都一起围过来看,有的也和我们一起玩起来。我们把作品排成一排,等着更多的同学和老师来看。

接着,我们开始打雪仗了。我悄悄地跑到了一个没有人的地方,在那做了一个大大的雪球,然后再悄悄地跑到同学的后面,把它扔了出去。"哎呀——",那个同学大叫了一声,转过身来朝我扔雪球,就这样,一场战争开始了。你砸我,我砸你,没有一个肯认输。又过了一会,更多的同学参加进来了,整个操场上,除了打雪仗,还是打雪仗,就连年轻的老师也在和我们一起玩。

汪刘楠作

时间一分一秒地过去了,我们一个个也都累了。有的坐在台阶上大口地喘气,有的围在一起说说笑笑,还有的干脆躺下来在雪地里转圈圈……最后,我们大家合力堆了一个大大的雪人。我们用橡皮做眼睛,用扫把做手,用短树枝做嘴,用尺子做鼻子,这个雪人就这样在冬天的校园里竖立了起来。

冬季的校园是一个热闹的、充满欢声笑语的乐园,我们每一个人都爱这个充满欢乐的校园。

53. 价码中的奥妙

为了更好地利用我家储藏室的空间,我决定去买两个鞋架。我和外婆先测量了一下安放鞋架的空间的尺寸。一个为1米4高,一个为1米7高。

我们找到了卖鞋架的店,看中了一个比较新颖的款式,一个350元,买两个就是700元。我们要老板优惠一些,她答应了打9折,那就是630元,我们感到很满意。可是一量,尺寸不对,每个只有1米3高。怎么办呢?老板说只有定做。我一听定做,价格肯定高,有点犹豫了。因为这是我第一次用自己挣来的钱为家里添家具,而且我得到的奖金只有600元,超支太多就不好意思向外婆要钱了。老板看情况,怕做不成生意,就说:"你们要的尺寸能不能变通一下,如果两个合起来3米高,那就可以便宜多了。"她笑着说:"我们做架子的材料就是3米长,如果料正好,不浪费,就划算了。如果料不凑巧,浪费掉的料的钱是算在成本里的。"我们明白了其中的诀窍,于是决定做一个1米35和1米65的两个架子。我让老板报价,老板说:"一根3米的料是24元,共4根,合96元;一块搁板40元,共11块,合440元;零件和加工费60元,合计606元。"我向老板借了计算器核算了一下,让老板把零头去了,600元成交。

这是我独立做的第一笔生意,感触很多。花的钱少,却买到了合适的东西。看来商品价格中是有不少奥妙的,买东西时,用头脑算一算是很有必要的。

54. 做陶器

前不久,我和妈妈一起去职业体验中心做陶器。进门后,我一直处在兴奋状态,因为我立刻要成为一位"大师"一样的人物了。看着展架上的陶器,有的高,有的矮;有的粗,有的细;有的色彩单一,有的色彩丰富。总之,一个词:五花八门。我的手开始发痒了。

开始做陶器了,老师先让我把手洗干净,然后拿了一块陶土,就这样制作开始了。我把陶土放在高速旋转的转盘上,原本成块状的陶土变成了一个小杯子似的东西。接下来,老师让我把手放在陶土上,大拇指放在内侧,其他4指放在外面扶稳陶土,小杯子变得越来越大,不一会就变成碗的样子。这时,老师让我把大拇指也放到外面来,说这是为制作陶器的外形。我决定要做个高脚宽口瓶,所以要把手放成上宽下窄的样子。不知过了多久,瓶子做好了。在此同时,我的手也好像快断了,因为我一直保持着同一个姿势。老师把做好了的陶器放进了烤箱,过了半个小时,陶器出炉了。我到水池边把手洗干净,接下来就是"上色"了。我准备做一个青花瓷瓶,可是不知从哪下手。看着手足无措的我,妈妈在旁插了句话:"先涂底色吧!"嗯,好主意! 于是我接着动手了。过了一个多小时,青花瓷瓶终于完成了,老师又将它送进了烤箱。

在回家的路上,我一直在观赏我亲手做的青花瓷瓶,非常有成就感。你看,陶器(瓷器)在中国已有千百年的历史了,如今,我们生活的是科技时代,可制作青花瓷的过程还这么复杂。可想而知,古人是多么有想象力,多么聪明啊!

55. 请保护弱小的它们

在这个世界上,有很多弱小的生命存在,人们有时并不会在意它们,是因为人们还没有完全了解到生命的可贵。

上周六,我从乐灵上完课回家,路上遇到一个胖胖的女人,化着浓妆,穿着皮靴风衣。我想虽然全身上下都是名牌,但配上那副嘴脸就全是"庸脂俗粉"了。接下来发生的事证实了我的想法。

一个中年妇女带着一只小狗出来散步,小狗跑到胖女人身边,朝胖女人扑过去。在我看来,那小狗的每一个动作都是那样的天真可爱,可胖女人竟然不耐烦地把小狗一脚踹开。要知道,那是一只你一眼就能看出的只有一个多月的小狗呀!我顿时气愤地停在了原地,握紧了拳头,决定"多管闲事"一次。小狗被胖女人踹得蜷缩在地上,我赶忙跑过去把小狗抱了起来,然后走到胖女人的前面挡住她的去路。胖女人问我:"你要干嘛?""你不觉得小狗会痛吗?道歉!"我对她喊道。"凭什么?不就是一只狗嘛!小朋友不要多管闲事!"我气得恨不得抽她几巴掌,但我还是很淡定地回答道:"如果我一脚把你一个多月的孩子踹到地上,你会怎么想？我就多管闲事了！别那么多废话，快道歉！道完歉把它送到宠物医院去。"我大声喊道。这时候，已经有人围观了，胖女人看情势不妙，无奈地把小狗接过去，和狗主人一起打车去宠物医院了。

事情解决后，在回家的路上我还一直在想，这个胖女人为什么要踢那只狗呢？也许她的确讨厌狗，可那是只那么小的狗，你可以把它赶走，或者绕开，怎么忍心踢它呢？不管怎样，对弱小的生命还是应该保护的。

56. 果子狸该不该杀？

有人说，2003年我国的"非典"疫情是由于人们食用野生动物果子狸引起的。一时间，人们个个喊着要杀死果子狸。这可让我心疼极了，人类啊，你们自己贪图美味，为何要怪果子狸？

人们吃果子狸是因为它美味，中国有句古话："山中好吃果子狸，水中好吃白鳝鱼。"而且，果子狸不仅是山珍，其皮毛还可制笔，就连脂肪也可治烫伤。

2003年中国发生第一起因"非典"死亡的病例时，已经有人发现是由于食用果子狸引起的，但还是有人因为果子狸鲜美的肉质而食用它。然而当时果子狸的数量少之又少，只有相当于丹顶鹤的数量，有多少人能吃到呢？难道"非典"发生的罪责真的都要怪果子狸吗？答案是：不！设想一下，如果人们不去食用果子狸，猎人们就不会为了挣钱而去猎杀果子狸了，如此一来，"非典"病菌就不会传播给人类了。"非典"的传播终归还是人类造成的！

其实自然界就像一座巨大雄伟的金字塔，人类在最顶层，其他动植物则依次向下排列。自然界中的万物只有相生相克才能让金字塔保持平衡。人类离不开任何一种动植物，而动植物的成长也离不开人类。

人类啊，快快觉醒吧！不要为了贪图一时的享受而再猎杀任何野生动物，以避免因为吃了"山珍"而引来杀身之祸。人类和动物是平等的，在动物不主动侵犯人类的同时，请人类也要尊重它们的生命。特别是现在很多野生动物都是珍稀动物，我们要想办法让它们繁殖得越多越好，怎能去伤害它们呢？

保护动物，人人有责。

57. 我的姐姐

我有一个表姐，她长得很漂亮。大大的眼睛，小而挺的鼻子，和我一样的酒红色的长发,再加上一副眼镜,真的和漫画中的美少女一样。不过,姐姐的脾气不太好,动不动就生气,害得我每次都要苦口婆心地说一大堆好话,她才开心。她还有一个不好的习惯,就是丢三落四。有一次,我和姐姐到凤凰书城买东西,她在选教材的时候随手把手机放在书架上,后来有一个男人一直在我们周围转。其实,在我刚到姐姐旁边的时候就发现了他在我们身边转了一圈又一圈,最后,从我身后绕过去,微微一蹲,就把姐姐的手机抓走了,姐姐一点都没有发现。我立刻一面喊姐姐,一面跑去跟工作人员说明情况,并去追小偷,可到底没有追到。唉,姐姐又丢了一部手机。

姐姐有一个音乐梦,她想到日本去学音乐,于是她报考并成功就读于田家炳中学的中日班,努力学习日语和作曲,为了她的梦想和未来而奋斗。

通过我的介绍,你们认识我的姐姐了吧!虽然我们家的经济条件还可以,但是我们都很努力,争做优秀的中国公民。

这就是我最喜欢的表姐。

58. 年龄差

不知从什么时候开始,我突然觉得自己变了。从前的我特别喜欢和小朋友们一起玩,现在却只想和哥哥姐姐们搭话了。

两年前的暑假,我们家来了一位小客人。虽然同是一个家族,但是大家从来没有见过面。听说他是从澳大利亚赶来的,叫白俊,比我小3岁。第一天,我基本没有和他说话,可到第二天就打成了一片。我带着他去打球、溜冰、玩游戏等等。

每天晚上,大人们在客厅看电视,我和白俊总是会穿着睡衣去捣乱,每到这种时候,大人们就会说我一点也没有姐姐的样子。对,就是这样,只要有小朋友来我家,我就会很快地和他们玩在一起。可是,这是以前的我,而现在的我……

今年过年的时候,我去表姐家吃饭,让我没想到的是姐姐家竟然还有个小朋友。原本兴高采烈的我脸上竟有一些不耐烦的表情。来到姐姐的房间,只见那个小弟弟霸占着姐姐的电脑玩赛尔多,姐姐还在一旁教他。我突然有点吃惊,我姐姐什么时候变得喜欢和小朋友打交道了?姐姐看到我就像看到救命稻草一样,立刻拿起手机向我跑来,凑到我耳边说了声"这里交给你了",之后就溜走了。呀,叫我带小朋友玩网络游戏,这不是叫我去死吗?我心里这样想着,可是现在这个局面,我也只能这么做了。半个小时过去,我真是快被那个小朋友气死了。玩游戏总要有策略吧?老是狂轰滥炸的,结果一个敌人都没打死,却把自己打死了。我辛辛苦苦给他取来的最强装备,一下子就烟消云散了,我都要崩溃了。我跑去找姐姐,结果发现已经陪小朋友玩了一下午的姐姐睡着了。什么情况?我该怎么办?

也许这就是年龄差的问题吧!我长大了,不再和小朋友们有共同语言了。"不同的时期,我们就会变成不一样的人。"现在看来,这句话是很有道理的。

59. 学当雷锋的滋味

3月3日,湖南路街道在凤凰书城的广场上,举行了学雷锋"芳草行动"的启动仪式,我作为代表之一,上台宣读了倡议书。事后我想,说到就要做到,我带头做起了学雷锋环保行动。

春游那天下午,因为到外婆家的时间早,我拉着外婆一起打扫楼道。我拿起扫把,扫到东,扫到西。接着用水冲,最后,拿起拖把,东拖拖,西拖拖。地干净了,我又拿起抹布擦楼梯扶手,从上擦到下。上上下下打扫完后,我的喉咙都要冒烟了,我"嗖"的一声,跑回家,拿起可乐瓶就往嘴里灌。说真的,干活确实蛮累的。但当我看着打扫过的楼道,我不禁产生了两种感觉:一是觉得楼道里不仅干净多了,而且空气也好像稍稍新鲜了一点,真爽!二是在打扫时,从旁边走过的人,竟都朝我们说"学雷锋啊",心里那种美的滋味啊,真好!于是,我和外婆拿着清洁工具,又到我家住的楼栋打扫起来了。

学校开运动会的那天,我依然早早地回到外婆家。吃过中饭,我和外婆又去打扫楼道了。因为才打扫过不久,不算很脏。不过还是有很多脏东西:扔的烟头、丢在地上没吃完融化了的雪糕等,叫人看了恶心。我把楼梯扫了一遍,拖了一遍,又把扶手擦了一遍,最后,再洒一遍水压压尘。我正干得得意时,走过来一个穿着高跟鞋的女人,冲着我说:"你看,那边还有灰,你应该经常扫。"我真想回她一句:"你凭什么指指点点!把我们当拿钱的清洁工了!"这时只听外婆开口了:"公共卫生人人要关心。各家应该把自己门前扫干净。"

我们的行动也影响到了一些居民,我们打扫后的第二天,总会有人把院子也扫扫。我想,环境干净,应该是大家共同的愿望。学雷锋,是要付出的。打扫虽然累人,但要想生活得舒畅,就得付出劳动。大家要想生活得更幸福,就让我们一起来保护我们的居住环境吧!

(南京市《雷锋在我身边》网络征文一等奖)

60. 穿越历史之旅

早就计划的"穿越历史之旅"终于开始了。我和爸爸妈妈、外公外婆组成的自驾游旅行团,在7月1日踏上了旅途。我们乘火车到了西安,爸爸租了一部车,在西安、咸阳、华山、骊山、壶口、延安等地寻访古迹。我们参观了历史博物馆、黄帝陵、秦兵马俑、碑林、乾陵、宝塔山……前后6天时间,穿越了几千年历史,内容真丰富,特别是唐朝的历史、革命圣地延安、祖国壮丽的山河给我留下了深刻的印象。

一、梦回大唐

西安在历史上又名长安,是唐朝的国都。这里至今仍留下了很多唐朝的遗迹、传说与文化。这次我小游了大唐芙蓉园，探秘了华清池，拜谒了乾陵，大有神游大唐的感觉。

据说芙蓉园是唐玄宗为他的妃子建造的。杨玉环也就是杨贵妃，她和唐玄宗有一段世人皆知的爱情。大唐芙蓉园的荷花、宫廷音乐、李白醉酒、侍女馆、胡店等都能见证他们两人出水芙蓉般的爱情。

华清池位于骊山脚下，由于骊山是死火山，所以山底下有温泉，温泉水常年保持45度多的温热，从周、秦、汉、隋到唐，历代帝王都在这里建离宫，连慈禧太后都喜欢到这里来享受。特别是唐朝，唐玄宗因为爱杨玉环，非常宠她，还赐她三件宝物，在华清宫我们可以看到：一是一对玉簪；二是一个温泉池，供杨玉环独享；三是一个亭子，杨玉环洗温泉后在这里晾头发。现在不管是皇帝、妃子、太子，还是大臣们洗温泉的池子都是干的，看似很平常，但从贵妃入浴那个雕塑可以想象当时是怎样的一种情景。可惜今天下雨，我们观赏不到每年4月到10月在这里演出的大型实景历史舞剧《长恨歌》，否则真可以体验一下皇家的奢靡生活了。

令我念念不忘的还有那个葬着唐高宗李治和皇后武则天的乾陵。武则天是我国历史上唯一的女皇帝，对她建立的大周皇朝人们褒贬不一，但她毕竟辉煌过。临死前把权还给了李家，儿子答应了她的要求，把她和父亲合葬，为她立了块无字碑，让后人自己去评述。听说大唐贞观之治很辉煌，你看，皇帝死后的陵墓也无比气派。双乳峰连着石像大道，石像大道连着梁山，山上就是两个皇帝的合葬墓。四周还分布着公主墓、太子墓和其他陪葬墓。我们特地去看了乾陵地宫，从地宫的构造、两边的壁画和出土的文物可以看出，当时唐朝的政治斗争很厉害，经济、文化确实很繁荣。

穿越回到大唐，我明白了为什么人们历来把唐朝称为"盛唐"的缘由，也体验了统治者生活的奢华，这一切让我念念不忘。不过这次的穿越之旅还是有很多遗憾，因为除了乾陵的一小部分是历史遗迹，其他的都是后来仿建的。

二、红色之旅

红色延安是我早就想瞻仰的革命圣地。来到延安，我们选了位于杨家岭的石窑宾馆，体验了一下窑洞生活。第二天正式开始了我们的红色之旅。

一大早我就爬了起来，出了窑洞宾馆往前走不久，就到了我们第一个参观点：毛主席等领导人的杨家岭旧居、中国共产党第七次代表大会和延安文艺座谈会的举办地。在这里，我知道了领导人是在多么简陋的环境里生活，是在多么艰难的条件下商讨战略，与敌人一决高下。

接着我们去了枣园。当时由于国民党的追逼,从安全起见,党中央的机关就迁居到了这里。这里的环境比杨家岭好得多,领导人的居所也比开始的好些。在这里,妈妈帮我买了红军帽、红军衣,我当了一次"红军",和毛泽东、周恩来等领导人的塑像合影留念。因为我还小,我把自己称为"红小军"。

后来,我们又到了南泥湾,这里是当年红军开荒种地的地方。我们参观了展览馆,了解了在抗战最困难的时期,359旅根据毛主席和党中央的指示开展大生产运动,"自力更生,丰衣足食",击败了敌人想困死共产党的阴谋。当时荒野的山沟沟变成了陕北的好江南,至今,这里还是一片绿茵茵的。我们在一家"农家园"意外发现了一个能够体验南泥湾生活的场所。在这里,我摇起纺车纺线,试着扛了一下大刀和长矛,还穿起陕西大妹子的花花绿绿的衣服扭起了秧歌,真像当年的南泥湾,有意思极了。

最后,我们来到了宝塔山。宝塔山是延安的象征。从唐代开始,她就见证着历史的变迁。在这里,我们目睹延安的全貌,延河水在城中流淌,两岸早已高楼林立,风景真美啊!我不仅在山上一处竖着镰刀斧头的党旗下宣誓留影,还拍了一组艺术照作为纪念。

通过这次旅行,我知道了我们现在的美好生活来之不易,我们一定要珍惜现在,努力创造美好的未来。

三、访山问水

这天,我和家人向华山和黄河壶口瀑布进发。

刚刚到华山脚下,只见半山腰有一片白茫茫的雾色,我真想赶快上山看个究竟。因为来前我看介绍,华山历来有雾华山、云华山、雪华山之称。

乘上游览车,一路看山景,觉得这座山跟南京的山大不一样。大部分山壁是石头,不仅没有长植物,而且还很光滑,大概是常年被水冲刷的缘故吧!山体很陡,有的几乎是垂直的。无怪乎华山以"险"著称。很快就到了半山腰,我们如同仙人一般进入了一层层白雾之中,好神奇啊!我禁不住发出了惊叹声。

游览车带我们到达的是北峰,这山峰虽然是华山东、西、南、北四峰中最低的,但也有1614.9米,让两个70多岁的老人爬上去难度太大,所以我们才乘坐缆车。

"会当凌绝顶,一览众山小",在山顶远眺群峰,真爽!突然,我发现山顶上出现了一道彩虹,下面是一团团的云层,太神奇了!不是到这样的高度,哪能观赏到这样的奇景?真是"无限风光在险峰"!想到这里,浑身的疲劳一扫而空,急着往上爬。记得游览车的导游讲:"看到'华山论剑'四个字,就是到达了北峰的顶峰。"当我爬上一个平台,看到好多人在围着拍照,我估计目的地到了。赶过去一看,果真!想到这里曾经是道教各门派论武之地,我赶紧挤上去,当一回武侠,让爸爸给我拍照留影。

华山那么大,几天也游不完,我们只能是与华山匆匆见一面,了却到此一游的心愿。

下了山,我们就马不停蹄地奔赴壶口瀑布公园。刚到公园门口,我就听到黄河流水的声音喽。呀,我想这瀑布一定很壮观很壮观!我们买了票进入公园,只听见水声越来越大,当走到栏杆边,只见黄河水汹涌地扑过来,我扔了颗石子进去,一下子不见了踪影,水卷得那么快,我不禁打了个寒战。突然,旁边有人喊道:"水好凉,好舒服啊!"我立刻跑了过去,这里是个平台,上面有几公分深的水,大概是黄河水的余波。我拉着妈妈壮胆,一起走进水里,"啊,我感受到黄河水的温度了!"我激动得喊起来。黄河,我们中华民族的母亲河,我永远都爱你!不管你变成什么样的瀑布,我都认识你!

今天,我访了山,又问了水,真切地感受到祖国的山水真美啊!祖国,我真为你骄傲!

第二篇 大豆子有心了

导 言

本篇是中学生的作品,写的是中学阶段学生的校园、家庭、社会生活,描述了处于青春期的少男少女的所作所为、所思所想、喜怒哀乐,反映了21世纪的青少年的思想状态和精神面貌,供人了解,给人启示,令人深思。

全部作品都是用的第一人称,但文中的"我"并非作者本人。一些叙事性的作品均为小小说类,题材取之于校园中发生的人和事,但并非真人真事,略有加工。作者用第一人称是为了增强真实感和感染力。

第一章 校园心语

1. 初中三年规划

跨进中学的大门,我从小学生变成了一个中学生,我怎样度过这三年呢?我也不知究竟应该怎么办,先作这样的打算吧:

初一,必须打好基础。我觉得首先要整洁,身上不应该出现污渍或者首饰,要遵守校规。其次,就是睡觉时间,早上5点起床,可以背一些东西;晚上10点准时睡觉。把初一的课程踏踏实实完成,把《新概念英语》1~4册自学完成。

初二,要尽力探究。把知识牢固地掌握,古文、外语等一定要会背。尽量多学一些,多拓展一些!

初三,非常关键。要努力钻课本,背重点,做拓展。学懂,学好,身体素质也需加强,做好参加中考的准备。

2. 书香作伴

亲爱的书:

对不起,请你原谅我,我知错了。

前几个月,我沉迷于网游、电影、购物而冷落了你,把你彻底遗忘在纸箱子里。这种行为真是太可耻了,你不要再生气了,行不?

每当我打扮得花枝招展去看电影时,我都会忘记这些惊心动魄的片段都出自你的手。每当我懒洋洋地看电视时,我都想不起来,这些东西完全没有灵气,它只有呆板的演出形象,一点也不给人想象的空间。为什么哈利波特不能坐在扫帚上飞,一定坐在扫帚柄上?为什么黛玉妹妹一定要泪水盈盈?为什么恐龙的手不能挥舞着拍向主角,非得直直地放下来?失去了书香的缭绕,这些实体性的东西毫无意境可言。那些神奇的想象之物,只不过是导演的意愿而已,失去了书香味,沦为导演的道具。亲爱的,对不起,没有你的书香做伴,我情何以堪?

还记得我幼年时期吗?我的床上也有你的位置,我们同床共枕,相伴入眠。每天我最快乐的时光就是忙了一天,大家都休息了,万籁俱寂之时,我带着你缩进被窝,让你的气息充盈萦绕,满足地深吸一口。打着手电筒,翻开你,让我的思想与你碰撞,用我的思索触摸你,拥吻你。是你带我进入了一个神奇的二元空间,我在里面快乐地遨游:我可以抬头看到几十万光年外的苍穹,好似坐上了时光机,观看几十、几百、几千年前的世界;我可以思考,与那几十个、几百个、甚至几千个伟大的人物对话,与他们探讨生命、音乐、艺术、地理等的奥秘。如果没有你的做伴,哪有现在才华横溢的我!

亲爱的,真的对不起。你是浅显易懂的,也是深奥的。从小到大,你不断领着我改变,从童话,到畅想,到科普,再到音乐,我从你身上得到了太多太多。鄙人一生有书相伴,足矣。所以,亲爱的书,你对我太重要了。我怎能经不住垃圾的诱惑而背叛你?对不起,我此生只要书香做伴,为此我立下誓言:"天荒地老,沧海桑田,此心不变。"

爱你的,一个迷途知返的羔羊

3. 在这里

在这里,我度过了初中两年的生活,而暑假,我又到这里,参加中美夏令营。

这里,还是这里,却又觉得不是这里。曾经朝夕相处、相谈甚欢,每天三餐都凑在一起的同学,这次暑假回来,却不见他们的身影。

这里,还是这里,学校的一草一树,甚至摇曳的树影,都和我脑海的记忆呼应。但是,没有原班同学身影的教室、走道,就觉得不是我们的班级,我们的这里。

夏令营里的老师个个陌生异常。活泼的外教 Jay 被换成了金发碧眼、羞涩的美国大男孩 Peter;语音不太标准有些东北味的亚楠老师换为语音十分标准,我却听不太惯的英语老师 Linda。物是人非,只有看到了曾有过几面之缘的同学们,才有几丝安然和慰藉。

本以为会被痛苦地监禁在这个熟悉而又陌生的地方,过了两天,自己开始觉得对原来学校生活的印象淡了,对周围人的认识也改观了。这里,还没有变到我呆不下去。

宿舍的同学 Zee,不是我最初印象中的没心肝的傻大姐,相反,她机智、善解人意,和她交往,使我从一件件烦心事中走了出来。我不再迷茫于某些朦胧的、青涩的"爱情",她帮助我顺利地解决了这种危险的暧昧。老师们的平易近人,也使我迅速融进了班级。听说闭营式上有表演,同学们毫不迟疑地争取机会,让我们的演出直接变为了足有十二分钟的串烧表演。每天的中午和下午,在同学都休息和吃饭之际,我带领着 Andy、Lola 练习 Poker Face 的舞蹈。在结伴回宿舍的路上,我们不顾旁人惊讶的眼神,抓紧练习 Evergreen,我们一遍遍地嘶吼……练习中,我们挥洒着青春的汗水,我们挺直了曾经因为不自信而弯下的腰杆,我们为相遇相识而自豪。演出固然重要,但练习中培养出的坚固友谊更加重要。没有人因为相貌而嫌弃你,只要你有青春,你就有连接友谊的资本。在这里结下的友谊我永不会忘记。

现在,在这里,初三的我们在为中考而备战,在书本上挥洒我们的青春。但是,我不会丢下暑假在这里的那种友谊和活力。我们曾经在这里相会,望下回我们再相会,我等待着那一天的到来。

4. 不该丢失的睡眠

升入初三,睡眠向我依依惜别。睡觉成了我的生活和梦中的渴望。

M 宿舍:起床

"嘀嘀嘀……"越来越密集的闹钟声把我惊醒。我一挥手,把闹钟那可恶的声音闷在被窝里。缩在那软绵绵的温暖的地方,真是不想起床啊!我下意识地恐惧着广播的声音,希望是闹钟坏了,现在才 2 点钟。当我做好了心理调适,准备继续与好梦约会时,广播开始大吵。

叹口气,不得已,还是得起床啊!我顶着鸡窝头,半眯着眼睛坐起来,好冷啊!秋天起床真是一种考验。周身被寒冷气体包围着,刚刚还被被窝余温温暖着的手一点点地冷了。这讨厌的宿舍,这倒霉的学校,我暗暗地诅咒着。

M 教室：上课了

"分子之间有间隙……"老师的声音越来越模糊，我记笔记的手慢慢地停下来。我打了个哈欠，抬起头，发现书本上早就一团糟：无数条睡着时划出的线段，笔停顿时一团团庞大的圈迹，还有重合在一起看不清的混乱字迹，还有大脑空白时无意识写下的字。这篇"火星文"别说地球人看不懂，估计要看懂它，就是火星人也要研究个十年八年。想着想着，又坠入了黑甜的梦乡中。

M 宿舍：睡觉前

今晚还要不要复习、预习呢？今天的课基本上都没有怎么听吧！可是现在，我的确不困啊，而且，很快就要月考了。那要不，我还是看看吧！看到两点前一定得睡，如何？如果复习得快，还可以看会儿杂志呢！一边打着手电看资料，一边脑中又天人交战。不知不觉又到了三点，于是我又自然而然地睡着了。

终章：梦醒

"嘀嘀嘀，嘀嘀嘀"一阵铃声把我惊醒，我一个鲤鱼打挺，坐了起来。回想刚刚那个梦，太可怕了。真不知梦中的那个我是怎么想的，怎么能放弃睡觉时间去学习呢？这不仅使生物钟混乱，身体也吃不消，还怎能谈得上学习好？资料这种东西怎么会有老师讲的全面？上课不听，半夜复习，这不仅仅是摧残身体，也是恶性循环啊！如果养成了坏习惯，就不仅仅是月考倒数的问题了。现在和我一样的初三学生们，切不可像我梦中似的，否则，只能自食恶果。记住，健康的生活习惯很重要！睡眠不可丢失，生活习惯更不可混乱！

5. 在压力面前

"哎，毛豆豆，这次你怎么会考成这样？一点都不认真对待，为什么不认真一点呢？""是啊，我要像你这样退步了，早被爸爸妈妈打残了。你爸妈真好！"考试成绩一公布，朋友们就围在我的桌子前叽叽喳喳，有可怜、有惋惜，也有对我成绩退步的不理解。

这些表情变成了一根根钉子，深深地扎进了我的心田。这明明就是赤裸裸的嘲笑和讥讽，别以为我看不见朋友们那隐藏在心中的、雀跃的幸灾乐祸。我扯出了一块挡箭牌："你们又不是不知道，最近我生病了。"见他们不以为然的样子，我故意勾起了嘴角,自我解嘲说:"以后我的发展趋向是音乐、摇滚。学校这儿压根不适合我,我学了也没有用!"

而我们宿舍的一个女孩儿听了我的话,哭得很伤心。我问她:"你考了多少分?""75,呜,呜……"说着就把脸深深埋在臂膀中。"咦,75,你哭什么?我掉下来了还没哭呢!"这时,我心里像划开了一个大口子,口子似乎腐烂成了黑色的深渊,深不见底。这个女孩,我曾经比她好太多太多,而现在我追也追不上她。她在哭泣中成长,我却在虚伪的笑容中腐烂、生蛆。

终于,在痛苦中,在一次次考试的打击中,我熬到了3天的假期。谁知等着我的却是两天半的补习班。在上课回家的路上,我一言不发,想显得自己满不在乎。爸爸则不停地回头察看安静得反常的我。终于到家了,我的眼泪再也抑制不住,我的眼眶无法承受那千钧的泪水。

爸爸拍着我的肩,说:"好女儿,学校受委屈了?不要紧,学习成绩不好,我们可以补上。"我瞪着天花板一言不发,任由泪水纵横脸颊。爸爸沉默一会儿又说:"我知道你上课又累又辛苦,我也知道你的作业很多。但是出来混,欠了债总是要还的。你生病欠了很多课,只有补上。只有比别人超前了,才不会劳累。"我一动不动,似乎麻木了。而爸爸似乎咬了咬牙,他幽默地说:"大豆,你的志向问题我考虑了一星期,晚上都睡不着。我想,你如此痴迷音乐,如果有天赋,我不能埋没你。所以,我想找个教授帮你考量一下,时间你定。行不?"我涣散的眼神突然聚拢,我简直无法相信自己的耳朵。什么?最传统的爸爸居然……爸爸看到我怀疑的双眼,摇摇头说:"豆豆,我和你妈是爱你的,我们是你的后援团,我们的出发点都是好的,我们想让你快乐。"这时,我的眼泪倾盆而下,是的,不论我成功还是失败,对他们好或是坏,他们都在帮我做最好的打算。在我前途堪忧,痛苦万分时,他们又给我依靠。

亲情,是我们最后的堡垒。在面对压力时,人们最后的退路就是家庭、亲情。亲情是永远不会抛弃我们的。面对压力,我只求亲情。

6. 拥抱我的朋友

拥抱吧,不必感到羞耻,拥抱你的朋友吧!

拥抱有着神奇的治愈功能。当朋友伤心失意时,不必过多的言语和安慰,只要轻轻的一个拥抱,一切的悲伤都能奇迹般减退。当友谊出现裂痕,一个拥抱就可以让在悬崖边的两人重归于好。当朋友无助时,拥抱也能让人充满信心。

但中国人并不擅长拥抱。当失散很久的幼年朋友重又相见时,他们往往只是腼腆地笑笑,显得多么生疏。其实,只要一个拥抱,两颗心又会紧紧相连。

大人的世界,拥抱有时并不纯真。这里拥抱着,微笑着,实际上心里在打着小算盘;那里开着国际会议拥抱着,却在背后做小动作。真诚的拥抱太少见了。

但是,朋友需要你的拥抱。请真心地互相拥抱,表达你的真诚吧!

7. 流畅的音乐流淌

流畅的音乐流淌,却突然一转,变得吞吞吐吐,一个杂声毁了这首曲子。"嗵",钢琴盖滑落,声音在琴箱中不停回荡,所有音弦都在不停地振动,发出难听的"滋滋"声,我厌恶地瞟了一眼我的手,狠狠地将它对砸。

"疼痛对人有好处",《达·芬奇密码》中说得没错。只有肌肉的疼痛,才能让我好好去弹,才一周时间我把曲子忘得一干二净,我真鄙视自己,这么简单怎么就不会?再次认真地弹,弹至一半,又断了。我不懂,我怎么变得如此暴虐?!

心中怒火暴涨,手竟不觉把琴谱拿了下来,狠狠折叠,让一条条不是时间的纹路出现。粗暴地戴上耳机,却发现不论听什么,心情都无法平静。我实在不甘心,摘下耳机,不顾正在放的曲子,又径直去弹琴。当我砸完最后一个音,想不到我不曾体会到的爽快油然而生,成了!一首融合了不同心情的曲子,竟被我演绎出来,流畅的音乐在我手中流淌……

音乐,能控制人的感情吗?人,又能驾驭音乐吗?我无法明确言说,但我似乎朦朦胧胧地有些懂了。

8. 《西游记》读后感

吴承恩的作品《西游记》，是最为出名的中国古典四大名著之一。

这部巨著，笔触细腻，细节描写十分详细。大部分人都把注意力和赞赏放在了机智、调皮的"小猴子"身上。其实，我关注的不是悟空，而是那个有些讨人厌的猪八戒。

猪八戒是个配角，是个不干正事、有些愚蠢的"反派角色"。什么坏事，都是他干的，如"强抢民女"、"偷西瓜独吞"等。看他的所作所为，真会觉得他一事无成。我刚看《西游记》时，恨不得朝那堆肥肉上打一通！这么能够调动我这个小读者的情绪，说明吴老先生对悟能花的心思是不少的，也说明了他写作的成功。

但是，看人决不可只看表面。虽然八戒好食、贪财、好女色，一肚子花花肠子，又没有本事，长得也笨头笨脑，却对师傅忠心耿耿。每次当师傅不见时，领头哭的总是八戒。这懦弱的后面到底是什么呢？是一副鼠胆还是一片赤诚？

如果没有八戒，这西天取经的路上又会如何？唐僧天天"善哉、善哉！"，沙僧天天沉闷，孙猴子则一边护法、一边寻路。可以说，八戒就是"调和油"。虽然路上不断惹事，不断和孙行者吵得天翻地覆、飞沙走石、日月无光、鸡飞狗跳，最后还得由憨直的沙僧打圆场，但是，正是八戒才让气氛慢慢活跃起来，让师徒更加亲近。

四人寻"经"，缺一不可。历经九九八十一难，若无八戒，何来西游？

9. 学会说"不"（小小说）

"小L，来来来，我们给你看样东西！""什么好东西？"我凑了过去。突然在黑暗中看到了忽明忽暗的火光。那是烟！看到在他们头上盘旋升起的一个个烟圈，又听到他们咕咕的笑声，我明白他们让我看的是什么了。

"小L，你来尝尝这烟，很好吃的。赏个脸，尝一口，一般人我还不给呢！"坐在那抽烟的一个人,捣了捣右边人的手,示意给我抽一根。

看到烟,我又兴奋又害怕,周围的空气似乎在我权衡利弊时都凝固起来。抽,还是不抽?抽,违反校规;不抽,又不给他们面子。"小L,抽吧!我们又不害你,怕什么!"我涨红了脸,心中一种说不清的愧疚在翻腾,我舔了舔干得裂开的嘴唇,"那个,我不会。"我吞吞吐吐找了个理由。那群打扮另类的人又怪笑,眼神中充满了戏谑和蔑视。"没事,不会可以学啊!不会抽烟的一生是不完整的,你就只想当个傻傻的没品位的学生仔?"

"才不是,抽就抽!"我激动起来了,反正不在学校,也没人看到,那就抽吧!大拇指和食指拎住了烟嘴,我把它放在嘴边,抖抖霍霍地把打火机凑了上去。一次、两次、三次,可烟就是不着。那群怪人笑够了,走了过来,叼着过滤嘴,用打火机一点,猛吸一口,烟着了。一边眯着眼睛享受着,一边斜瞟了我一眼:"小伙子,爷这叫技术,学着点!"

受到了视觉、心理上的刺激,我抽出烟,猛吸一口,"咳咳咳……"一股辛辣的味道向鼻子、大脑,还有嗓子冲去,呛死人了,我的鼻涕、眼泪直下。那群怪人又一次放声大笑:"哈哈哈,这个学生仔果然细嫩,笑死我了。才吸了口女士烟就不行了,烤烟这家伙一吸,还不死人啦!"

一股后悔的波浪淹没了我,为什么我不拒绝呢?这些人压根不安好心,一心看我笑话,把我拖下水。如果再"好好先生"下去,小命恐怕就会没了。早知道就学会说"不"了,这样也不会认识这群所谓兄弟、实为社会败类的人渣了。学会说"不"真的很重要啊!一天学不会,一天就会被人欺负。从今天开始,我要学说"不",不再事事软弱,不再随便顺从;我要学说"不",保护自己,让自己变得坚强。

10. 有一种不寻常叫寻常

我认识一个平常的乐队,乐队里都是一些平常的人,但就是在和这些平常的人的交往中,让我懂得了什么叫平常和不平常。

流鬼,是"the GAZETTE"的主唱,搞摇滚的。他在 live house 的聚光灯下出众、挑眼。而平时的他真的再寻常不过。他可以在半夜和其他80后的球迷一样,抱着啤酒,吃着章鱼烧,对着电视欢呼;也可以在风和日丽的下午,牵着他的宠物遛弯儿。而路人们往往会发现,他的宠物居然是那种"肉狗",殊不知这只狗是流鬼在街上捡到的一只流浪狗。流鬼爱喝"小岩井"苹果汁,常常向队员们分发,他觉得这个对身体好。工作时的他则是不寻常的认真,他把家搬到公司的练习室

里,以便完成新出的作词专辑。就是这种会放松又会紧张的双面性格造就了今天的流鬼,他寻常,而又不寻常。他让我明白了一个人应用一颗寻常而又强大的心,去把握好放松和紧张的转换,因为这是成为不寻常者的良好素质之一。

冷汰是"the GAZETTE"的贝斯手,他有高超的琴技,也有万贯家私。他有着寻常到不寻常的朴实,他每天背着一个旧旧的帆布包上下班。而这个包很寻常,是他在一个中学门口小店买的。这个包并没有意义,只是标志着那个青涩的年代。友人调侃他:"这个包有贫穷的味道。"而冷汰淡淡地一笑,插着腰望天:"真是怀念那个贫穷的学生时代啊!"这样惊人的平常心,已是不寻常了。冷汰是安静的,是害羞的,但是每当他开口,便是一阵飞沙走石般的富含哲理的话。他的思考和对旧物的喜爱,无不表现了不寻常。这是天赋和思考,以及寻常人的朴实品格和努力造就的。

队长戒和前队长由宁,都在为队伍默默地工作,联系公司,设计封面,都坚持着自己的 style。他们对写词人流鬼和总编冷汰,有着家人一样的关心。流鬼工作到深夜,丽端上一杯醇厚的咖啡,也努力地作出上手吉他的乐章部分。冷汰排曲子,和 staff 交流,戒、葵、丽,甚至流鬼都抽出时间来一起旁听,冷汰和工作人员都只带一份食盒。

他们这几个寻常又不寻常的人,像一个个寻常的家庭成员,构筑了一个不寻常的奇迹——有种不寻常叫寻常。

11. 我的艺术梦

所谓艺术,就是通过塑造形象以反映社会生活而比现实更有典型性的社会意识形态。如文学、绘画、建筑、音乐等。幼年的我并不懂这些,在我才 3 岁的时候,妈妈就送我到一个小学的"美术班"学画画,后来又到"小红花"学舞蹈。4 岁那年,邻居小朋友学钢琴,琴声真好听,我羡慕极了!在她钢琴上摸一摸,她都不让,我好丧气!我回家吵着要买钢琴,父母拗不过,在我保证"一定好好学"后,他们为我买了钢琴,请叶丹当我的启蒙老师。从此,怀着对音乐的浓厚兴趣,我踏上了追求艺术梦的征途。小学 5 年级时捧回了钢琴 10 级证书。

在 10 岁那年的春节,我随家人一同回老家探亲。那一年有一首《老鼠爱大米》的网络歌曲在大街小巷播放,我觉得很好听,我同和我年龄相仿的表姐不知不觉也都会唱了。"豆豆,你有什么理想?"闲谈中表姐信口问我,我随口回了一句:"我以后要当作曲家。"我不明白当时我为什么要这么说,大概是《老鼠爱大米》让我对网络歌曲自写自唱的这种形式感兴趣吧。更有可能的原因是早就种在心中的那种对舞台的渴望,那种对众人仰慕眼神的渴望。

　　记得也是这年暑假的一天,妈妈带我去看钢琴家盛中国在南京的演出,想不到幸运之神竟降临到我头上。盛中国一曲演奏完,观众跑上去献花。盛中国接过花,认真地环视台下,竟将一束花向我这个坐在第一排的女孩抛来,我像弹簧一样一下弹起来把花接住,举起花向台上挥舞。当时我感到这是钢琴之神给我的最好的礼物,我是与盛中国最有缘的人,我是全场最幸福的人,我陶醉在美妙的音乐声中。回家后,我把花插在花瓶里,每当弹琴疲劳时,我看一眼花,就来劲了,就想弹出像盛中国一样的美妙乐曲。不管怎么说,那年的我仅 10 岁,并未思考很多,便轻易地许下了这样的梦想。

　　12 岁我上了初中,终于意识到了歌曲不仅要有曲调,还要有内涵。有意思的是,我一脚踏进了内涵较另类的一个音乐类型——摇滚。一开始,只是接触 Bon Jovi 那样的柔情摇滚派,听着他歌唱理想、歌唱人生、歌唱不甘于平凡,我渐渐地深入下去……开始接触维京金属、民谣金属这些来自北欧的音乐流派。它的每一首歌,每一个句子都在歌颂上帝的神灵、勇敢的武者,主唱的咆哮、密集的鼓点让我感受到"战斗"之激烈、场面之恢宏,而穿插其中的维京凯尔特民歌则让我难以忘怀。这种悠扬而不血性的音乐排列是北欧人与生俱来的,我们偷不走,抢不来。当我发现自己很难模仿出凯尔特小调时,我试着写了一些有我国地域风格的东西,居然毫不费力。这使我不禁反思了很多:也许我应该尝试写一些有中国元素的东西?还是应该在继承传统特色的基础上创造出特殊的音程关系?带着这样的疑问我进入了高中。

由于没有专业知识,我只能在钢琴上创作,将曲子录制下来而无法制成谱子。渐渐地我有了一个念头:去上作曲系,去学习专业的作曲知识。在"小高考"一结束,我把这个念头告诉了父母。爸爸一个星期都没有睡好觉。我本立志去日本学习生化专业,现在却想学习艺术专业,而且是先在国内上大学后再留学。且不谈艺术创作之难、条件之苦,光是艺术辅导学习的花销就不是一般家庭可承受的。我知道这是给父母出难题了,可这一切都拗不过我想学习作曲的心情。渴望、愧疚和不甘这些复杂的心绪时时刻刻在我心中翻涌,真是有生以来最难熬的一周。我一再申述,我希望有自己的作品能给民众带来愉悦的感观享受,能让大家更好地理解艺术、理解生活。最终,父亲还是妥协了,他跟我说:"我带你去见见作曲老师,若他觉得你有天赋,我便不埋没你的才能。但你自己选择了这条路就得勇敢地走下去。"也是从这一天起,我决定参加"艺考",真正开始了我的艺术梦。

我正式拜师学作曲,因为专业知识基础差,我就勤学、苦学;时间不够用,我就向黑夜、向睡眠借。我终于通过了艺术类的省考、校考。我认真学习高考必考的文化课,期望能跨进高校的艺术殿堂,接受艺术大师们的真传。梦想已启程,不管前面等待着我的是什么,我将"上下而求索",为能写出时代的心声,朝着音乐的巅峰攀登。

12. 君子生非异也,善假于物也

荀子曰:"君子生非异也,善假于物也。"意思是君子之所以成为君子,并非天生就有与众不同之处,而是由于有善于借助外部资源的特点,使他们变得出众。今天,我们如果能学会正确利用优良的资源,就能让自己变成学识渊博、道德良好、积极向上的新时代青年。

对于学生而言,老师就是很好的资源,勤于借用老师资源的学生往往在学习上领先一步,抢占先机。而有些羞于或不敢向老师提出问题的学生,心中将一直存疑,浪费了资源的同时也失去了得到知识的机会,实在得不偿失。我们不应被自尊所左右,更不能因胆怯贻误自己。要自觉地、勇敢地充分利用资源,充实自己,站在前人的肩膀上眺望更远的山峰。

在资源的选择方面,也是大有讲究的。比如,在当代网络高度发展的情况下,看病已可以足不出户。如果在好的医生网站上描述病情,就会有专家提出建议。现在有些人过于迷信医院,即使天气恶劣也要到医院就诊,不肯利用网络,结果可能加重病情;另有些人又过于依赖网上问诊,不管什么病,自己买药来吃,往往又耽误病情。这两种情况皆不可取,我们应根据情况,正确选择资源,充分发挥资源的互补作用,这样才会有好的效果。如果拘泥于一种渠道,反而耽误事情。

那么,在资源的用法方面又如何呢?以电脑为例,有些年轻人用电脑查资料,安排工作;有些年轻人却用它打游戏、交友,沉浸在虚幻的世界中,非但没有提高生活质量,反而危害了身体,影响工作。炒股也是这样,有的人视它为理财手段;有的人却视之为命根子,人生的全部,弄不好一念之差,全盘皆输。资源是把双刃剑,它的利用要适度,方法要适当,这样才能发挥它最积极的作用,给我们带来正能量。

我们的家园是一个巨大的资源宝库,现代社会资源更是丰富。我们要在敢于利用资源的同时,把握好内心的想法和欲望,正确地挑选和使用对自己有用的资源,不能陷入信息时代"爆炸的资源"泥沼而被迷惑。这样才能既提高自身素养,又能促进我们的社会安定有序地走向富强、民主、文明、和谐的美好明天。

13. 关系

中国的孩子打一出生,就不可避免地和高考扯上了关系。小时候,大人们夸孩子聪明往往说:"这孩子小时候就这么机灵,长大肯定考上清华,报效祖国,成为栋梁之才。"到了初中,老师又会苦口婆心:"要好好学习啊!中考考不好就上不了好高中,上不了好高中高考就考不好;高考考不好就上不了好大学;上不了好大学,就没有好工作。"由此可见,高考不仅和大人有关系,和老师有关系,无疑,跟孩子们更有关系,特别是我们这些苦读了多年的高三生。

翻开我们这些毕业生的众生相,呈现在我们面前的无不和高考有着千丝万缕的关系。

逐梦主义者有之,逐梦者往往从小就对事物有浓厚兴趣,有远大理想。比如,在钢琴上"即兴创作"是我幼年的最爱,随着年龄的增长,作曲兴趣更是不退反增,为了能更加专业地学习作曲,最后我选择了艺考之路。像我这样为了梦想而与高考结缘的艺考生、体育生又何止千千万!更别说还有更多从小就立志成为工程师、发明家等等的考生都要在高考中博弈。高考对逐梦者而言,是梦想的起点。这些逐梦者个个像小野狼在追逐猎物一般,紧盯着高考,期待着最后时机咬上一口,品尝胜利的滋味。

圆梦者有之。圆梦与逐梦都有个梦,但内涵大有不同。这里说的圆梦者所圆的梦是父母的梦、家庭的梦。我有个好友想要报考医科,实际上,她更喜欢和擅长的是文学。作为逐梦者的我不明白她为什么放弃爱好,直到她告诉我才明白:原来她母亲差几分无缘医科大学,多少年来,一直难解心结,她想要化解她母亲的情结,替她母亲圆梦。在我好友这样的圆梦者身上,往往有一些父辈留下的不甘的悲剧色彩。高考对他们而言,是做了次梦想和亲情的博弈。他们与高考的关系是父母和高考关系的延续。背负了父母沉甸甸的希望,如同斯巴达勇士,他们的使命就是战斗。

更有一些跨越者。何为跨越者?他们往往受所处境遇影响,视高考为"龙门"。他们从大山走来,从田头出发,从蜗居启程,想通过跨越"龙门"来完成"鱼"到"龙"的蜕变。他们不想在温饱线上挣扎,想要更好的生活;不想在落后之地一直碌碌无为下去,他们强烈地希望到广阔天地实现自己的价值。高考对一部分人而言,不过是场考试,可对跨越者而言,往往就是改变人生轨迹的渠道。

还有千千万万的考生与高考发生着各种各样的关联,无法一一列举,但从这三个典型例子可以看出,高考是一种希望,一种动力,一种渠道,它激励了一批又一批的迎考者,也在推动一个又一个应考者奋进。作为经历了酸甜苦辣的应考者中的一员,即将跨入考场,感慨万千。高考延续了祖先的科举制,至今有所发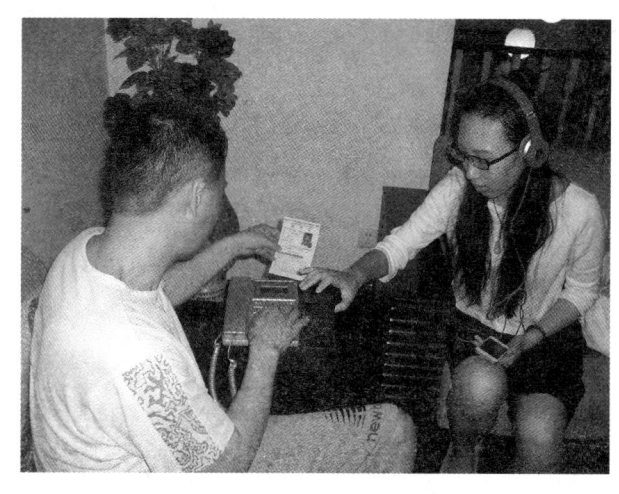展,有所创新,它符合我们今天社会主义国家选拔人才公平、正义的原则,但它也并不代表一切。高考固然会影响人生,但人生有许多机遇,"条条大道通罗马",我们不必为了一时的胜负而焦虑、失眠,把握好高考与学习和生活的关系,调整好心态。我国的高考制度和我国人口众多的特点密不可分,其根本目的在于提高全民素质。我们应该根据现代社会的需要,利用各种条件,锲而不舍,抓住时机,使自己成为适应时代的高素质的新型人才。

第二章　摇篮情结

14. 留下脚印一串串

　　时间在一代代人身上留下了一串串脚印。翻开照相簿中那一张张照片，我似乎看到一代代人在对我笑，笑得天真而又可爱。

　　妈妈的童年在常州度过。看着那一页页发黄的照片，青春的生命力透过纸面直扑过来。看这张，妈妈扎着两条长脚辫；看那张，妈妈穿着一件小白裙子，她的头发随着微风轻轻摇曳；啊，还有，还有，她的后面是一条长长的河，妈妈在石块后探出头来，甜蜜得像她手中的冰棒。

　　我的幼年是在南京度过的。我的头发和妈妈的不同，是一头利落的短发，无时无刻不透露出城市"快"的特点。看这张照片，我在玄武湖的门口站着，表情却是闷闷不乐的，手中那块雪糕"啪嗒"一声掉在地上，融化在地上，身后留下了一串雪糕的痕迹。

　　妹妹是2000年出生在南京的。这打扮又和我不同，墨绿色的喇叭裤衬出她腿脚的纤长，收腰的小碎花衣映出她皮肤的白皙，墨镜架在她高高吹起的头发上，要不要如此帅气啊？再看看现在的场景，一个长辈捏捏她的脸，妹妹一皱鼻子，眼睛一眯，叫着："别碰我！"奶奶走过去问她："小宝贝，你要吃什么？珍珠奶茶还是雪糕?"妹妹嚷着:"烦不烦呀!天天吃这个,要腻死了!"留下满屋子大人尴尬而又无语的表情。这时,她愤怒地跳下椅子,重重地跺着脚离开了。如若不是地板质量好,恐怕她留下的,就是一串串"陨石坑"吧!

　　我们的成长留下了脚印,国家的成长也在我们一代代人身上留下了无法磨灭的印迹。有差异,但时过境迁,无需去议论其好与坏。只要记住,有一点是相通的,那就是,祖国在一点点发展。我们要努力为祖国作出贡献,改变整个社会面貌,让人与人之间充满美好与和谐,为后人留下一串串值得纪念的脚印。

15. 生命中的第一朵浪花

　　浪花,没有惊涛骇浪的汹涌,也没有小水滴的娟秀,它刚好处于交汇地带,不大不小,刚刚好。小一点,太秀气;多一分,太粗犷。就像我当时的心情,说快乐,有点悲哀;说悲哀,有点嫉妒;说嫉妒,又有些宠爱;说宠爱,还是更为开心。

　　那是11月的一个晚上,寒风凛冽,接连不断的呻吟声从医院的产房中传出。突然,一片寂静,很明显,我们家未来的"捣蛋鬼"降生了。我心中悬着的一堆鹅卵石,终于你推我搡地回到了大地母亲的怀抱。真是从未有过的快乐感觉啊!从今往后,我终于可以拖着个小跟班玩啦……

　　其实,在小不点还没有长大成跟班前,我就成了她的终极跟班。表妹的尿布我洗,表妹的尿不湿我买,表妹的睡床我整理,表妹洗澡还要我陪。本来我过得好好的,安安稳稳、独享万千宠爱,在这个鲜丽的世界上待了5年,小表妹的出生,动摇了我在这个庞大家族中的地位。公公好婆、爸爸妈妈更关心这个新生的小宝宝,一种空前的危机感油然而生。我突然发现,世界多么无趣:晴天太刺眼,阴天太灰暗，晚上太浑沌！我变得不再合群！

可是现在，看到小表妹可爱地成长，能歌善舞，我又笑了！重又发现，这个世界多么美好，这朵浪花多么美妙！我以前的那种感受实在太可笑！

16. 我的反思和愤怒

从妈妈"60后"到妹妹"00后"，共跨越40多个年头。这40多年间，祖国也在不断发展。

在妈妈的年代，有妹妹也有姐姐，先不谈祖国的政策，光说这一代人，明显的特点就是能吃苦、懂得体贴。他们很少相信萍水相逢的人，不安于享受闲适的生活，虽然也看到了社会的一些丑恶面，但总是满足于现状而感恩时代，相当理性地生活。

而我没有兄弟姐妹，甚至很少与邻人打交道，像游魂一般在网络上寻找和自己一样的朋友。所以我有朋友，有慰藉，有自己的理想和信仰，这是爸妈、外公外婆永远也没办法理解、做到、允许的。他们总是认为"摇滚"之类，都是一些另类人群，恶心颓废而没有前途。子女们最好平常、兢兢业业地在自己的岗位上做出点贡献，不要幻想那些乌托邦的事情。他们也觉得我们这代人吃不了苦，不能容忍我们为了自己所谓的信仰放弃他们眼中的难得机遇。

妹妹，似乎比我们"90后"还要严重些，她用物质的外表掩盖了渴望爱的心愿。这不是谁的错，时代的大背景就是这样。如果说我们还有摇滚的救赎，还有释放，还有互相理解的人，还可以伸出残破的手掌挡住欲来的风雨，抓住残垣断壁让自己不被换汤不换药的教育扔进垃圾堆,反抗这古人都明白的"拔苗助长",那妹妹他们就什么都没有。妹妹的情绪看似无常,我却从中看到了她的不安,她用狂暴的咆哮掩盖住了内心的惶恐,但是似乎旁人都忙碌着、奔走着,没人关心。

我们祈求着对方的理解、信任,我们的路要由自己选择。如果对别人不信任,别人自然也不会信任我们。朋友也是这样,难道交每个朋友都要精挑细选,跟联谊似的再找个人介绍么?和朋友的认识需要契机,和朋友相处也需要共同爱好。人都是有感情的,如果只要理智,为何不去当个木头人?人是复杂的,如果要解释喜欢谁、讨厌谁,能说得清吗?父母硬塞给你个他们挑选的好的朋友,并要你与过去决裂,和朋友分别,和爱好、信仰 say goodbye,这是可以接受的吗?"90 后"和"60 后"不一样,"60 后"的感情是以亲情为基础往上累积的,他们认为家庭最重要,家庭成员要排除一切人、一切事去保障家庭,爱情、友情都可以再培养、再寻找,一切都要以发展为重。相比较而言,"90 后"似乎更看重友情,可能因为父母太过理智,他们总是霸道地以爱之名来限制、包裹我们,给我们安排一条康庄大道,所以我们更需要友情的依靠。有了朋友我们就可以面对风雨,什么都不怕。因为看过很多动漫,我就挑《BLEACH》、《无头骑士异闻录》和《战国 BASARA》来说,它们似乎都更加着重对友情的刻画。网络就是我们的手臂,朋友可以互相靠近、缠绕、拥抱。我们依赖的不是网络,是朋友;更确切地说我们依赖的不是朋友,而是那种安全感包围的感觉。

17. 送给外婆的生日礼物
——两代人心中的祖国

在"五一"国际劳动节的前一天,4 月 30 号,外婆过生日。外婆的生日,我和表妹一向要送礼物的,而且一向是"福如东海,寿比南山"的绘画。今年,我们想改改方式,想用我们做家务劳动挣的钱给外婆买一个礼物。可是该买什么呢?我们有些犯愁了。

在新华书店,我们冲到一堆健康知识书籍前,外婆身体不好,买本关于饮食或按摩的书?不行,外婆自己好像是久病成医了,这样的书有很多。我们又冲到一堆 CD、VCD 前,天哪,周杰伦、飞轮海我们太喜欢了,可是 66 岁的外婆能受得了吗?我们不甘心,像检阅军队一样顺着排架寻找心中未知的答案。手指划过,忽然,我们眼前一亮,我和表妹异口同声地说:毛主席!《长征组歌》VCD,就是它了。

外婆肯定喜欢!

我们为什么会如此肯定呢?因为我们认识毛主席的头像,还是外婆教我们认识的,她还给我们讲毛主席的故事,特别是教我们背诵毛主席的诗词。

记得我上小学一年级的时候,每天早晨都是外婆送我上学。早上6点多起床后我先当开路先锋,"带着"外公外婆围着省人大跑一圈,耳中总是满载着他们讨论的社会新闻和国内外大事。吃过了丰盛的早餐,拿了书包,外婆就牵着我的小手上学了。一路上,由于时间充裕,外婆总是教我背诵诗词。可不知为何,现在我只记得两首,而我也总觉得外婆只教了我这两首,这两首我可以脱口而出。

一首是《送别》:"离离原上草,一岁一枯荣。野火烧不尽,春风吹又生……"那时的我觉得这首诗很长,隐隐感到外婆总教这首是有含义的。现在我大概有些明白,她是在教我要像坚守土地的小草一样热爱自己的祖国;希望我和小草一般,坚韧不拔,勃勃生机,有一种源源不断的动力,有一种尊严和气节。

另一首就是《长征》。记得外婆教我这首诗花了很长时间,牵着我的小手,在外婆的江阴方言后跟着大声念着:"红军不怕远征难,万水千山只等闲。五岭逶迤腾细浪,乌蒙磅礴走泥丸。金沙水拍云崖暖,大渡桥横铁索寒。更喜岷山千里雪,三军过后尽开颜。"当时,我是鹦鹉学舌,觉得这首诗挺有劲的,让背的人感觉自己像英雄。外婆告诉我这是毛主席的诗,那时起我记住了毛主席。现在我长大了,理解了这首诗是红军长征时的勇气、艰难和坚持的真实写照。也正是因为那时红军的坚持,人民的支持和爱国,才会有今天现在的安乐、幸福。

现在我倒是觉得这两首诗体现的两种精神,和国家、社会,以及祖国的人民密不可分，是我们淳朴的中国所拥有并应继续发扬的。在"5·12"大地震后，我还记得那一张张历经磨难却有着活力和倔强的脸。他们活下来，也许是为了自己，也许是为了他人，也许是为了国家，也许是为了责任。不管怎么说，他们活了下来。我们身边也许天天都有生命在消逝，但他们倔强地挺住了。这些在苦难中熬过来的人们，为汶川逝去的亡灵哭泣，为战胜死神的人们拍手叫好，为汶川仍在坚持的人们大声呼喊："中国，挺住！"他们向死神宣告了他们的尊严和气节：中华民族没那么容易屈服；中国不是那么轻易就被践踏尊严的！这就是坚韧、能吃苦的中华之魂！

近几年，中国饱经磨难：2008年的大雪、地震、全球性金融风暴的冲击、三鹿奶粉事件、猪流感……但天灾人祸不能代表什么，充其量只是一个提醒，让我们注意修补某些方面的漏洞，仅此而已。我相信灾难兴邦，吃一堑长一智，这一点我们聪明的国人不会不懂。Our country will be OK, It will be better than before. 我们的祖国会更加强大。

想到这些，我知道要买什么了。外婆的生日，我想要送她一个礼物，同时也是送给我们中国的一个礼物，这就是《长征组歌》VCD，它真实地记录了红军长征的一点一滴。我希望外婆能够健康快乐地活着，不管有多少病痛，都能够克服。而我的祖国也是一样，在一次次灾难中吸取经验教训，像一只幽幽苏醒的雄狮，一点一点地改进，直到百毒不侵，不让清末或者南京大屠杀的历史重演！

果不其然，外婆十分喜欢这份礼物。也许是因为她小时候就受这种文化的熏陶，也许是因为她心中有祖国，也许是因为她和我一样希望中国能够坚韧不拔。但是，我只要知道外婆喜欢这份礼物足矣。

也许，中国也会喜欢我选择的这份礼物；也许，作为中华民族的"90后"也会传承这种精神。我希冀，也坚信！

18. 一场梦后的我

我和朋友们一起去玩雪球、打雪仗，那几个朋友都比我大，是我的邻居。我追着他们喊"等等我！"。我感到冷气呼啸着灌入了我的袖口和领口，连口中也吞下了一阵阵寒气。我眼睛半眯着，又干又涩，我忍不住想哭，"等等我……"

可是，没有人等我。我的力气被一下子抽空了，无力地倒在雪堆中边哭边挣扎。我没能够起来，周围安静极了，没有人了！

寒风冷得刺骨，我却陷在水里，没有丝毫办法。他们不知何时回家了，真的只剩下我一个人了。我真切地感受到孤寂和绝望。

"不!"

我从床上坐起,还好,冷冷的空气让我清醒了。刚才只是一个噩梦,只是小时候的我。但忽然,我小小的背影和妹妹重叠了。我是不是对亲人太冷漠了?难道……天!我不会在干那些大哥哥、大姐姐所干的事吧?!我反复思考,终于明白,我一定要做个有感情的鲜活的人。

一场梦后的我,坐在床上,想到了很多。

19. 死亡是一笔财富

死亡,是一笔财富,只不过有的人不知道。

那是五月的一天,太婆病逝了,我的外婆很伤心。太婆一直生病,身体很虚弱,先是白内障,再是致命的直肠癌。

太婆的一生是艰辛的。前半生,拉扯着6个小孩,为了生存,当过烧火的小工、筛沙子的临时工、食堂的伙夫、幼儿园的保姆,吃尽辛苦,帮衬丈夫一天天地混过。64岁时,丈夫因病撒手离去,她忍泪支撑着度日。后半生,儿女们长大成家了,待儿女们都想报答她时,病痛又袭来。86岁,她住进了医院。从那以后,她的生命就靠药品来维持。

我们都不忍心,外婆不断地去找名医给她治疗。可是他们忽略了一点,太婆想要安详地离去,而非每天挂水、化疗。她压根不想治疗,只想儿女陪陪她,让她多看他们几眼。终于,老太太在病痛中,在对儿女的思念中,在每天的忍受中,说了一句:"好好活着,我要去见你们的父亲了。"她解脱了,她拥有了死亡,她将永远、安详地和她的丈夫躺在一起沉睡。大人们哭喊着,外婆和姨婆直接昏倒在地。

我在悲痛之余,不禁又有些庆幸,我觉得太婆终于解脱了,她再不用受苦了。也许,这是我的一种幼稚而扭曲的想法吧!但是我总觉得,在病痛和死亡面前,死亡并不可怕,相反,还可看成一笔财富,它可以让痛苦的人不再痛苦。而且因为它,人们才会体会到人生是过眼云烟,必须珍惜生命;因为它,人们才能体会人间珍贵的东西,必须珍惜现在,以免遗憾终身。从这个角度看,死亡不是坏事,不必畏惧它。但死亡毕竟不是什么好事,人的生命只有一次,一去不复返,留给后人的只能是痛苦、纪念、教训……因此我们也不要过度夸张死亡,能挽救的生命必须挽救;更不能去过度开发"死亡",随便去割脉、跳楼……每个人来到世上,对亲人、对社会都有一份责任,无谓的死亡就不是什么"财富",而是一种懦弱、逃避,没有任何意义。

我记起外婆曾经告诉我的鲁迅在《为了忘却的记念》中的一首诗:"生命诚宝贵,爱情价更高。若为自由故,二者皆可抛。"我认为人应该这样对待死亡和生命。人一生中充满着爱、恨、情、愁、惧,但只要理解死亡和生命的意义,你就有活下去的勇气和信心,你就会像叶挺那样"面对死亡我放声大笑",像刘胡兰那样"生得伟大,死得光荣"。

20. 翠屏的雪仗

南京,典型的南方城市,今年竟然下起了大雪!这话说给谁听,都不会有人信的。

我的家在翠屏,江宁的翠屏山脚下。这儿的天气总比城市里的恶劣得多。

一天中午,我躺在床上休息,耳边是主持人海燕在唠唠叨叨,我的视线越来越迷糊,终于带着一脸的口水进入了梦乡……

梦中一片白茫茫,远处是一片雾凇,那是什么?我该不会来到了《纳尼亚传奇》中的纳尼亚吧?

突然阿斯兰冲了出来:"闯入者!你是白女巫!"

我惊出了一身汗,连滚带爬地醒来了!

咦?这不是梦吧?一片白色,我惊得冷汗涔涔。

打开家门,迎接我豆豆女王的是——一个大大的雪球!

不是吧?难怪连乌鸦宝贝也飞走了,我是遇到哪个架子比我还大的邪头了?

一望,是隔壁那个小子!

我一脸郁闷变成了一脸坏笑,假笑着走向那小子:"哈哈,难得啊!没见过这样大的雪吧?"我这样一打哈哈,使他也变成了虔诚的小信徒。

"对呀,雪真漂亮!"他放松警惕了吧?

"君子报仇,十年不晚。"我打!YOU!打的就是你!嘿嘿!我使劲扔出了一个雪团。

"你你你……""你什么你?居然敢打豆豆女王?不要命了?再打!"我又扔出去一个。

正当我开心之际,"哐"一声,我双脚陷入了雪中。"怎样?"他的弟弟也拿着十字镐来帮忙了。

喂,同志,这就不对了!单挑输赢就算了,你还群殴啊?

我活跃的运动细胞被激发了!

一个雪球迅速完成,Ready?GO!

正中目标!嘿嘿!他们两兄弟迅速变成了"石化的大理石像"。

顿时,一场混战开始了。弟弟拿着铁稿,自以为是戴高乐;哥哥制造着雪球,自封为希特勒;而我,东躲西藏,肯定就是海伦·凯勒!

妈妈也来帮忙,她站在我前面,像面包超人一样,结果,无畏的她像只落汤鸡一样躲在了我身后。

哇呀呀呀!气煞我也,老虎不发威,你当我是病猫啊?猫猫发威嘞!

"喵呜!"我朝着"石化的大理石像"当头一棒,"哎——哟——喂!"把雪人砸得直嚷嚷。

活该!继续!向前冲啊!为共产主义事业而奋斗!

就这样,在漫天大雪中,战争越来越激烈,大家笑得前仰后翻,好开心哦!我更是精神倍增,原来平凡的生活中也有无穷的乐趣啊!

21. 制作"拨云见日"有感

我喜欢吃蛋挞,但每次上街买不方便,我想如果自己会做,就可以什么时候想吃什么时候做,那该多好!于是我根据有关资料介绍,自己尝试做了起来。

第一步:做挞皮

(1) 揉面,把水和适量的面粉揉成较稠的糊状。

(2) 在面里加入朝鲜大酱、鸡蛋和少量面粉,揉成表面圆润的球形。

(3) 用模具或者直接用手操作,使球体变成"凹"形。

(4) 放入平底锅煎硬。

(5) 待用。

第二步:做填充层

(1) 将奶酪切成丝加入锅中。

(2) 加入适量水和番茄酱。

(3) 将鸡蛋液搅拌,倒入锅中,用小火煮至溶化。

第三步:加工

(1) 将做好的填充料倒入"凹"形体内。

(2) 插上装饰品,如香肠片、香蕉片等。

(3) 把做好的蛋挞坯子放在平底锅上烤(也可放入微波炉或烤箱)。

蛋挞做好了,我起了个名字"拨云见日"。吃着香香的美味,我感慨万千:

(1) 做任何一种食物很需要应变能力。

(2) 要用心做,一分耕耘,一分收获。

(3) 做人如做食品一般,既要讲究外形,也要注重内在味道,内外要兼修。

(4) 一个人的口味习惯是长年积累而成的,所以不能强迫改变什么。应该适应对方的口味要求改变自己的做法。这样既能使对方满意,又能锻炼灵活的应变能力。

22. 换位（小小说）

九十点钟，学校操场上已经空空荡荡，只有一旁的草丛中，还忽明忽暗地闪着红光。一切都很静谧、美好。突然，红光熄灭了，从草丛中跳出来一个少年，他冷冷地看着前方，那一群不知何时冒出，状似修罗的男人们，在夜幕中，向他行进而来。

"哼，你胆子挺大的，一个人挑我们哥们几个？兄弟们，上！"这个叫 L 的少年毫不示弱，一个人迎上了这群"恶鬼"。从口袋里掏出了刚刚发红光的打火机，他挥舞着打火机，不要命似的向别人身上凑去。那群"恶鬼"也从口袋中掏出小刀，刀光迎着火光，把操场的角落映得发红。

"你们在干什么！"一个威严的声音传来，是校长！那个脸上和臂上溢满血污的少年以及那群头发被烧得长短不齐的"恶鬼"停了下来。

少年回到家，满脸血污，一脸疲惫地倒在了椅子上，他半睁着双眼，不知在想什么。少年的奶奶看到孙子这样,心疼地说:"你这是怎么啦?被人打了吗?不要怕,奶奶给你消消毒。"老人急匆匆地走进房间,拿出了酒精,用棉花蘸过,一点一点按在伤口上。"啊!少年像条脱水的鱼一般,剧烈地晃动。""不用了,我不过摔跤了,小事!"说着,他走进了自己的房间。

　　L回到房间,关上门,一点点地顺着门面,坐在了地上。双眼无神地在黑暗的房间中游荡。他想着,爸爸妈妈走了三年了,他们走了,自己也没有学好的理由了。突然,他听到奶奶房间传来的压抑的哭声:"孩儿他爹……孩儿他娘啊……我们家孩子要怎么办啊……他又受了好重的伤啊……我一个人没办法啊……"L的心突然震动了一下:"不,我还有奶奶。为什么我从不考虑她的感受?她省吃俭用供我上学,可我从没好好学过,带给她的永远是伤害,打架受处分,全科挂红灯,每一次都是给老人重重的打击啊!为什么我要这么残忍?一次又一次让这个孤独的老人伤心。为什么我不能好好学?"少年终于从自我中挣脱出来,站到奶奶的位置上想问题了。"我不仅要对得起她,还应该要赡养她,让她安享晚年。不能让她为我操心,为了我去和年轻人竞争工作。"少年忽然觉得自己长大了。他感谢上苍让他顿悟,他决心不再让奶奶受苦了。这是一种亲情的萌发,是对一个坚强老人的尊敬和爱。

　　第二天,当奶奶醒来,准备叫L起床时,看到了热乎乎的豆浆和馒头,还有一张字条:"奶奶,我去上学了,我知道您爱吃馒头,快吃吧,别饿着了。理解万岁!"刹那间,泪水模糊了老人的视线:"是,我懂。你理解奶奶的心思了,好孙子!"

第三章　人生感悟

23. 让心灵站立需要一种胸怀

让心灵站立需要一种胸怀。

一个作家在比利时的布鲁塞尔开车，时近凌晨，作家又十分疲劳，在一片大雾中，与一辆私家车相撞。他并没有开车逃避。他在那辆被撞的车旁检查了一遍，幸好，车无大碍，只是镜子被撞碎了一小块。那个作家在空无一人的街道上喊了几遍，发现车的主人并不在附近。作家仍未逃跑，而是靠在车旁等待车主，直到天

亮还未见车主回来,这才把写有联系方式的条子夹在车上。

这位作家的行为,是心系大众的体现,是一种诚实品格的表现。他毫不犹豫地提出补偿,他一丝不苟追求的是一种高尚。这种行为需要一种怎样的胸怀啊!作家写的关于这件事的第一人称的小说,被录入了小学语文课本,倡导的是一种自尊自重,是一种诚信,让人们看到了一种站立的心灵,引导我们向他学习。

24. 恐怖的瞬间

我和要好的朋友一起去看了一部鬼片,叫做《校墓处》。这部电影的情节较为常见,不免落得俗套。不过,影片气氛烘托得很到位,足以让人心中一寒。

回到家里,本来已经镇定的心情突然之间,又深陷于情节之中不能自拔。那些恐怖的片段向我投来讥讽的目光……

灯轻颤,突然就开始闪耀。我们三个好朋友尖叫起来,要多坚定有多坚定,要多恐慌有多恐慌。因为房子较大,尖叫声断断续续,听起来倒有些阴森之意。我们三个如同三只困兽,又像三只刺猬,互相靠在一起安慰、帮助,同时却又十分恐惧,我们三个都被吓到了。

到底是影片的刺激,还是自己吓自己?我不能不说影片的恐怖气氛烘托得实在太"成功"了。这种电影拍出来究竟有什么意义,我实在不敢恭维。看来这些恐怖电影真是少儿不宜,有关部门应该管一管。

25. 女子十米气枪预赛

女子十米气枪预赛,虽不如非常隆重的比赛的决赛,但却产生出本届奥运会的第一枚金牌。这第一枚金牌花落谁家了呢?这"家"可不一般,是来自捷克的Emmons。Emmons年仅25,是个新秀,在捷克也算得上是小有名气。

那么中国队呢?出场的选手是杜丽,她连前三名都没争取到,排名第五。一开始,中国对她寄予很大的期望,正所谓期望越大,压力越大。杜丽的失败就在于压力过大,以至于不冷静,不稳定,从而导致连连失误。

比赛开始,杜丽的身子开始微微颤抖,明显开始焦躁,瞳孔也在不停地放大缩小,不时瞟向其他选手和四周,气枪的准心也不断在靶心旁游走。可以想见,前几次表现都不是很棒,最好的成绩也没有超过 10.0 分。本来对杜丽充满信心的讲解员也不免有些动摇了,观众们不由得有些急躁和失望,一些外国的观众在为自己国家的参赛者呼喊,但中国观众似乎静了下来,没有几个人好意思大声叫好了。

但是以前的比赛中杜丽也曾后来居上过,所以,每个人都拭目以待她的爆发、她的超水平发挥。不过,事与愿违,下面几次射击也都不成功。到最后,杜丽越来越慌张了,情绪越来越无法稳定,连枪都托不稳,以致要把枪放在托台上冷静一下,才能镇定开始,其结果必然是出不了奇迹。

而 Emmons 则十分稳定,靶数一直稳定在 10.2 分,不是非常非常拔尖,但她临危不惧,认认真真地打好每一枪。最后,没有一个人能够打破她的记录,因为没有一个人能如此平稳,他们都有过低于 10.0 分的情况。Emmons 在稳定的基础上,又创造出了新的奇迹,居然达到了 10.9 分,堪称完美!

由此看来,过多压力是非常致命的弱点,只有镇定和平稳,才是制胜的法宝。如果一个人有了压力,就会变得很急躁,压根就做不到静心;如果要镇定,最重要的就是心无旁骛。要做到只关注关键的一物,还要"目中无人",不要在乎他人。关注自己的那一下,才是最重要的!

26. 龙清泉的奥运

资料:龙清泉,仅仅 17 岁,就已是男子 56KG 级比赛的冠军了!

在北京航天大学体育馆中,一个胖嘟嘟的男孩,让观众席上的欢呼声一阵高过一阵,他就是上述资料中的神童——龙清泉。

一开始是154KG级,大部分选手都轻松过关,第二次是160KG,这时,选手们大都累得不行了,龙清泉却凝神屏气,轻轻松松地完成了这一轮比赛。第三关时选手几乎全军覆没,但龙清泉是个例外,他用他那精壮的臂膀,支撑起了161KG的杠铃。

　　由于前面很顺利,所以他还有一次挑战自我的机会。龙清泉,一个年仅17岁的孩子,挑了一个惊人的数字——164KG,这不是一个正常人可以承受的!!

　　当他把杠铃抬到肩头,全场沸腾,欢呼声、鼓励声、激动的尖叫声溢满了场馆!他皱皱鼻子,眯眯眼睛,把它举起来了!但是,龙清泉毕竟还小,这杠铃毕竟太重了,龙清泉渐渐撑不动了,腰稍稍一弯,手一松,杠铃落地。失望的叹气声在观众席中飘荡,但是龙清泉不在乎,握紧了拳头,一笑了之。他潇洒地挥挥手,向在场观众示威,向世界示强,向自己示喜,蹦蹦跳跳地回到了教练身边。虽然,他没有达到他理想的目标,但我们中国队赢了!观众一样报之以掌声。

　　教练让他上台感谢观众,他却没有。记者问他为什么,龙清泉有些不好意思地回答说,他后面还有运动员要比赛,所以他不好意思那么早就上场庆祝。他认为,这时候上台,不是打击人家吗?

　　领奖时他没有直接走向奖台,而是绕台一周,向二、三名致敬,再登上属于自己的宝座。

　　这一场比赛,让我看到了一个人应有的风度,但为什么这种风度在现实中不多见呢?现在的人,眼睛里容不得别人的好。当自己好时,欣喜若狂;当别人干得棒时,却没几个人为其欢呼,没几个人真心地为他人感到欢乐。而龙清泉具备的是一种怎样的好品质啊!正因为这样,他赢得了别人的尊敬。胜不骄,败不馁。一个人面对挑战,情绪要稳定;大起大落,则为大忌。这一次,我明白了一个人应有的风度和潇洒。

27. 生活需要调料

　　调料,并非就是传统意义上的食物调料,而是指很多非主流的生活因素。主流生活因素,是指工作、学习、吃饭、睡觉等。但如果只是如此,生活不免乏味,就像一篇作文,内容只有几句口号;或是一碗白开水,淡淡的。没有感情,人不就等同于机器人了吗?

　　调料一:爱和情。爱,关爱、友爱……情,爱情、友情、亲情……

　　调料二:奇迹。人们渴望奇迹,需要奇迹。当一个人亲身见证了奇迹,那就意味着奇迹给了他希望。无论一个人有多绝望,心里还是会存有一丝希望。

调料三:灾难和困难。这点很重要,上面两味调料的原料几乎都是它。当面对灾难和困难,人才能爆发,才能发生奇迹。在汶川大地震中,一位丈夫把妻子的尸体放在自行车后,骑着车去医院。妻子已经香消玉殒,但是这位丈夫还是抱着希望,把她带到了医院。很多受难者的生活,平时也是平淡如水,让人都以为亲情和爱情摇摇欲坠,但是在灾难中,爱完全体现了出来。妈妈为了帮助女儿逃生而付出自己的生命,这种事例少说也有好几百。但我想,她们不后悔,在灾难中,爱一触即发。

生活需要调料,有了它们,生活才更有意义。

28. 牙套

今天放学,我去换牙套。当看到医生张牙舞爪地拿电钻向我吼"张开嘴!"时,哎哟,我的头马上就要爆炸似的,真郁闷。

医生在我牙里仔细地挑来挑去,我的口水越积越多,不觉吞下一口。哎哟妈呀!真的是噎到我了,真难受!这些还不算,嘴里正危机四伏,我真的怕小命不保。牙套不时出现断裂、丢失、四分五裂,而且我可爱的牙缝中不时被弄出了一些脏东西。只听医生叔叔感叹:"哎哟哟,真是的,怎么那么脏呢,你应该知道,嘴里清洁也是对人的尊敬……真是的,小姑娘长得漂漂亮亮的,咋那么不爱清洁呢?"

我脸红了。回忆一下,自己也纳闷了,为什么我的时间老不够用呢?动作慢?也不是啊!没规划?我天天都很有规律啊!那为什么我总会没时间好好洗漱呢?是不懂刷牙、漱口的重要?是习惯不好?还是真的没有时间?值得深思。看来,我非要认认真真清洁口腔不可了！因小失大，真是得不偿失。

29. 闯关东

暑假期间，我随妈妈一起闯关东。在这块我有生以来第一次踏上的土地上，我大开眼界，很多见所未见、闻所未闻的人、事、景，让我不能忘怀。特别是在长春和长白山的见闻和感受，使我不由自主地想要写下来，作为我成长过程中的一笔备忘。

一、游伪皇宫

下午抵达伪皇宫。伪皇宫是日本人为控制与占领中华土地而建造的。虽说是"皇宫"，其规模却不是非常大。因为皇宫主要用来囚禁末代皇帝溥仪，根本不需如此之大。

可怜溥仪，身为九五至尊，却如同猴子，被耍得团团转。被倭寇囚禁、玩弄，还乐呵呵地帮着倭寇，帮助他们拿走中国的一片片土地。万幸的是，溥仪最后在共产党的教诲下幡然醒悟，如醍醐灌顶，明白了前半生的罪恶，用下半生洗刷了那些浊迹，成为了一个朴实、普通、完整的合法公民。

人非圣贤，孰能无过？奢靡华丽的生活不知会吸引多少人。为什么网上曾流行过穿越文？那是因为他们都是力避普通、逃避艰苦、向往纸醉金迷生活的人，这完全可以理解。那么我们是否可以理解当时并没有多少辨别能力的溥仪呢？

溥仪的一生共有5位妻子：

皇后婉容的容貌是最为出众的，但她却是溥仪最为讨厌甚至害怕的一位。为什么？因为她太强悍，太有存在感了，拥有作为一个女子不该有，而溥仪无法拥有的心计。正好把溥仪比了下去，让他屈辱、难堪。"这还得了？今天把后宫搅得鸡飞狗跳，明天不就来扰乱朝政了吗?！老虎不发威，你当我溥仪是Hello kitty啊？"溥仪找个私通的理由把婉容给办了。他压根就没想过婉容为什么会变成这样。要钱？婉容家有的是；要权？婉容有靠山；想造反？太容易了，其实婉容是因为嫉妒他对其他妃子的宠爱。大概当时的溥仪火气太大，不怎么用大脑思考吧！

还有两位妃子，也就平平淡淡如流星般消失在这位皇帝的生命中了。后来又出现了玉龄。玉龄貌不惊人，却憨厚可爱，不懂得要心计以博得溥仪的欣赏。溥仪自然是十分喜爱她，只可惜，这段纯洁的爱情戛然而止，玉龄香销玉殒。溥仪哭天抢地,可惜伊人已去。

最后,陪着已是普通人的溥仪终老的人,并没有妃子这样的地位,只是以妻子的身份陪着他,照顾着他。溥仪亦是没有了当年皇帝的权力,亦是以丈夫的身份与妻子生活在一起。这时,他们才是平等的,是平和的。

这就是溥仪的一生!伪皇宫揭示的不仅是溥仪前半生与后半生的对比,而且反映了他随着年龄、心态的变化,世界观和人生观发生的转变。更重要的意义在于它是中国历史中的一波巨浪,反映了时代的变迁。

二、游长影世纪城

长影世纪城位于长春的郊区,它的前身是长春电影制片厂。它规模中等,设施却可与好莱坞媲美。这里的每一个景点都有着极高的技术含量,使游人们流连忘返。

序幕:买票

(豆豆下了轻轨,来到了售票处。豆豆翻搅着包,从包底找出两张皱巴巴的100元钞票和学生证,挤到窗口前。)

豆豆:(颤巍巍地)学生证管用吗?

小姐:(不耐烦地甩了她一眼)没用!要买成人票,一共240元。

豆豆:(哭丧脸)真的吗?

小姐:那是当然!

(接着,小姐就不再理豆豆。豆豆只得低头在包里继续翻搅。)

(背景音乐:《北风吹》)

第一幕 在门口

(豆豆抱着包,站在大门口)

豆豆:(抓狂)哇啊啊……我一定要把花的钱都玩回来!

(旁边的游人们默默地……)

第二幕 坚定地迈向斗转星移

第一段:(站在疯狂实验室前,被拦住的豆豆一脸迷茫。)

豆豆:干吗不让我进去?

员工:因为不开门。

豆豆:坏了?

员工:请看时间表……

豆豆:原来这里景点开放还分时间啊！谢谢！

（豆豆潇洒地闪走了）

第二段：（豆豆又潇洒地晃回来了。）

豆豆:（不好意思）那现在该去哪儿啊？

员工:（觉得好无奈啊）现在啊,去斗转星移吧,在那里。

豆豆:（指指点点）哪里？

员工:那——里——

豆豆:谢谢哈！

员工:没事,你要快点了,马上就开始了。

（于是乎,豆豆坚定地迈向了——斗转星移）

第三幕　鬼屋

第一段：（在黑漆漆的鬼屋）

豆:（怕怕状）呵呵……我不怕我不怕……

鬼:（站在豆豆身后）（阴笑状）嘿嘿……

豆:（拿起照相机对××猛拍）我是天不怕地不怕的队长级死神！！！

鬼:（挡住脸）（很惊慌很娇弱地捂着胸）啊——不要拍啦——人家怕拍啦。

第二段：（仍然在漆黑的鬼屋）

豆:（啊——）又是谁啊……是——鬼？天哪！

（某只手紧紧抓着豆豆同学……）

豆:（怕怕……）前面的等等！

（豆豆同学选择了紧靠着前面的漂亮阿姨。）

（出了鬼屋,一片大亮。）

豆:哦？怎么还抓着我啊？

（鬼手依然不放……）

豆:哦？你不回去工作？

（豆豆慢慢回过头……）

豆:唉？哦……

（旁白:原来后面也是个怕鬼的阿姨啊……嘿!）

（旁白:豆豆又看了电影,去了水幕迷城,买了些纪念品……）

豆豆自述（旁白）:其实,我玩得真的很高兴很高兴哦！就是钱花得多了点……唉……M-O-N-E-Y——MY M-O-N-E-Y……

三、游长白山

长白山,这是一个很不错的地方哦!

这里有一个很有名的天池,更神奇的是在天池的下面还有一个小天池。

天池的水似乎永远也不会流光似的,感觉很神秘。当地的老百姓也这么说,他们都说这是神水,永远不会流光;他们还说,小天池也是神水,因为小天池的水永远不会让人们看出它的变化。

不过,我看到的天池,并没有预想中的惊艳,只是一种淡然、平静的感觉,并没什么特别的印象。但是,有一样让我印象深刻的,那就是坐 Jeep 车。

我们上山和下山都是坐吉普车的。上山十分刺激,比下山有意思得多。当我们的车上坡时,我只能靠在车椅上,感觉都快掉下车了;当车颠簸时,我都快飞起来喽,真有点飘飘欲仙呐;当遇到一个大转弯时,整个人直接飞起来了,这大概就是离心力的作用,感觉好爽啊!!小孩子们兴奋地瞪着眼睛,开心地大笑,生怕错过任何一个刺激的瞬间。大人们反应不尽相同,妈妈"唉哟唉哟"地捂着腰,一脸痛楚;前面那个老爷爷则抿紧了嘴,似乎是在担心从嘴中漏出尖叫声而丢了威严似的。下山虽不刺激,但也另有一番趣味。上山只是一种感觉上的刺激,而下山就是一种感官上的享受了。

因为正当盛夏,所以树木都绿油油的,深深浅浅,夹杂、呼应,真是美不胜收啊!尤其是当车呼啸过去的一刹那,一眼万年,树木好像形成了一个绿色的漩涡,让我穿越时空,看到另一个世界!

30. 有失才有得

我们要"得",还是要"失"?这不能一概而论。谁都喜欢"得",但有些时候,我们只有做出必要的让步,才能化被动为主动,开创更好的局面。不要把"得失"看得太重,在处理关系时要灵活一些。有个牧场主就是这样。他挑选了三只半羊送给猎户的儿子,虽在物质上有一些损失,却换来了邻里关系的和谐以及牧场的安全。

在"得"与"失"的计算中,我们应该糊涂一些。如在与同学相处中,常常会有一些小争执,如若不懂得退让,只会闹得不欢而散;如若学会审时度势,适当放弃一些利益,就能得到良好的人际关系,而不给友人留下斤斤计较的差印象。事业、家庭等方面亦是如此。不计较"得""失"有时会带来意想不到的收获,就像"塞翁失马,焉知非福"的故事那样,塞翁失了一匹挺好的种马,却带回来了千里马;塞翁的儿子摔瘸了腿,却免于壮丁之役。总之,"得"到了不要欣喜若狂,"失"去了不要无精打采,要保住淡定的心态,学会退让,给他人行方便,才能得到心灵的愉悦,虽"失"犹"得"。

那么,是否"失"就不需要底线了呢?当然不是。"失"是有限度的。在人的一生中,相对于其他物质而言,"生"是最重要的,因为"生"意味着生命,是一个人存在的基本,一切活动都是基于生命而言的。所以我们应保护好自己的人身安全,现在提倡对青少年进行"生命教育",就是要青少年珍爱自己和他人的生命,不能动不动因为一点小事而轻生。那么除了"生",是否"失"就没有别的要求了呢?如为了保全生命就可以牺牲他人利益,可以出卖同胞,可以叛国投敌?错!我们的退让应在"义"的范围内。"义"即道义,是道德和正义,是对人的行为的要求。当别人的索取超过了道德的底线,我们就应坚决拒绝,维护自己的切身利益和尊严,而非继续懦弱地"无私奉献";为了维护道德底线,不惜失去自己的一切。诚如大家熟悉的名言"生命诚宝贵,爱情价更高。若为自由故,二者皆可抛。"历史长河中,岳飞、文天祥等遵循先人"生我所欲也,义我所欲也,二者不可得兼,舍生取义者也"的教诲,失去了生命,却换得了彪炳青史的名节;现代史上无数的革命先烈正是用鲜血和生命换来了抗战的胜利、革命的成功。

明确了"失"的意义和底线,再来看看如何让步。让步是有技巧的,而非直接退让这么简单。对于有骨气、爱面子的人,我们就不适合将话挑明,而应委婉地"放弃",不要伤到对方的自尊心。而对于直爽的人,暗示则不太管用,应单刀直入,直接挑明自己作的让步,反而更能博得对方的好感。而对于自己,则应将眼光放长远些,不要盯着眼前的蝇头小利暗自神伤;或者虽做出了让步,心中却仍郁闷不已。对有后面这种情况的朋友,我的建议是,去发掘自己给别人行方便的意义,而非单纯地"让利";最好去看看别人"得"的开心,发掘自己做好事的快乐。

有"失"必有"得",但我们不必为了"得"而刻意失去什么。理解给予的快乐,才能使自己变得充实;珍惜身边的一切,才能让自己满足。

31. 生与义

孟子曰:"生,我所欲也,义,亦我所欲也,二者不可得兼,舍生而取义者也。"大意是生命我想要,道义我也想要,两者不能同时得到,那么就应舍弃生命而选择道义。可见,古人把道义看得比生命还重要。在我国几千年的文明史中很多人都在实践这种理念。司马迁认为"人固有一死,或重于泰山,或轻于鸿毛";文天祥在狱中发出了:"人生自古谁无死,留取丹心照汗青。"的呐喊;革命烈士夏明翰,坦然面对刑场喊出:"砍头不要紧,只要主义真。"今天,也有很多勇士,为了救人、为了保护国家财产,不顾个人安危,扑进火海、跳进激流。但是不能否认的是,在部分当代人的心目中,道义的概念渐渐弱化。难道我们真的不需要道义了吗?不,当然需要!在现代法制社会,我们不仅要道义,而且更应该自觉遵守道义,这样才能共创和谐社会。

那么我们应如何在生命和道义间权衡呢?

生命是什么,它重要吗?从生物学角度看,生命就是一个物质系统而已。可对我们人类以及一切有意识的生物而言,生命就是一切!有了生命之后才能谈得上财富和地位。古有秦始皇遣方士炼仙丹,差徐福寻仙药以求长生不老;今有无数富翁名人一掷千金,只求无病无灾,尽可能地活久一些。作为普通人,我们也会暗暗祈求:长辈也能同自己一起,度过每个寒来暑往。有求生的欲望是无可非议的,因为生命短暂的人类,一生有太多的目标,谁都有着实现自身价值的愿望,所以才格外珍惜生命。

而道义又是什么?它又有多重?道义,即道德和正义,是人们共同生活及其行为的准则与规范,道德通过社会的舆论对人们的生活起约束作用。可以说,道德是引导我们追求"善"的老师,它让我们认识自己,从而正确地选择人生道路和自我规范;它还起着调节作用,调节社会矛盾,平衡人与自然的关系。而正义则是符合一定道德规范的道理。正义是自然的、理性的、更是神圣的,从社会产生时就存在。道义对任何人的影响都是巨大的。一个人对道义的理解、遵循程度会反映在他的人生道路上,是成为地痞流氓还是智者圣人,一切都在于是否讲道义!国家、世界亦然。希特勒无视道义,无视世界的法则,残害犹太民族;日本发动侵略战争,在南京一个城市就屠杀了30多万人,惨无人道,而它国内的广岛、长崎也遭原子弹的惩罚。二战期间,20亿以上的人口被卷入战争,4万多亿美元付诸东流,可见世界如果摒弃了道义,将会给人类带来多大的灾难!道义是所有时空的法则和铁律,辐射到了我们能想象到的每一个角落。有了道义,生命才可能很好地存在。

那么,我们今天该如何处理生命和道义的关系呢?在生和义不可兼得的情况下,舍生取义是几千年来每一个有良知的人都公认的选择。但生和义在一般情况下并非矛盾体。生命确实十分重要,失去了生命,一切将化为乌有,如果人类个体消亡的话,那世界也谈不上发展。但是,个体又何其渺小,不能阻止世界的前行、社会的发展。因此,如果每个人都按照道义修身养性,有序地行动,生命就会很精彩,像雷锋,像那些感动中国的平凡人物那样,绽放出光华;人类作为一个物种、一个整体,就可以推动世界的车轮,让社会向美好之处发展,给后代留下丰富的文明遗产。因而,无论从宏观而论还是微观而言,我们既应珍惜生命,又要遵从道义。我们应以道义为纲生存,又以道义为信念发展。在道义的框架下,珍惜自己的生命的同时,关爱他人的健康和生命。

生与义本就不是矛盾之物。由于社会制度的不完善导致生与义被极端地放在了天平的两端,随着制度的不断完善和社会的稳定,生和义的关系会越发辩证。我们应做的,就是努力弘扬中华传统美德,确立社会主义核心价值观,认真地活出人生的精彩!

32. 让"心"逃离城市

一群企业高管想"逃离城市",于是一起踏上了攀登雪峰之路。一路攀登一路微博直播,到达山顶后,大家都在低头看自己的手机。在我看来,他们只是形式上"逃离城市","心"却仍处在城市之中;他们只是在放逐肉体,却把心落下了。

什么是"逃离城市"?这是一个最近兴起的概念。"逃离城市"是现代人因为工作、学业压力大,每天都处在都市这样的钢铁丛林中,过着两点一线的紧张生活,于是渴望抛开手头的工作,去乡村、丛林、山野中感受大自然,放松自己。与此同时应运而生的还有"野兽训练营"、"荒野求生"等活动项目。这些想法和做法的出发点是好的,但我们应先弄清一个前提,那就是要"逃离都市"的不是身体,而是"心灵"。

阻碍"心灵出逃"计划最多的就是现代人的生活方式。古代人远离尘世很简单,把家门闭上不接待客人,家中便是一番天地。不用与他人唠叨,可以全身心沉浸在自然的氛围中,稍有情致,还可提笔写诗作画。现在不同,我们大多住在火柴盒般的公寓楼里,本就是大门紧闭,邻里之间也不常往来。再者,有的家中只有几扇小小的窗,很少见"绿",既接不了地气,也看不见星空。当心一直拘束在一个狭小的空间,渐渐地,它也只有这么大了。有人做过实验,将小象拴于竹竿之上,当它成年后也无法离开竹竿。是能力不够吗?不,是它的心也被"拘"住了。有了这样的定向思维,便再也挣不开了。"井底之蛙"也是一个道理。如果从小就在都市中,自然也就被都市"拴"住了。

那么我们如何做到"心的逃离"呢?第一,我们应首先做到身体的自由。一定要苦行僧式地自我磨练吗?大可不必。每日都腾出一小会儿看看夜空;或是养一株小草,感受自然的力量;或是有空闲时,去树林、乡村走一走,用耳听风声鸟语,用眼观白云小溪,这样就做到了第一步"远离城市"。第二步则是学会用"心"感受自然,忘却生活中的纷繁。不要在感受自然的乐趣时还记挂着工作中的琐事、人际的交往、刚刚看过的书、电影中的情节……要丢掉手机,抛去网络,将一颗心都融进自然去,这样才是"逃离城市"。当第二步炉火纯青,随时可在生活中感受到自然时,离第三步就不远了。我们会走出家门,向友邻问好;减少网络使用,让心专一起来;接通与自然间的连接,不再总想着"逃离都市",而是把自己的生活环境变成有活力的自然,每天都享受生活,做到"大隐隐于市",保持心灵的平静,不被城市中弥漫的浮躁之风影响,从而达到"心逃离城市"的境界。

我们让"心逃离城市",是为了让城市更好地"逃离城市"。每个人都应该平静安然地致力于改善生活习惯、生活环境,让城市走出"浮躁"的特质,向"绿色城市"转型。等到那时,我们就无需"逃离"。

33. 读"我"

读"我",就是凡人都必须认识自我,读懂"我"是什么。有则犹太谚语,一边说"世界为我而造",一边又说"我只是一粒尘埃",这看似矛盾,其实不然。我们对自我的品读和审视既要认识到我们的唯一性,也要认识到我们的渺小。了解自己是唯一的,就会自尊自重;看到自己的渺小,就不会骄傲自满。对自己定位清晰与否,关乎人生的成败。所以一个人必须要学会读懂自我,找准定位。

那怎么来读我呢?首先要用辩证的观点给自己正确定位。

诚如犹太人说的,要时时想到"我只是一粒尘埃"。在茫茫的宇宙中,我们依附着地球而生活。在地球数以万计的物种中,有一个叫人类的物种;而在人类的物种中,又可分成不同的人种;在人种中又可细分不同的民族……我们每个人只是生物这棵大树上的细枝末节,甚至轻如鸿毛。所以我们应该意识到自己并非那么重要,地球离开了你照转。他人并非应为你服务;万物并非应为你所用;动植物并非应为你所食。我们应对供我们生活的万事万物充满感激,大到对他人、对社会、对国家,小到一草一木。

同时要意识到"世界为我而造"。世上没有一模一样的两片树叶,就算是双胞胎,即使有相似的外貌,里面却是不同的灵魂。每个人生来就是独一无二,不可复制。当我们意识到这一点,就应不断发掘自己的特点、天赋,致力于改造周围的环境和帮助他人;或是利用自己的天赋创造出无与伦比的文化财富、艺术瑰宝;又或是去投身公共事业,发起社会改革……总之,力所能及地让世界变得更美好。这些是我们认识到自己的唯一性后应去实践的。

当了解自己的渺小时,不要妄自菲薄;当了解自己的独特时,也不要狂妄自大。我们应认识到,并不是渺小就不能做出贡献,也不是独特就一定能有所成就。雷锋平凡,但竖起了一块道德丰碑;仲永聪明,最终还是庸庸碌碌。不能将贡献变为施舍,或是吝于使用自己的能力;更不能利用自己的天赋去做一些危害道义的事。"勿以善小而不为,勿以恶小而为之。"

要认识自我,远远不止上面说的笼统而浅显的这些道理,我们还要掌握一些认识自我的方法。首先,向别人询问是个很好的方式,"以人为镜,以史为鉴"是最快的途径。自己的细节有时会被自己忽略,但会被他人捕捉到。看到别人的成败,自己反思,就会明白自己是否也有这样那样的问题。其二,我们应学会自我审视,"吾日三省吾身",便会明白自己做对了什么,做错了什么,有什么需要改进的地方。从而找对自己的定位,认识和订正自我。还有一点绝不能忽视的是,"读我"应该是一生一世,须臾不能放松。从小到大,使自己从不懂事到积累丰富的人生阅历,逐步加深对自我的理解,提高把握自我的能力。

一个人只有正确地认识自我,读懂自我,才能提升自我,更好地奉献自我。愿每个人都可以学会认识自我,找准发展之路。

34. 保持自我

有一个人在市场上贩卖鸡蛋,他在纸板上写"新鲜鸡蛋在此销售",而路过的行人不断提出质疑,以致最后修改得纸板上一个字都没有了。本来,纸板上的字既是招牌,起到了广告作用;又是说明,把贩卖的对象特点解释清楚。结果,卖者因为行人的质疑而擦去了本来不错的创意,实在太可惜!在生活中,类似的情况也时有发生,其实,我们应该认识到自我,并抓住自我,而不要轻易为了别人的一句话改变。

"自我"是什么?这里说的"自我"指的是"自我意识",是自己独有的思考,区别于他人的东西。一个人的成长会经历很多事情,它们像石头一样,打磨着我们的个性。可是,有的人在竞争中,学会了欺诈、巴结,失去了一部分天性中纯真、善良的东西,而多了一些世故、圆滑;有的人,则在成长过程中,沉默了下去,他们挣扎于生活,忘记了自我追求,变得麻木和冷漠。当人不再与自己交流,不再思考,只会随着"大部队"前行,那么,他的自我也终将丧失,且难以体现自身的价值。

日本作曲家喜多郎、坂本龙一、泽野弘之、久石让等之所以能走出日本,冲出亚洲,走向世界,一个很重要的原因就是他们保持了自我。久石让的曲子往往有宏大的气势,表现形式融合了来自西方的"交响乐",但仅仅如此,他就能走向国际吗?答案是否定的。他之所以影响大,是因为他的曲子中有自己对自然、人生的思考,同时,又有非常多的日本音乐元素,配器又使用"邦乐器"——太鼓、三味线等。喜多郎更是如此,他70年代就开始研究电子合成音乐,他的音乐一直保持着最原始的"日本味",处处透着精致的气息,如潺潺流水沁入人们的心间,被誉为新世纪音乐的首席代表。反观中国,我们虽然也有坚持本心的作曲家,但太少太少,更多的是"投机者"。他们无所谓自己的东西,看流行趋势而写作。当亚洲流行"韩国风",他们便去写"淡淡忧伤"的R&B;当亚洲流行电子音乐,他们又一窝蜂去作电子曲。如此一来,如何能指望中国有自己特色的音乐走向国际?正所谓"民族的就是世界的",我认为,不仅是个人,在文化这个大的方面,也应保持自我,不断发掘我们中华民族文化中的瑰宝,并发扬光大。

那我们是否就一成不变?这又是另一个误区。保持自我,是指保留好的特点。就大的而言,类似于"留大辫子"、"缠脚"这样的文化糟粕,还是尽早扔了吧!就个人而言,对别人的建议要"兼听则明",做到冷静思考别人的建议,既不能一股脑儿听从,也不能顽固不化,守着自己的坏习惯而固步自封。

罗伯特·弗罗斯特有一首诗《美景易逝》,暗寓保持自我的珍贵,值得好好品味。愿每个人都能理智地保持自我,并不断发展。愿我们的事业、我们的民族、我们的国家,在保持中华民族传统文化的基础上不断开拓创新,自立于世界民族之林。

35. 学会反思

"金扫帚"奖揭晓,获奖者都没有出席颁奖仪式。而对于获奖此事又反应各异:有直接给组委会挂电话的,有发未获奖感言的,还有反思的……"金扫帚"由于不受获奖演员支持,将无法继续举办。此事一出,引起广泛议论。笔者认为,"金扫帚"这个词本身就有一丝嘲讽的意味,给了影人一个刺耳的警钟。其实,有时我们需要别人的鞭策来提醒自己,从而引起反思,这不是坏事。

生活中我们常常会有不当的行为而不自知,如果能够在事后思考一下,也许就能避免今后犯下同样的错误。我有个同学,她十分喜欢小动物,但是她有个小毛病,做事只有三分钟热度。她养小仓鼠,一开始,一星期清理一次笼子,及时换水,渐渐地她没有耐心了,清理的频率越来越低,以致最后仓鼠感染细菌而死。她很伤心,觉得是因为遇到了不良商家。接着,她又养了小狗、兔子等宠物,由于没有耐心照顾都离她而去了。这个朋友从来不反思自己,也就没有意识到问题出在自己。直到有一天,她被另一个爱宠物的人责骂"不负责任"才发现,自己的一时兴起是多么轻率,以致害了多少小生命。如果自己随时审视自己的行为,及时反思自己的做法,就不会铸成大错。这一小小的事例同样启示我们,只有事事反思、时时反思,才可能保持清醒的头脑,少做"糊涂事"。越反思自身,就越能了解并提高自己,不反思是永远无法得到智者的快乐的。

那么我们要怎么反思呢?我有一个室友是研习佛学的,除了吃饭和上课,他都在床上坐禅,在窗边眺望。问她在做什么,她会告诉你她在思考。其他室友觉得她神神叨叨的,有些魔怔。像这位室友的做法未免有些过火,反思应是一种明白道理的辅助手段,是提高自己的一个途径。而当"终日思矣",就陷入了"思而不学则殆"的窘境,最后发现"不如须臾之所学"。终日空想是可怕的,这种脱离实际的思考不是反思,反而会促人入魔,起邪念而不做实事。我们应摆正反思和实践的关系,不能因为反思了自己的错误而不敢再去实践。反思是为了更好地实践和生活。少反思而多实践会盲目,即使"得真知"那也会多走不少弯路。我们应脚踏实地做事,"因地制宜"反思,让自己的人生产生积极作用,更好地创造价值,为社会贡献一份力,从而让自己更加快乐。

36. 青春不朽

有的人说除了青春,没有什么是不朽的。也有人说,不朽只是天真的幻想罢了。在我看来,青春作为一种生理状态,它必然是昙花一现的;但是青春作为一种精神,它一定是不朽的。

青春不朽最形象的例子大概就是金庸先生笔下的老顽童了。相信看到这个名字,大家的脑海中便会不由自主地出现一个快乐而自由的老者形象。老顽童在《神雕侠侣》中的每次出场,在推动情节发展之余,还会带来轻松而愉悦的气氛。现实中有着青春精神的人多种多样,大多心胸豁达,淡泊名利,凭着一颗赤子之心自得地生活于天地之间。他们既有对真善美的追求,也有对美好未来的憧憬。因此他们在人群中常常充当了调和剂的角色,而在社会发展过程中更是不可缺少的主力军。

那么何为青春精神?首先要提的就

是探索和创造，它们是相互依存的。沈复的《浮生六记·闲情记趣》中有一些关于童趣的描写，不论是"细查其纹理"，还是"夏蚊如雷，私拟作群鹤舞空"少年的探索精神，都体现在字里行间。爱迪生作为第二次工业革命的代表人物，他在电弧灯的基础上，不断探索灯丝材料，才创造出了真正意义上有实用价值的电灯，而在此之后，爱迪生仍不断探索更加耐用的灯丝材料，以及灯泡内的填充气体等。正是因为爱迪生他一直抱有探索、发现、创造的青春精神，才能在短短一生中拥有三千多项发明，推动了社会进步。第一、第二、第三次工业革命让我们从农业社会走到了后工业社会，许许多多的发明家早已只存在于史书中，可是他们的探索创造精神却是不朽的。这种精神被我们一代代传承下去，让人们的生活水平不断提高。

青春精神远不止这些，它还包括对真善美的追求，对理想的不懈追求。记得曾经看过一部人物传记《沃尔特——迪斯尼》中就有这么一个故事：沃尔特先生少年时住在农场，他有一个兔子伙伴。一开始，兔子很怕他，小沃尔特便不靠近，而是远远地表示友好。渐渐地，兔子伙伴不那么怕他了，似乎也默许了小沃尔特的靠近。小沃尔特想把这位温和朋友的形象记录下来，于是他偷偷拿走了家里的草纸和炭条，每天都去给兔子朋友画速写，这也是沃尔特走上画家、动画大师之路的开始。但是有一天，他的兔子朋友没有出现，小沃尔特回到家时，隔壁的猎人送来了猎物——那是小沃尔特的兔子朋友！小沃尔特愤怒而伤心，却无力改变事实也无法责怪好心的邻居。而在成年之后的创业期间，他创作了一个无声动画《幸运兔子奥斯华》以纪念他幼年的好朋友。我想，幼年的沃尔特先生对动物都能够谦谦有礼，尊重动物的感受，而且给它画像以记录它的美好，这便是对真善美的追求。沃尔特先生的创业之路也非常坎坷,但是他始终充满着青春的活力,永不言弃。在创造出米老鼠这个家喻户晓的明星之时,他的公司没有资金去雇佣正式的配音演员,于是沃尔特先生亲自捏着嗓子给米老鼠配音,创造出了一个机智而活泼的形象。正是沃尔特先生对理想的不懈追求,才给我们带来了无限欢乐。他是一个老顽童式的人物,他在自己的房间里有一个自己搭建的,可以活动的"火车",每当没有思路时,便去"火车"上坐坐。他没有独享这种"乐趣",而是总想着把乐趣分享给孩子们,虽然由于耗资巨大遭到了哥哥的阻拦,他还在洛杉矶创造了第一个迪斯尼乐园。直到现在,全球已经有了6个迪斯尼乐园,它成为了孩子们乃至成人的梦想世界,为世界带来了无限的欢乐和趣味。沃尔特先生带来的欢乐是不朽的,迪斯尼公司延续了他对真善美的追求,近年来推出了一部部脍炙人口且积极向上的动画影视作品。我们需要沃尔特先生这样有青春精神的人,他们不仅是给人们带来欢乐,更是代表了一种对真善美的追求,他们在潜移默化中,教导人们不仅要重视物质,更要重视精神层次上的追求。

青春精神是勇敢,好奇,坚定,不服输……多如天上的繁星,而它们之所以是青春精神,是因为这些美好品质往往在青年时期最为突出。青春精神是不朽的,它潜伏在每个人的心中,我们需要的只是挖掘它。当我们渐渐长大,青春不再,生活抹去了我们的棱角,抚平了我们的毛糙时,我们应该保持一种青春的态度、青春的精神。并不是说我们要再像孩子、少年一样行事,而是让我们的心一直保持一种活泼的状态,我们要去探索生活中的美好,创造一些生活的小情趣;我们要去追求真善美的事物,脚踏实地地向着理想前进;我们要敢于向命运发出挑战,拥有坚韧不拔的信念。青春是不朽的,它是我们心中美好的种子,是走向理想化社会的钥匙,请不要漠视它!当我们改变了自己的态度观念,用心地浇灌它,它便会长成参天大树,让社会变成一片理想的美好的森林,给我们的后代带来阴凉。青春不朽,从我做起。

外婆桥心语

下 卷
外婆的百招闲话

《摇啊摇》百年童谣

摇啊摇,摇到外婆桥,外婆叫我好宝宝。
请吃糖,请吃糕,糖啊糕啊莫吃饱。
少吃滋味多,多吃滋味少。

卷首语
——外婆的导言

从豆豆在娘胎里不安分,提前一个月出生看世界起,我就知道这是个调皮的孩子;从小不点硬是多赖在妈妈肚子里一个星期才呱呱落地,我就意识到这也不是省事的宝贝。一个20世纪末出生,一个21世纪开元来到世上,成长背景不一样,孩子的认知不一样;加上家庭因素和学校因素等诸多情况,孩子的性格不一样;而且孩子是一点点长大,不同阶段的表现也不一样,真难为做父母的了。因为心疼我的女儿,从1996年开始,我义不容辞地加入到女儿的女儿的家庭培育中,学当"辅助工"。

孩子一天天长大,多少难题、多少困惑、多少坎需要她们过,从她们写的"小不点长大了"、"大豆子有心了"两部分中可以感受到,她们的思想感情、她们的心理、她们的智慧的长大是多么的不易!尽管她们仅是千千万万青少年中的两个,并不能代表所有的青少年,但在她们画出的从小学到中学的成长轨迹中,可以看到孩子们多么需要家长、老师以及一切关心她们成长的人去引领、关心和帮助。同时也在一定程度上告知我们,她们的成长过程需要怎样的关心和帮助。

当了40多年的母亲,升格为外婆的我,一直在伴随着孩子成长的过程中寻找对如豆豆、点点这样的新世纪的孩子的教育对策。在破解一个个难题、消除一个个困惑中,尝到了痛苦,得到了欢乐,也有不少发现、思考和感悟。我从培养孩子的需要出发,凭曾从事学校教育工作的经验,进入家庭教育领域探讨,进而研究社会家庭教育工作,深深感到家庭教育工作是一门复杂的科学,是一种讲究技巧的艺术,是一项综合的工程。涉及从呱呱坠地的毛娃到为人父、为人母;涉及孩子的思想、品行、心理、智力、能力、身体等多方面发展的问题；涉及到家庭、学校、社会如何共同培养的问题等等。作为孩子的监护人、孩子的终身老师的家长，重视与否，能否科学理性地对待这项工作，教育的效果大相径庭。孩子不仅是家庭的希望，也是国家的未来。望子成龙是中国几千年的传统观念，虽然我们不能要求我们的孩子都能成龙成凤，但哪个家庭都希望自己后继有人，孩子能成人成才；哪个民族都希望兴旺发达，后浪推前浪。孩子是否健康成长确实关乎家庭的幸福，国家、民族的兴衰。所以，孩子的教育问题不是微观现象，是必须关注、解决的大问题。

  我对孩子教育工作的一些思考曾在专著《合作教育新探》和《一起成长》中有所表述，这里记录的是我在退休后，参与教育第三代成长和关心下一代工作的社会志愿者工作中引发的一些思考和得到的启示。从青少年健康成长的角度，就 8 个方面提出 100 个话题闲话家庭教育。鉴于时空局限，我平时接触的孩子和家长毕竟有限，本书从个案出发谈一般的规律，难免会有偏颇之处。我之所以把一家之言奉献出来，意在引发关心孩子全面健康成长的人们，尤其是家长们对孩子成长过程中出现的种种现象的关注；引发对 21 世纪孩子的教育对策的更实、更深、更理性的研究。特别想为站在孩子教育最前沿的妈妈、外婆、奶奶提供参考，如爸爸、外公、爷爷也感兴趣，为了我们的孩子健康成长，欢迎一起共研良策。

开篇　朝阳从家庭中托起

> 家庭是孩子成长的摇篮,父母是孩子的第一任老师,朝阳从家庭中托起。

家庭是什么？前苏联教育家马卡连柯作了这样的解释:"家庭是社会的一个天然的基层细胞,人类美好的生活在这里实现。人类胜利的力量在这里滋长,儿童在这里生活着,成长着。"这明显地告诉人们,儿童的成长与家庭密切相关。家庭是人生的第一所学校,家长是人生的第一任老师。家庭教育是整个国民教育的重要组成部分,是学校教育和社会教育的基础,是对青少年进行素质教育的重要环节。

家庭教育和学校教育、社会教育一起共同肩负着将儿童培养成为德、智、体、美、劳全面发展的社会主义事业建设者和接班人的任务,但家庭教育又不同于其他教育,有其自身的早期性、连续性、渗透性、整体性和灵活性等特点。

孩子从一出生就在家庭的摇篮里,在父母的怀抱里渐渐长大。从幼儿到成人,从牙牙学语到上学、工作都离不开父母的哺育和教育。孩子与家庭的关系是与生俱来的,是一生一世的。孩子在家庭的每一天、每一事,父母的每一言一行中接受潜移默化的影响。因此,每一个有孩子的家庭都存在家庭教育的问题,作为孩子法定监护人的父母理所当然地要承担对孩子教育培养的义务,这也是《宪法》、《婚姻法》、《未成年人保护法》等法规中明确规定的。因此,如何有效地实施家庭教育就成为家长必须研究的课题。

这个课题涉及的面实在太广了。从家庭教育的对象——孩子来说,因家庭而异,不同家庭的孩子有不同的特点;一个家庭的不同孩子也有不同特点;同一个孩子在不同阶段身心发展的特点也不同。因此对不同情况必须采取不同的家庭教育对策。家庭教育的内容是全方位的,囊括德、智、体、美、劳诸方面,是对孩子的全面素质的培养。但诸育的培养又是有所侧重的,其中以德育为重点,首先要教会孩子如何做人,这一点已被家庭教育的实践所证明,也被大家所公认。而不论哪方面素质的培育,其侧重点也不相同,如智育,父母主要不是做具体学科知识的输送工作,而重在智力的开发、学习兴趣的激发及学习方法的指导等方面。

从教育者的角度来看,各个家庭实施的家庭教育与家长的特点、家长素质、家庭条件、家庭环境等诸多家庭因素有关,而且随着家庭社会化程度的加深,社会对家庭教育的制约与影响会越来越大。因此,可以说家庭教育是一种个性化的教育。如何把小太阳从家庭中成功地托起,是一个复杂而又长期的工作,这期间必定有很多问题需要父母随着孩子的成长不断研究、探索。但要坚信,只要观念正确、方法得当,就能取得事半功倍的效果,那时家庭中唯一的小太阳就会喷薄而出,冉冉上升。

第二篇　自塑称职父母的形象

> 父母"以身立范"是中国家庭教育中的传统方法,经过几千年的实践证明,这是最基本、最直接也是最行之有效的教育方法。

第1招　定好角色位置

拾碎：

我经常听孩子不时冒出这样一句话:"我的爸爸妈妈是这样就好了。"爸爸妈妈应该是什么样的呢?我和孩子讨论,也在学校的孩子中作调查,我发现,在孩子的心目中自有一杆秤。在与社会的广泛接触中,从自己的生活体验中,孩子会自然而然地形成对父母的看法,在心中勾勒出理想的父母形象。

话题：

父母应该把自己塑造成什么样的形象?

闲话：

要使自己的形象能在孩子心目中站立起来,必须在以下几个方面去塑造自己:

首先要名副其实当好父母。天生的血缘关系使父母成为孩子最亲的亲人,肩负着抚养、教育孩子的责任。因此,必须有满腔的亲子之情和高度的责任心对孩子倾注十分的爱心。

其二应该做孩子的朋友。父母与子女都是人,是社会的公民,关系应是平等的。父母应该学会改变家长作风，放下架子，信任、尊重、理解孩子，凡事不是个人说了算，要和孩子商量、讨论，在形成共识的基础上放手让孩子去做。

其三要义不容辞地当好导师。父母是孩子的第一任老师，也是终身老师。当导师就要名副其实地导，不能简单粗暴，更不能包办代替，要讲究科学的教育方法。比如家庭的学习指导方面，父母不能当拐棍，但要在学习目的、学习态度上对孩子进行教育，也要在学习习惯上训练孩子，更要对其学习方法进行点拨。又如对孩子的品德培养，父母要有耐心、有恒心。

其四要成为孩子心目中的榜样。以身立范，言传身教。父母要努力使自己当社会上的好公民；在工作岗位上当好职工、好干部；在家庭中当好丈夫、好妻子、尊老爱幼的模范。这些都需要父母随着社会的发展，逐步完善自身的思想素质、道德素质、文化素质和心理素质。

在家庭这个范围内，父母只有恰如其分地定好自己的角色，才会在孩子成长的过程中游刃有余地发挥作用。

第2招　在称职上下工夫

 拾碎：

在女儿管外孙女的时候，我在旁边常听到外孙女会冒出这么一句话："你对我这样要求，那样要求，你是怎么当妈妈的？"我忍不住会插上一句："你对妈妈的要求还挺高的嘛！"她立即会顶我一句："本来嘛，妈妈的责任又不是只管提要求，她关心我多少？帮助我多少？一天到晚只晓得她的工作。"

 话题：

如何当称职的父母？

 闲话：

孩子的呼声提出了一个非常尖锐的问题：你要孩子做好孩子，那么你是一个称职的父母吗？也许没有一个家长会愿意作出否定的回答。理由很冠冕堂皇："我生的孩子，我当父母，我不称职，谁称职？"应该说，生养关系是法律给以肯定和保护的，但是否"称职"就不是只凭血缘关系就能作肯定结论的。中国人可能都知道在民间流传的这个故事：一个年轻人犯了法，被判了刑，当母亲去探监时，儿子把母亲的奶头咬掉了，理由是母亲的溺爱害了他。可能谁也不会忘记2000年发生在中华大地的惨剧，15岁的少年徐力把亲生母亲杀了。原因很简单，母亲恨铁不成钢，平时对他过"严"、过无情。类似这样的事例我们在报端还时常会见到。这一切不能不使人思考一个问题：悲剧发生的原因是什么？养不教，父之过。孩子有问题，父母难辞其咎。我觉得要求孩子成人成才，毫无疑问父母要在"称职"两字上下工夫。要做到称职，起码要在以下几个方面着力：

一是转变观念。当前社会发展很快，如何看待国内外形势？如果自己没有正确的看法，在饭桌上、看电视时或在散步途中等等家庭议论场合就可能发表不合时宜的"谬论"，不是给孩子思想造成不好的影响，就是跟孩子的看法发生冲突。两种后果都不好。因此，家长的社会观、育儿观、成材观、质量观、教育观等都要根据新时代的要求进行调整。

二是履行亲职。根据现代人才观，对孩子究竟成什么样的才要做到心中有数，确定培养方向。否则，假如自己确定的标准与社会需要的人才标准不一致，那么苦心培养出来的"人才"，就可能不受社会欢迎，甚至不被接纳，而且在培养的过程中也必然会产生众多矛盾。目标明确后，就要尽自己的最大努力，按照现代人才的要求培养孩子成人成才。不能把孩子当私有财产，随意处置；不能以没有时间为理由不负责任，让孩子自生自灭；不能溺爱放任，让孩子骄奢淫逸，不思上进。

三是掌握育儿科学。过去养儿为了防老，光耀门庭，因此，传统的教育方法教育孩子唯家长是听，围着家长这根指挥棒转。由于这种方法是唯心的，一厢情愿的，不从实际出发，因此引发了诸多矛盾。指挥不当、指挥失灵，指挥棒变成无情棒，摧残孩子身心，影响孩子成长。为了教好孩子，父母必须继续学习，学当父母的科学，学当科学的家长。读一些关于教育学、心理学方面的书，多看一些关于科学育儿方法的资料。还可通过一个很好的学习途径——家长学校，在这所特殊的成人学校里，参与各种类型的家长学校活动，和老师、家长们共同切磋、研讨，提高科学育儿的水平。

我们的孩子好比一本书，父母只要将这本书读懂了，而且去用了，就一定能成为称职的好爸爸、好妈妈。

第3招　更新自身的教育理念

拾碎：

有个家长找我诉苦：我的那个孩子不知怎么那么不争气，录了英语磁带让他听，他却听"小虎队"录音；让他别把门插起来，他一进房间就关门；叫他多做做数学题，作业一做完他就抱着文艺书籍不放；和他谈谈毕业后的打算，他却回答"不一定走独木桥"。成绩平平一点不着急，整天不务正业，什么聊啊、博客啊……忙个不停。一谈到社会上的现象，他就和你争论不休。唉，两代人就是说不到一块去，情感上疙疙瘩瘩，处理一些问题时总别别扭扭。我也不知道该怎么办！

话题：

跟孩子想不到一块、谈不到一起怎么办？

闲话：

扭转这种局面的当务之急是教育者本身要更新自身的教育观念。

一变"以家长为中心"为"以孩子为中心"。家庭教育是要把孩子培养成才，因此一切要从孩子的实际出发，根据孩子的身体素质、智商程度、各阶段身心发展的特点,社会和学校的要求,开展相应的教育活动。

二变"家长式"为民主平等式。正因为孩子是家庭教育的中心,因此他也应该是主人。父母与孩子的关系应该是平等的,一切不能家长说了算,要让孩子发表意见,在思想取得一致的前提下,在和谐的气氛中实施各项教育活动。

三变重智轻德为全面发展。这是指家庭教育的内容不能再像过去那样只抓学习,让孩子从早到晚钻在书堆里。现代社会需要多层次、多方面的人才,要求人才具有多种能力。因此必须放开手,让孩子生动活泼地全面发展。

四变求同为求异。过去只要求孩子能融于集体,和大家一样,实际上孩子都有自己的个性,从小会形成某种兴趣爱好。家长要支持、帮助孩子发展自己的特长,并引导这种发展和社会现实结合起来,以利于孩子的才能脱颖而出。

五变封闭为开放。现在的信息渠道很多,家长想关也关不住,而且孩子要想学得活,适应现代社会需要,非走出课本到广阔的天地中去不可。因此,要允许孩子到课本外涉猎广博的知识,允许孩子到社会中去学习、实践,允许孩子广泛的交往。家长要做的是给孩子一些分辨是非的指导和学习方法的引导。

六变单力为合力。以前,家庭中父主外,母主内,对孩子的付出母亲多于父亲,这力量是远远不够的。为了孩子的健康成长,父母要齐抓共管,而且要充分调动家庭的其他力量,爷爷奶奶、公公婆婆,形成合力,同步教育,让孩子在一致性的教育下朝着一致性的目标前进。

我相信,思路一转变,效果就不一样。

第4招　树立父母的威信

 **拾碎**:

有一次,外孙女拿了一张碟片跟我说:"外婆,这里边的电影很好看,你看吧!"我说:"怎么看呀?"她说:"用计算机放啊!"我说:"我不会。""啊?你这么大人了,还不会放碟片!"我闷住了,无话可说。

 **话题：**

父母如何树立威信？

 闲话：

孩子的要求不算过分，但对我来说确实是个难题。在她面前我显得无能，很难堪。她的惊讶，让我下不了台，让我的心灵受到触动。今后，她还能接受在她眼里无能的外婆的教育吗？为了改变"无能"的形象，我60岁学"打拳"，终于把电脑学会了，小东西不得不佩服说："外婆，你真行！"我顺势就跟她说："天下无难事，只怕有心人。你只要认真学习，没有什么功课学不好。"她表示认同我的看法。这件事让我深深感到家长的威信是何其重要！

现在很多家长都觉得自己在孩子面前没有威严，往往把原因归之于孩子不听话，很少从自己这方面去想。

美国著名教育家布鲁诺，在120位世界杰出人才的家庭中进行的长达4年的调查研究中，发现了孩子心目中有威信的家长的三个共同特征：

第一，真诚地热爱、关心自己的子女，为了孩子的进步无私地奉献精力、时间和爱心。

第二，父母有很好的表率作用，正直、勤奋，能感染、激发子女的事业感和上进心。

第三，从小培养子女的独立精神、坚强性格、责任意识，在实践中锻炼子女的意志、性格和能力。

如今父母一般只有一个孩子，在教育中往往以感情代替理性。有的千方百计满足孩子的物质欲望，助长孩子的任性、蛮横；有的忽视劳动和独立能力的培养，养成孩子的依赖性和懒惰性；有的包庇纵容、有错不纠，导致孩子缺乏分清是非、控制自我和力求上进的意识；有的动辄打骂、粗暴专制，扭曲孩子的性格，使孩子不是怯弱自卑、畏首畏尾、情绪压抑，就是出现抵触、愤恨和破坏行为；有的期望过高，智力唯上，不问品行，使孩子疲于应付，片面发展，产生厌学情绪。总之，正是父母自己的一些做法使自己失去了威信，导致孩子产生逆反心理，处处不听话。

可见，家长要想树立威信，必须要从自身做起。

第一，言而有信，以身作则。从孔子在《论语》中阐述的"其身正，不令而行；其身不正，虽令不行"到许慎的"教，上所施，下所效也"，都表明了父母的榜样力量是成功教育的重要前提。凡要求孩子做到的,自己必先做到,用自己的人格魅力吸引孩子。当下,父母应在孩子心目中树立起怎样的形象呢?起码要做到三个方面:不仅要具备当公民应有的良好道德品质、心理素质,而且要具备适应现代社会需要的知识和技能;不仅是一个好公民、好员工,而且有培养现代人才的知识和技能;不仅能承担好传统的养育子女的责任和义务,而且能与时俱进,用新的育儿观念和方法培养下一代。

第二,了解孩子、尊重孩子。孩子就像一本书,里面有丰富的内涵,如孩子的性格特点是什么;理想、信念是什么;兴趣、爱好是什么;他在想什么,做什么;他有什么乐趣,有什么苦恼,需要什么帮助;他爱什么,恨什么等等。现在的独生子女和多生子女有很多不同之处,处在市场经济时代的孩子更有其独特的特点,孩子所处的家庭、学校环境不同,又会形成各自不同的个性,要想教育成功,就得有的放矢。因此,家长首先要做到了解孩子,把握孩子的脉搏。要做到这一点,就得放下架子,和孩子平等相处,像朋友一样推心置腹地交谈,从理解中了解孩子,多和孩子进行沟通,尽力读懂这本书。

第三,讲究方法,科学导引。如上所述,现在的孩子很难教,当我们读懂了孩子这本书以后,还必须研究相应的对策。俗话说,一句话能讲得人笑,一句话能讲得人跳。这就是说教育有个技巧的问题,为了取得教育效果,家长必须要研究这个艺术,无法回避。根据现阶段孩子的状况,家庭教育急需研究两方面的问题:一是教育内容;一是教育方法。

从教育内容的角度看,要让孩子做到四个学会:一要学会做人。重在有爱心、爱父母、爱他人、爱国家、爱自己;讲诚信,待人真诚、讲信用,不说谎、不弄虚作假。二要学会调适。能自己及时调整情绪,经常保持愉悦、平稳的心态。三要学会用脑。能优化整个认知过程,从会观察、会记忆、会思维、会表达、会实践到会创新;学会不同学科的不同学习方法。四要学会生活。如科学支配时间,培养自理、自立能力,学会支配金钱,懂得艰苦奋斗等。除了这些普遍性问题之外,还要根据具体情况,有针对性地进行教育。

从教育方法的角度,不管是对哪一类孩子,用命令式、强制式的方法肯定不行;溺爱、放任更不行。只有用开放式、民主式、说理式的教育方法,理解沟通、启而不包、爱而不娇、褒而不护、放而不松,讲究语言艺术,教育机智灵活,才能达到教育的效果。比如对子女提要求时,要清楚明确,使子女明确为什么这样做的理由和怎样做的方法;要求适当,避免偏高偏低,兼顾孩子个人意愿和父母的想法;家长要求一致,共同坚持,避免互相矛盾、虎头蛇尾、一严一护;断绝采用欺骗、吓唬、物质刺激的方法,建立规则,共同遵守。

总之,父母只有理智地提出要求,方法得当,孩子对教育才不会排斥,教育才可能发挥效应。只有当孩子尝到了根据爸爸妈妈导引去做的甜头,才会信服你、佩服你,从而形成教育的良性循环,威信自然就能树立起来。

第三篇　搭建永不堵塞的心·桥

> 走进孩子的心灵是做家庭教育工作的前提。如果你不了解孩子在想什么、做什么,不了解孩子的喜、怒、哀、乐是为什么,不了解孩子的兴趣爱好、社会交往……却在那里哇啦哇啦大发议论,教育是无效的。

第5招　走进孩子的心灵世界

 拾碎:

孩子回到家,好像与父母无话可谈,门一关,不知他想什么。问他,他总是一句话:"没有什么!"

 话题:

如何才能走进孩子的心灵呢?

 闲话:

孩子的心灵和大人一样有扇门,要敲开是要技术的,要跨进去更有诀窍。

首要的是放下架子,和孩子做朋友。绝大多数家长总忘不了自己是老子,儿子就要听老子的。即使孩子不听,还是要耍威风,结果只会把关系搞得更僵。这实际是自己在和孩子拉开距离,把两者的位置变成一个居高,一个在下,无法沟通。有个"你喜欢和谁讲心里话"的调查,200多人中愿意和父母讲话的只有30多人,而和朋友讲的占68%。这说明,要想走进孩子的心灵,就必须蹲下来,和孩子站在平等的位置上,和孩子做朋友,这时,孩子才可能向你敞开心扉。有个南京市十佳家长的女儿,讲到她和父亲无话不谈时,她总是骄傲地说:"他是我的父亲、朋友和导师。"

其二是耐心倾听孩子的诉说。你敲开了孩子心灵的门,门内是什么,这是眼睛看不到的,完全靠孩子向你倾诉。当孩子发现你漫不经心时,他就没有兴趣讲;当他讲时你老是打断他,或者催他快讲,他也没有情绪再讲下去;如果你老是反驳他或否定他,那他不仅不会再讲下去,也许,下次再让他讲就很难。因此倾听孩子必须真心诚意、专心一意、十分耐心。

其三是抓住各种时机开展谈心活动。这里所说的时机是指可利用来谈心的机会。从时间来说,应该是学习时间以外的零星时间或不太影响休息的时间。比如放学后,可在孩子做完作业后或饭后需要小休一下的时候;双休日只要不在饭前或睡前,因为,这时谈话孩子容易不耐烦,而且讲不好的话会影响食欲、影响睡眠。从机会来说,最佳的时机是孩子情绪波动的时候,比如考试取得了好成绩,在学校受到表扬特别高兴的时候,你问他什么事情他都肯讲;在遇到困难无法解决,想求助的时候,你去关心他,他会感到特别温暖,容易讲出心里话;在发生了一些重大事情的时候,可能会有共同语言;一起完成某件事情,或一起外出游玩的时候,都比较容易沟通。

其四,换位思维,设身处地为孩子出主意。在和孩子沟通时,家长不能站在自己的角度,用大人的标准来发表看法。要立足孩子,根据实际情况思考,实事求是,不苛求,要让孩子感到你理解他,完全是为了他,而且,你所提的一些建议和要求合情合理,也不难做到,这样一来他就容易接受。有了几次这样的体验,他对大人就不会设防,遇到问题就会主动和父母沟通。

只要能走进孩子的心灵,那么父母的教育、指导作用就能很好地得到发挥。

第6招　多一点真正的关爱

 **拾碎:**

有时候孩子会莫名其妙地冒出这样的话:"爸爸妈妈不爱我,不要我了。"明明父母把孩子当心肝肉宝贝,孩子怎么会感受不到呢?

 话题：

父母应怎样关爱孩子？

 闲话：

父母的关心、爱护是儿童早期生存安全和情感的需要。婴儿如果缺乏爱，那么护理、保健、营养和智力刺激都不能有效地发挥作用。研究表明，有安全依恋行为的孩子，在得到爱的满足的同时，会潜移默化地学会人际间的同情和关心、理解和沟通，会学会思念和回报。相反，如果孩子的安全需要得不到保证，与父母就难以形成安全的依恋，反而会产生紧张、焦虑、恐惧、怀疑等心理。相反，过分的爱会使孩子变得过分依赖、霸道，独立能力差；反复无常的爱，会使孩子无所适从，情绪不稳，缺乏自信……那么怎样的爱才能促使孩子健康发展呢？可以从这几方面着手：

一是正确理解孩子的行为和情绪，并作出积极合理的反应。比如，婴儿常会用吮吸、啼哭、微笑、目光注视、身体动作的倾向与成人沟通，成人必须倾听、猜测、判断并作出适当反应。

二是对孩子的态度前后保持一致。比如对孩子的照料，对孩子要求的接受或拒绝、合作或干预，应采用同一尺度处理。在父母和孩子间建立了一种相对稳定的相互作用模式后，就能有效避免孩子产生困惑和造成行为紊乱。

三是离开孩子应有规律、有正当理由。比如，对幼儿园孩子的接、送要有规律，出差分离或将孩子暂时寄养要讲清原因，使孩子理解、支持父母的行为，从而建立起期待的心理，获得分离的经验，避免焦虑、恐惧。

四是要经常向孩子传达爱的信息。比如,照料孩子生活时,适当给予身体的接触;孩子单独玩时,及时关心抚摸和视线交流;孩子需要玩伴时,父母及时参与。这一切,能使孩子感到父母是最爱他们、最可信赖的人。

　　五是要由衷地接受孩子的爱。孩子在成长的各阶段都会以特有的方式回报父母的爱。小时候,以微笑、亲吻、身体的触摸与父母亲昵;大一点后,会把吃的东西放在父母嘴里;再大一点,会把菜拣到母亲碗里,帮母亲做事……每当此时,父母应发出接受爱的反馈信息。

　　父母对孩子的关爱是绝对不可缺少的,但是也要爱得得法,这样爱才有效果。

第7招　客观评价孩子的好坏

 拾碎：

　　常常听到有的家长逢人就骄傲地炫耀:"我的孩子考了100分,班级第一。""我的孩子考上了重点学校。"有的则若有所失地暗叹:"我的孩子实在太傻,成天帮这个、帮那个,不知道关键时候就只论分数、名次。"也有的埋怨:"我也不知前世欠了谁的,养了个不争气的东西。光知道唱啊跳的,从来考不到100分。"

 话题：

　　如何评价孩子的"好"与"坏"?

 闲话：

　　孩子的"好"与"坏"有没有标准?从有的家长那里我们似乎可以得到答案。有的以成绩好引以为傲;有的以上重点学校引以为荣;也有的以在各种比赛中获奖引以为豪。由此可见,成绩好成为目前家长普遍追求的目标,成为衡量家庭教育是否成功的标尺,这些孩子理所当然就是父母心目中的好孩子。

　　这个标尺是否恰当?我想只要家长想起两个名字就会得出结论:徐力、马加爵,把重点中学、重点大学和杀人犯连在一起的名字向人们昭示:成绩的好坏并不是衡量孩子好坏的唯一标尺。

　　十个指头有长有短,各个孩子也都有自己的特点。但不管怎样,成才先成人,人的品德是第一位的,与之紧密相关的心理素质也是非常重要的。如果这个孩子很有爱心,就会爱自己的家人、爱他的同学和老师、爱自己的祖国,也乐意为他人献出一份爱心;如果这个孩子待人真诚,就会为人诚实、讲信用;如果这个孩子勤劳俭朴、吃苦耐劳,就会不怕困难、不怕挫折、勇往直前;如果这个孩子能谦虚、谨慎,就会明辨是非,自理自立……难道这样的孩子还不能算是个好孩子吗?相反,现在有的孩子学习成绩不错,但处处以自我为中心,自私狭隘;只能被人捧着,一旦挨批评,不是灰心丧气,就是怀恨在心;要吃好、穿好、玩好,依赖性强,怕苦、怕累;遇到难题绕着走,禁不起挫折,更不要说失败了,如此等等,难道我们能因为他考试分数高就说他是好孩子吗?

当然,作为一个学生,出色地完成学习任务是他的职责。因此,学习好必然作为衡量标准之一,而且是不可缺少的。但学习的好坏不能光看分数,要看对知识的掌握程度,是知道了还是理解了;要看孩子的知识面,是书本上的一点,还是由此及彼掌握了许多相关知识;要看孩子是记住了,还是能运用所学的知识去解决问题;要看只得了一次高分,还是学习有连贯性。总之,学习好意味着知识要掌握得扎实、面要宽、要会用,而且要有学习的自觉性、持久性、发展性。如果孩子在完成学习任务的同时,有自己的兴趣爱好,发展自己的特长,并且在某方面取得了成绩,这当然是要肯定的。哪怕是学习成绩不是很突出,但特长发展得很好,也应该对其加以肯定。但如果为了培养特长而放松学习,即使特长已形成,也不可取。因为,学生阶段的学习是人生学习的基础,如果基础不打好,虽然暂时好像发展得很好,但没有进一步发展的后劲。历史上很有名的一篇讲神童故事的文章《伤仲永》就说明了这一点。假如孩子不满足于现在的学习,能对现有的知识提出质疑,有自己的见解;或喜欢动手,搞一些小制作、小发明,说明孩子的学习进入了更高的境界,是要充分肯定和鼓励的。

未成年孩子的身心发展还不健全,这阶段的孩子必须在运动和锻炼中成长。如果孩子像老夫子,爱静、不肯动;不喜欢上体育课,不肯参加体育活动,养成小胖墩、近视眼,抵抗力差,动不动就生病……那么这样的孩子就不能算好孩子,因为身体不好,其他方面再好,也不能承担得起未来的重任。

总之,好孩子或坏孩子,首先"好"与"坏"的说法太绝对,不科学。没有绝对的"好"与"坏"。孩子们肯定是各有所长,各有所短。因此家长不能自卑,也不能自傲。如果一定要有个标准,那就是新时期教育方针中强调的德、智、体、美、劳全面发展,要有创新意识,具有实践能力和创造能力。当家长的只要从实际出发,一分为二,用发展的眼光看待发展着的孩子,帮助孩子不断以其所长,克其所短,就能

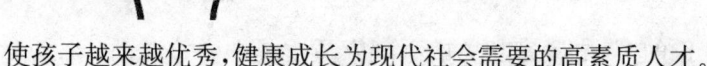

使孩子越来越优秀,健康成长为现代社会需要的高素质人才。

第8招 理解孩子的需要

 拾碎:

有不少父母,天天捧着孩子这本无字"天书",越来越觉得看不懂这本"书",不知孩子需要什么,从何下手去教育帮助,为此感到困惑、焦虑。

 话题:

如何理解孩子的需要?

 闲话:

这个问题的关键首先在于对孩子的了解;其二是对孩子的需要的理解。

根据美国心理学家普林格尔的看法,孩子的心理需要具体表现在四个方面:一是爱及安全感的需要;二是对新颖事物、新经验、新知识的需要;三是获得自我认可和他人的表扬、赞许的需要;四是独立行事和完成任务的成就感、责任感的需要。

父母要做到理解孩子的需要,就必须:

(1) 为孩子创造一个亲切、和谐、互爱、互助、愉快合作的家庭环境,使孩子时刻感到处于一种安全而且有保障的人际关系之中。

(2) 要根据孩子有强烈的好奇心、求知欲的特点,设法引导孩子去发现美妙和乐趣。比如买了新玩具、新图书或带孩子到大自然里去,促使孩子从中得到启迪。也可以指导孩子在一种玩具上想出多种玩法,一道题想出多种解法,让孩子获取多种知识。

(3) 不能对孩子的提问置之不理,以免不知不觉地压抑孩子的自信心和自尊心。要学会赏识孩子,善于发现孩子身上的闪光点,及时给予肯定性的评价和鼓励。

(4) 要鼓励孩子自己独立去做一些事情,让他们表现出自己的才能,实现自己的成功。千万不能什么事都包办代替,剥夺孩子的发展能力、培养责任感的机会。

总之,孩子的四种基本心理需要是他们身心健康发展的前提。然而这四种需要能否真正得到满足,并不是孩子自己决定的,往往与父母的教育有关。可以说,孩子的命运掌握在父母手中。只有根据孩子的需要有针对性地教育、引导,孩子才能健康成长。

第9招　多给孩子一点尊重

 拾碎：

我听到有个孩子诉说了一件发生在家里的真实故事:"有一次,在外婆家,妈妈一个劲催我做作业,不时板着脸看我在不在玩。看我做得慢了些,还对我吼,责备我。可是,她见了我表妹却笑得脸上开了花,讲话是那么轻、那么柔。给她讲故事是那么细致、耐心,给我讲总是三言两语。我气得直掉眼泪。实在气不过,就责问妈妈,和妈妈吵了起来。她说我是她女儿,所以要求严,是为了我好;对妹妹是客气,她年龄又小,所以要温柔一些。我不服气,因为她已不止一次对我大喊大叫了,我总是看到她的苦脸。最后,外婆解了围。批评妈妈心是好的,但态度急躁,要改进;要求我理解妈妈,根据妈妈的要求做。还给我们两人定了个互相督促的规矩,由她当裁判。一场母女风波这才平息。"

 话题：

父母应不应该给孩子一点尊重?

 闲话：

这真是一个发人深省的故事。风波的导火索来自妈妈处理问题的两种不同态度,造成了孩子心理上的不平衡。但究其根本,是孩子对妈妈长期以来在教育方法上的简单粗暴造成的心理压抑的一种总爆发。

从故事中可以看出,姐姐嫉妒妹妹,但嫉妒的不是妈妈不应该对妹妹那么好,而是妈妈为什么不能像对妹妹那样对待她。她渴望的是温柔、耐心、笑脸。说到底,孩子并非拒绝父母教育,而是要求一种平等、尊重。

孩子虽小,但也是有血有肉有思想的人,特别是已经上学的孩子,接受了一些正规的礼仪教育,遇到问题有自己的判断能力,但是往往不能全面、深入去思考问题,因此比较容易出现心理问题。假如孩子是处于简单粗暴,甚至是棍棒教育之中,孩子不仅会压抑,而且有逆反心理,压得越厉害,逆反心理越大。如果心理得不到及时调适,就会产生怨恨,其后果不言而喻。

要做到尊重孩子,首先在思想上要有平等的观念。孩子是自己的,但同时和自己一样都是社会人,人与人之间互相平等。因此对孩子就不能居高临下,而要在同一个水平面上平视,就像和同事、朋友的关系一样。这样亲子间才会是和谐的而不是对立的。

其二是善于倾听孩子的想法。这就是遇事不要先凭自己的主观判断武断地下结论。在没有得到孩子的认同时,不要按自己的意愿强迫孩子办,而是首先让孩子发表意见,即使是错误的也要耐心听下去。

其三是沟通。针对孩子的想法,家长可发表自己的意见。只要孩子的想法有道理,就要充分肯定,这样他才可能和你有话讲。如果一上来就来个全盘否定,孩子的脑子肯定"轰"的一下懵了,什么都听不进去。如果经常这样,只要你一开口,他的逆反情绪就上来,亲子间无法沟通。家长在阐述自己的意见时,应站在孩子的角度,使他感到家长是设身处地为他着想,双方就容易有共同语言,就能交流起来。

其四是指导。尊重不等于没有是非,不等于听之任之,更不等于父母一切都得听孩子的。如果孩子不对,父母要及早指出,并耐心地分析,允许有个认识过程,可适当等待。有的孩子比较固执,这就要讲究指导方法,不要简单地说对与错;或要这样,不能那样;更不能粗暴强制。可举例、类比与分析并用;肯定、否定与正反对比并用;表扬、批评与奖励、适当惩罚并用。总之,办法很多,因人、因情况而定。

我们应该相信,孩子是通情达理的,对他多一份尊重,亲子关系会更和谐,教育的效果会更好。

第 10 招　把选择权还给孩子

 拾碎：

每当和家长说到孩子慢慢长大了，要给孩子一点选择权，不能只是大人说了算，家长总是直摇头："小孩子懂什么？什么事情由了他，还不翻了天。还是家长拿主意好。"

 话题：

能不能给孩子一点选择权？

 闲话：

这里所说的要给孩子一点选择权，是指当父母的不要过于多情，把孩子的事情都包下来；或者是放不下家长的架子，凡事都由老子说了算，儿子就要听老子的。前者如吃饭、穿衣服、做作业、理书包等，后者如买什么书，到什么地方玩，想参加什么活动，星期天上什么"班"等。一般来说，这些事情，父母作了主，孩子也就听了。但可能有的家长也会发现，大凡这类乖孩子，依赖性强，主动性差，独立解决问题的能力比较弱。遇到什么问题，直喊"爸"、"妈"，离了爸妈什么也不行。有的家长也会遇到这样的情况：自己说的话，到儿子那里就不算。你逼他听你的，他偏不听；逼急了，还会顶起来；或者干脆不理你，要么是闷着不讲话，有的干脆就往外走，弄得你老子的权威施不起来，即使你用拳头、棍棒也不行。这就真叫"反"了。其实这也不奇怪，在家庭教育中，因为教育不当，引起逆反是常有的事。要想解决这些问题，唯一的办法就是，当父母的要超脱一些、开明一些，在处理问题时，不要一人说了算，要把选择权交给孩子。

把选择权交给孩子是有原则的。

一是有度。即可交选择权可不交选择权的尽量交，因为学会选择本身就是一种掌握分析、决断的能力。这是需要在不断的实践中才能提高的。家长应尽可能给孩子实践的机会，不能放弃和剥夺孩子可能得到的锻炼机会。如今天晚上有孩子非常喜欢看的国际比赛的球票，可是他作业还没有做完，去与不去就由孩子选择。千万不要简单地说:"你作业没有做完不能去,只能爸爸妈妈去了。"这样处理的结果,可能是他在家书也不好好看,作业也不好好做。如果是孩子自己决定不去,他就会心里很平静地在家做功课,而且可能会促使他以后提高完成作业的效率。另一种情况是不可交选择权的就不能交,一般指一些原则问题。比如,去游戏机室、去网吧,就不存在选择的问题。但是为什么不能去的道理要和孩子讲清楚,把不准变成孩子自己自愿不去。否则,他不敢公开去,偷偷摸摸还是去。当然,有的家长什么都顺着孩子,如想吃什么就给什么,想要什么给什么,想到哪里玩就到哪里玩,老子和儿子好像倒了个,这种情况肯定也是不行的。

二是商量。不管遇到什么问题,不要简单地说不,要和孩子先商量,让他有考虑的时间;更不能把话说绝,让孩子有考虑的余地和机会。要让孩子有充分的机会申述自己的理由,做父母的不仅要耐心倾听,而且要真诚;这种商量绝不能定位在说服孩子接受自己的意见,如果孩子的意见有道理,要尽可能地接受,哪怕是改变自己的初衷。比如,星期天上什

么兴趣班的问题,就要由孩子来选择,上与不上,上什么班,都必须和孩子充分商量,如果不是孩子自己的意愿,勉强的结果是没有效果的。

三是指导。上面讲了要和孩子商量,并不等于父母就不能有自己的意见。其实,未成年人还不成熟,一切都还在学习之中,实际上一切问题的最后选择都离不开父母的指导。包固然是不行的,放也是不行的,父母要当仁不让地承担起指导责任。不过,这种指导不是指手画脚,而是在孩子发表选择的意见时,家长要帮助分析利与弊、成功与失败的可能性,把孩子引导到比较合理、正确的方面。而家长要想给孩子以正确引导,就必须自己先学习、先研究。比如,班级要竞选班干部,孩子要不要报名?孩子可能拿不定主意来征求父母的意见。这时,你就要帮助孩子一起分析为什么要竞选?当干部有什么好处?自己有没有条件?不敢下决心的主要顾虑是什么?对选上选不上应有什么样的思想准备?这些问题都讨论、思考过了,就可以鼓励孩子自己下决定。这个过程,实际就是指导孩子学习如何选择。假如常常有这样的机会锻炼,孩子的分析、选择能力就会不断提高,到一定的时候,家长就能逐步放手了。

第11招　引导孩子与父母交流

 拾碎：

在家教咨询活动中,经常遇到家长诉苦:"孩子越长越大,却越来越不懂事,不愿和我们多说话。问一句,回答一句,不肯多说一句,把人都急死了。"

 话题：

怎样引导孩子愿意与父母交流?

 闲话：

与大人的话变少,其实,这是孩子生理、心理发展过程中产生的正常现象。初中阶段,正是人生的少年期向青年前期过渡的阶段,这时的孩子心理具有四个基本特点:依赖性减弱,独立性增强,社会性增强,同时产生心理的闭锁性。不像小学阶段,对老师、家长说什么就听什么;回到家像花八哥那样叽叽喳喳讲个不停的现象也少了。但是,从众多家庭中可以发现,能和父母交谈的不仅有,而且还不少。这说明独立性和闭锁性并非绝对的,这其中的区别就在于家长和孩子之间能否进行心与心的交流,家长能否得到孩子的信任,成为孩子的朋友。

如何进行心与心的交流?"谈心"是达到这一目的的最简捷、有效的方法。寒暑假孩子的空余时间多,是谈心的好时机。家长和孩子的谈心,可采用两种形式,利用两种时间。一是双方都有意识的。那就是约定一个时间坐下来,专门就某个问题交谈;一是讲者有心,听者无心,用潜移默化的方法,时间可以是零星的、随机的。比如饭桌上、饭后

散步、晚上纳凉时,家长有意识地将话题引入自己关注的问题,很自然地和孩子交流看法,进行引导。一般来说,遇到重大问题时需用前者,要想随时把握孩子的思想脉搏,加强双方的感情交流,应用后者。

有了时间并非真能谈起心来,如果一坐下来,做父母的摆出架势来审问,板着面孔来教训,那么"心"就"谈"不起来,不仅这次谈不下去,而且也别想孩子下次再能和你一起坐下来。因此还要讲究态度的问题。

谈心的目的是为了了解孩子、帮助孩子,引导他们不要走入误区,和孩子积极上进的意愿是一致的,因此双方交谈时,关系应是平等的;态度应是诚恳、亲切的;气氛应是和谐的。要使孩子感到谈心后,得到爱抚和温暖,心情特别舒畅,增添了勇气和力量,那么,孩子一定会愿意再次谈心,甚至会主动找父母谈心。

第12招　变不听话为听话

 **拾碎:**

"孩子不听话"几乎成了现代家长在交谈中的口头禅。家长们还能列举出很多这样的"不":叫他做完了作业再玩,他一面做作业一面玩;叫他不要看电视,他做着作业,两只眼睛还不时瞟几眼;让他不要玩游戏机,他等你不在家就打开电脑玩,家里不让就到外面玩;你给他报了兴趣班,他不肯去;你好心买了营养品,他不肯吃;有时干脆你要东他要西,甚至顶起来。

 话题:

怎样能变不听话为听话?

 闲话:

被教育者不接受教育者的教育,确实是令人头疼的事,如果两代人僵持着,家庭培育就无法进行。那么,是等孩子长大一些,懂事后再说,还是另辟蹊径?教育是不能等待的,前者是未知数,只能是后者。教育本身是双方的事情,教育不成功有被教育者的问题,也有教育者本身的问题。因此,当孩子出现不听话的时候,家长要从"我"做起。

首先是了解、分析不听话的原因。如前所列举的情况,做作业不专心是学习习惯问题,这绝非一日所成,因此不是提一下要求就能解决的,这可能不是孩子故意不听话。不肯上兴趣班,可能是家长的想法和孩子不一样,孩子对不感兴趣的事情不愿意做。想玩,可能是孩子对自己的要求不高,放任自己;也可能是学习负担重,疲劳了想休息;也有可能是厌倦了,不想学。玩游戏机则可能是外界某些人的影响,或者是周围环境的影响。至于看电视,父母有不能推卸的责任,电视多好看,你能看,为什么他不能看?要小孩抵住诱惑,实在是难为他们。至于正面顶撞,原因就更多,有可能是家长批评错了;有可能老是啰嗦,孩子烦了;有可能教育的方法和时机有问题。当然不能排斥有些独生子女从小被娇宠惯了,养成骄横的脾气,不买谁的账。

　　在了解原因的基础上,根据不同情况采取不同的对策。如果是孩子的坏习惯,就不能心急,要和孩子一起讨论问题的严重性,让孩子认识到危害,自己非改不可,然后一起商量矫正的办法。如果这样做了,孩子就比较容易接受家长的督促。如果是因为意见不一致孩子不能接受,那么家长就要改变方法,在作出决定、提出要求前,应该和孩子先沟通,了解孩子是怎么想的,尽量将自己的想法调整到和孩子基本一致。如果有些必须按照家长的意见做,也必须和孩子讲清道理,取得他的认同;如果做不通,还可以利用一些相关的力量,如孩子最信任的长辈、老师、朋友等。总之,不能强迫命令,欲速则不达,造成逆反、对抗后,工作更难做。如果是一些外部的因素在影响,就必须依靠学校和社会的力量,加以排除,设法让孩子有一个好的环境,不受干扰和影响很重要。

　　要想让孩子听话,最关键的是家长自身的行动。一是要以身示范,让孩子相信你、佩服你,他就能听你。要求孩子做到的自己先做到。二是要建立感情,虽然亲子感情是天生的,但在后天的日常生活中,在一些问题的处理上,会造成情感上的疙疙瘩瘩。有的孩子会认为爸爸妈妈不喜欢自己,甚至会怀疑自己是否是父母亲生的,亲子间生分了、隔膜了;有的孩子不理解父母的严格要求是为自己好,反而将爱当作恨。如果孩子带着这样的情感,是肯定不会听话的。时至21世纪,民主平等的意识已被孩子普遍接受,因此父母如果能放下架子,和孩子像朋友一样互相交流,讲知心话,让孩子感到家长完全是为他着想,这样,孩子就比较容易接受。三是要注意讲话艺术,不要命令、不要老是板起脸批评,尽量化消极为积极,把否定的东西变成正面提出要求,而且在肯定中提要求。这样,孩子不会一开始就设防,就排斥。另外,家长对听话的标准要掌握确当,要求要合理,不能提要孩子简单服从那种明明要打问号的要求,提倡亲子互动、相互促进、共同提高。

第13招　优化亲子关系

 **拾碎：**

当我们走到孩子中间，经常会听到这样的话："我的老爸老妈真烦死人了。""我恨死他们了。"在报端，我们又经常会看到这样一些消息：某某在期中考试后被父母批评几句就出走了……如此种种现象，令人揪心。

 话题：

怎样优化亲子关系？

 闲话：

发生这些令人揪心的情况，究其源，不能不说亲子间未能很好沟通是重要原因之一。父母与子女有意见不沟通，思想就不会统一，老是分歧就会导致误解、隔阂，长期误解就会导致情感上的疏远、破裂，以致对立。轻则产生很多苦恼，重则因此发生悲剧。

究竟是什么阻碍着亲子沟通呢？从现状分析，我们不难发现有四大因素：一是认识上的分歧。家长喜欢由现在联系过去，孩子喜欢由现在看到将来；家长眼中的生活是单一的，孩子的要求是七彩的。二是观念上的差异。父母脑中或多或少残存着家长制的陈旧观念,要求的是服从、听话;孩子脑中的独立意识增强,要求被当作大人,受到尊重。三是心理上的差距。父母心目中的子女始终是孩子,需要父母呵护,扶着走,为他们拿主意;而孩子逐渐长大,逐渐地步入青春期,心理具有独立性、闭锁性的特点,孩子的心理状态不是父母简单地、主观地、一厢情愿就能捉摸到的。四是方法上的失误。首先是不重视了解孩子,教育无的放矢;其二是只重结果,不重视过程,延误教育时机;其三是只盯问题,不善赏识,挫伤孩子的自尊心和积极性;其四是简单、粗暴,破坏亲子感情。很显然,以上几种障碍的危害是很大的,必须及时解决。

要扫除障碍,优化亲子关系,父母要抓好这样几个环节:

(1) 摆好位子。家长要把孩子看成和自己一样有独立人格的人,尊重孩子,既当父母,又当孩子的朋友。

(2) 找准时机。一般来说,在孩子有困惑、苦闷、失落、渴望从中解脱时;孩子遇到困难、挫折,甚至失败,希望得到外援时。值此时机,父母如果能主动地、真诚地,设身处地地询问、关心、帮助,就比较容易被孩子接受。如孩子受到表扬、奖励、获得成功,希望别人来分享时,父母如能表示肯定、赏识,就会使孩子打开话匣子和父母交流。

(3) 讲究方法。在理解孩子的前提下,根据孩子生理、心理的特点,根据时代和社会要求来审视孩子的现实表现,从而采取应有的教育策略,提供沟通的时间和空间,形成一种规律和制度。比如每周开一次家庭民主生活会,充分利用吃饭时间、饭后散步、外出旅游、度假等机会与孩子交流思想……

(4) 营造环境。家庭的人际关系应该是民主、和谐的;人际交往时应该是真诚、热烈的;谈心时要有恬静、温馨的氛围,使孩子感受到家庭到处是真、是情、是爱,无需设防。这样,两代人的心就会在不知不觉中沟通了。

第14招　给孩子生活注入活力

 **拾碎:**

我看到一则小学生周记:"随着岁月的流逝,我长大了,开始思考人为什么活着。我觉得人活在世上没意思,整天吃饭、睡觉、做作业、上课、念书,天天如此,十

分单调。学校安排的体育活动又少,球也借不着;想去景色优美的地方游览,又没时间。整天这样度日,太没意思了,倒不如死了好!真的,人活着到底有什么意思呢?"

怎样给孩子生活注入活力?

从孩子嘴里说出人活着没意思的话,表明当前青少年学习过分紧张,课余生活枯燥,迫使他们发出了要求改变现状的呼声。对此我们不能漠然视之,要设法给孩子生活注入活力。

根据少年好奇、求知欲望强的特点,我们应该为他们创造阅览课外书籍和进行科技活动的条件,引导他们叩开科学宝库的大门,到知识海洋去遨游;要根据青少年的特点,组织文娱、体育、游览、参观等活动,使他们感到生活的充实和愉快。可是,目前一些学校仍被升学率这根绳索捆得紧紧的。学生的思想教育工作成人化,各式各样的分数指标、沉重的作业、频繁的单元测验、小测验把学生压得喘不过气来,学生自由支配的时间少得可怜。一般的学生差不多早上六点左右起身,晚上十点多睡觉。他们哪有时间去看课外书籍、参加各种活动?有个学生叹息说:"大学生还有'三点一线'(宿舍、课堂、食堂)呢,我们中学生只有'两点一线'(学校—家庭)。"所以学生感到生活没有意思,本在意料之中。

苏联教育家瓦·阿·苏霍姆林斯基曾说:"自由时间的问题,不仅涉及教学,而且是涉及智育、全面发展的最重要的问题之一。""如果青少年学生除了教科书以外什么都不阅读,那他就连教科书也读不好。如果学生其他的书读得较多,那么他不仅能够学好正课,而且会剩下时间,去满足他在其他方面(创造性的智力活动、锻炼身体、参加劳动、审美活动)的兴趣。"

我曾在86名学生中作过调查,在"对学校的要求"一栏中有90%的人对图书阅览、科技活动、文体活动提出了多种多样的建议,这充分说明学校必须把搞好第二课堂放在议事日程上。家庭应该引导和放手让孩子到图书馆、阅览室、理化实验室参加活动;参加各种兴趣小组;听学校和社会开设的各种讲座;参加各种有意义的劳动、文体活动,使孩子除一天6小时正课学习、2小时作业、自学外,其他时间去发展自己的兴趣爱好,快乐地全面成长。

第15招　让孩子在活动中成长

 拾碎：

外孙女告诉我："我做了一个梦，梦见我参加了舞蹈队，手拿着鲜花，尽情地唱呀跳呀，我多么希望能成为现实啊！"她告诉我她的一个同学和妈妈吵架了，原因是她的同学吃完晚饭利用洗碗时间唱歌，她妈妈阻止她唱下去，催她快去做功课，她就抗议："我这点自由支配时间的权利都没有吗？"弄得她妈妈很恼火。

白玥文弘画

 话题：

怎样让孩子在活动中成长？

 闲话：

从做梦跳舞，到向妈妈抗议，说明孩子不满足单纯的学习，不愿只听父母的说教，渴望在活动中成长。

其实，孩子的这种要求家长应该考虑。因为，首先人类本身就处在活动中，不管是生命活动、心理活动还是各种实践活动，各种活动都有各种活动的需要，如果将教育与这种需要结合起来，其效果必然是更为直接的；其二，青少年单纯天真、活泼好动、充满幻想,活动正好适合他们的特点;其三,活动犹如搭建的舞台,孩子可以在上面充分展示自己的才华,并且在活动中使自己交际能力、实践能力、创造能力等得到迅速发展。

那么,家庭可以开展哪些活动呢?其答案应该不止一个。因为家庭与社会紧紧相连,开展活动的天地是广阔的。孩子素质教育涉及到方方面面,而且各个孩子的特点也不一样,因此活动的内容应是丰富的,活动的形式应是灵活多样的。

一般来说,根据活动的内容可分成以下几大类:

一是德育活动。如读报、讲故事、参观、访问、家务劳动、社会服务性劳动、谈心活动、家庭民主生活会等。

二是智育活动。如读书会、故事会、影视评论会、生活设施的修理活动、学科小实验、科技小制作、种花、植树、采集标本、喂养小动物(不影响环境卫生且无传染病)等。

三是家庭文体活动。如家庭晨练可跑步、做操;家庭晚锻炼,可做体操、俯卧撑、仰卧起坐;放学后的锻炼可进行球类活动、拍皮球、打板羽球、乒乓球、羽毛球、飞碟、跳橡皮筋、跳绳、踢毽子……至于文娱活动,听音乐、看电视、卡拉OK,甚至听音乐自编自舞、开家庭文娱晚会均可。

四是假日休闲活动。因为假日时间比较充裕,活动面可广一些,量大一些。比如爬山、游泳、旅游、夏令营、雏鹰小队活动等。

家庭是个大舞台,舞台上可演绎出五彩缤纷的各种活动。家长们只要以活动作为教育的载体,那么孩子的生活一定是七彩的,孩子的心田一定能得到最好的滋润,孩子的潜能就能得到开发、智慧迅速发展。家长们理想的活泼开朗、健康聪明的孩子就会从家庭走向成功之路。

第四篇 培育大写人的品行

> 爱国守法、明礼诚信、团结友善、勤俭自强、敬业奉献是公民基本的道德规范,指导孩子完善自我,学做真人,是教育者的首要任务。

第16招 把德育放在家庭教育的首位

拾碎:

很多当父母的都是一门心思抓学习。每天孩子回家,问的是听课认真不认真,考试考多少分;要求的是看书、做作业、做课外题。很少关心孩子在学校的其他表现,更谈不上进行道德教育。

话题:

家长首要关心的应该是什么?

闲话:

家长关心学习应不应该?答案肯定是应该。但是孩子学习好不好,涉及的因素太多了。除了学习方法是否科学以外,还取决于学习认识、学习态度、学习积极性、学习的毅力等非智力因素。如果孩子不知道为什么学,不爱学习,不主动学习,怕苦、怕累、绕着困难走,禁受不住挫折和失败,那他肯定是学不好的,家长再打骂也没有用。学习是孩子自己的事,要他自己想学、想办法去学,才可能学进去,家长无法代替。要想把孩子的这种自觉性、主动性调动起来,就要用家庭德育加以强化。因此,在家庭教育中,应把德育放在首位。

家庭德育的内容应该有哪些?因为孩子是国家的小公民,必须具备我国公民的基本道德规范:爱国守法、明礼诚信、团结友善、勤俭自强、敬业奉献。根据孩子小的特点,《中国小公民道德建设计划》中提出了"五小":在家做父母的小帮手:孝顺父母、关心亲人、勤俭节约、热爱劳动;在社会做帮人律己的小标兵:热爱祖国、文明礼貌、诚实守信、遵纪守法;在学校做同学的小伙伴:团结友爱、互相帮助、尊重他人、善于合作;在社区和公共场所做环境的小卫士:爱护公物、讲究卫生、保护环境、遵守秩序;在独处时做主宰自己的小主人:胸怀开阔、心理健康、勤奋自立、勇于创新。根据现阶段社会的特殊情况,胡锦涛同志提出了树立社会主义荣辱观的论述,把道德的是非标准阐述得很明确。这些就是我们家庭道德培育的依据。如果我们孩子的道德能向这个方向发展,那他一定能达到做一个大写的中国人的水准,他也一定能懂得要从小立志努力成人、成才。

家庭如何实施孩子道德素质的培育?

教育者提高自身道德素质是首要的。以身立范的榜样作用是任何方法都无法替代的。家长要随着时代的发展在传统德育观念基础上进一步发展,树立现代家庭德育观念,努力研究、提高德育的科学方法,提高育儿能力。

其二是把握好道德素质培育的一些原则。一是抓早、抓小、抓实的原则。也就是要从小抓起,从点点滴滴抓起,潜移默化;有决心,有耐心,不怕失败、反复,一抓到底;立足长远,讲实效,追求、积累成果。二是在重点、难点和弱点上下工夫的原则。对于未成年人来说,重点是习惯的培养,如一些文明习惯、学习习惯、生活习惯、劳动习惯等。通过反复训练,使其习惯成自然。与品德相关的心理品质的培育是难点,必须时时关注,及时调适。每个孩子的情况都不一样,家长要及早发现孩子的弱点。三是整合多方力量的原则。家庭内部,父母、父辈与祖辈的力量要拧在一起,步调一致;家庭要与学校配合、互不推诿,并且要千方百计地借助社会的力量,为孩子营造良好的成长环境。

其三是采用科学的培育方法。不同的家庭有自身的特点和优势,各个孩子有不同的特点,道德涉及的内容广泛,不同内容需要用不同的方法,没有固定的万能方法。如果一定要找一个成功有效的方法,那只有一个:不能简单地用说教的方法,要根据不同特点采取不同方法。要想成功,家长就必须关注孩子、了解孩子、研究孩子,做到心中有数。平时多学习一些科学育儿的相关理论和他人的成功经验,对培育方法有所研究和积累。在此基础上,采取针对性的培育措施,才会收到较好的效果。

第 17 招　及时抓好人生观教育

 拾碎：

一天，一个家长给我看她女儿写的日记："活得实在太累，太没意思，不如出家当尼姑，一了百了。"家长非常紧张地问我："她真的会这样做吗？"

 话题：

如何抓好人生观教育？

 闲话：

孩子会不会真的这样做，主要看父母怎样处理了。处理好会逆转，处理不好，说不定还会发生近年来常听到的因为考试不好服毒自杀、因仇恨报复伤害父母的揪心事。

孩子会产生这些想法，最根本的原因在于这些孩子不清楚人生的方向，没有精神支柱。现在的青少年都是随着改革开放大潮成长起来的，他们面对着传统的价值观念、道德观念和行为方式，又受着各种新思潮的冲击，难免会产生很多的困惑。苦于知识和社会经历的局限，自己不知如何处理。如果得不到相应的有力引导，就会在矛盾与困惑中迷失人生的正确目标。因此，在这个关键阶段及时对孩子进行人生价值观教育非常重要。

如何进行人生观教育呢？

无疑，创造良好的环境是非常重要的。所谓良好环境，有硬环境和软环境；有家庭环境和社会环境。家庭中，家长要创设会"说话"的"硬环境"——房间的摆设、墙面的布置，让孩子接受正面熏陶；要构建好"软环境"——优化人际关系和家风，用榜样的力量潜移默化地影响孩子。更重要的是引领孩子到社会大环境中，扩大胸怀，放眼世界，用大千世界的人和事教育孩子，领悟人为什么活着？人要为谁活着？人应该怎样活着？

同时家长要从旁指导，但不是干巴巴的要求应该怎样做，而是给孩子提供古今中外的大量事实，让孩子自己去感悟，在思想上分清公与私、伟大与卑鄙的是非界限。而且还要指导孩子身体力行，在社会实践中做人行事，增加自身感性认识，体验生活的意义,体验自己对己、对人、对家、对国的价值,从而懂得珍惜自己的生命与人格,产生创造自身价值的欲望和紧迫感。

价值观的形成不是一朝一夕的事,家长必须从日常生活中的小事抓起,抓紧、抓实。指导孩子从小就养成做任何事都必须有目标的习惯,并鼓励他敢于正视成败,不断调整自己的心态,努力实现人生价值。

第18招 指导孩子确立理想

 拾碎：

我喜欢问孩子"你长大了干什么?"有的会毫不犹豫地回答:想当医生、作家、工程师;有的会告诉我:又想当解放军,又想当画家,还想当歌唱家;有的会摇头,说没有考虑,或者是不知道干什么;有的则笑笑说,干什么由不得自己,让我干什么就干什么吧!

 话题：

如何指导孩子确立理想?

 闲话：

有个学校在1200多名初中学生中作理想调查,理想明确的只占21％,等待型的占26％。游移不决型、随遇而安型、虚无懒散型的大有人在。可见,让孩子心中树立起理想的航标,必须及早关心,助孩子一臂之力。

那么,家长该在哪里使力呢?

首先是自身提高。父母要确立正确的理想观和育儿观,了解社会的需求和发展动向。明确认识到,只有将个人的愿望和社会的需求相结合,这样的职业理想才有可能实现。尽管父母都望子成龙,但脱离社会实际的过高要求,凭个人意愿闭门选择,愿望与现实不一致的话,不仅因矛盾重重实现不了,还给自己平添无穷烦恼,结果只能是泡影。父母的情绪直接影响孩子的情绪,会给尚未踏上人生道路的孩子的心灵过早地投入阴影,其后果也是不堪设想的。假如父母要孩子一味服从自己的安排,结果又不能实现,孩子也将伤心埋怨,或终身遗憾。所以,要想对孩子进行科学有效的职业理想指导,父母端正思想是第一要旨。

其二,要让孩子懂得确立理想和现在的学习、自己将来的发展和前途的关系。可以从理论和实践两方面让孩子理解其中的道理。理想是指对未来事物的想象和希望,人在社会生活中会产生各种理想,有政治理想,有生活理想。让孩子懂得理想是有根据的、合理的,与空想和幻想不一样,理想的实现并非凭空而至,要靠人们去奋斗。家长可以列举在理想鼓舞下努力奋斗而成功的事例作为孩子仿效的楷模,用一生追求理想、甘愿为之献身的英雄事迹来激励孩子。让孩子明白,如果自己没有树立理想,必然会学无目标,上进心不强,要求不严,劲头不足。只有孜孜不倦地追求,理想才有希望实现。

其三,指导孩子了解社会的需求和发展动向。父母必须掌握广泛的社会信息,如:① 这几年整个国民经济的发展趋向,了解哪方面有发展前景,哪方面发展快而目前人才跟不上,这属于宏观信息。② 本地区经济发展的情况,研究人才市场的供求情况,找出饱和点所在和薄弱环节。③ 近几年人才分流情况,各级各类学校对毕业生的要求,分析出自己孩子相应的条件。把握了诸多社会信息后,家长要及时用孩子听得懂、能理解的语言向孩子传递,并且和孩子一同分析利弊,从而适当调整意向。使孩子知道人是社会中的人,受社会的制约,从小就要知道现代社会需要什么样的人,把自己的愿望与现实结合起来。

其四,父母要和孩子一起实事求是地、冷静地分析个体的条件和发展方向:① 根据知识水平和智力情况分析其发展趋势,是适合从事脑力劳动还是体力劳动?是适合从事逻辑思维的工作还是形象思维的工作? ② 根据兴趣、爱好、能力、特长进行分析,如爱好音乐和美术,可向艺术方面发展,将来可当专业工作者或教师;喜欢动手制作,从小喜欢摆弄钟表、半导体收音机、航模等,将来可当技工或工程技术人员等。③ 根据性格特点分析,如外向型的适合搞经济管理、新闻工作、旅游业等;内向型的适合当医生、会计、保管、技工等。④ 根据孩子自身的愿望,有的孩子从小就有长大了干什么的强烈愿望,父母就要帮助他完善并坚定信念。

当孩子确立了自己的理想后,父母就要帮助孩子一分为二地分析孩子自身的现实情况,找出与实现愿望之间的差距,鼓励他克服不利因素,弥补不足,为理想而奋斗。

第19招 在孩子心中播下爱国的种子

 拾碎：

一和孩子说到"爱国"二字，立刻就会被挡回来："不要说了，这些大道理谁不知道？"还总认为外国的月亮比中国圆、外国的奶粉比中国好；老是觉得中国这个不好，那个不行；以出国留学、出国拿绿卡为荣……

 话题：

怎样在孩子心中播下爱国的种子？

 闲话：

爱国是每个公民必须具备的基本素质，是中华民族的光荣传统，又是从古至今家庭教育中的主要内容。不同历史时期，爱国的内涵有所不同。封建时代报国与精忠结合；抗日战争时期，抗击外侮，保卫祖国；当今，爱国主义应体现在把国家建设得繁荣富强，万众一心为实现中国梦而奋斗。一个人有了爱国心，就有了作为一个人的基本人格；有了爱国心，在大是大非面前就不会晕头转向；有了爱国心，就赢得了前进的内动力。爱国不是天生就有的。要真正具备爱国心，并且能付之行动，是需要付出的，而且往往是要以牺牲个人利益甚至生命为代价的。爱国心是需要培育的，要从小在心中埋下种子，不断浇灌，它才可能慢慢地生根、开花、结果。所以，作为教育培养下一代成才的家庭，必须把在孩子心中播下爱国的种子作为家庭道德培育中的第一要务。

家庭如何实施爱国心的培育？不同家庭因孩子的年龄与特点不同，实施的内容与方法各异。但有一些基本的东西是必须坚持的：

首先要指导孩子懂得为什么要爱国。自古以来，人们都把爱国作为一个人的道德底线和最高境界。一个人不管做了多少危害他人的事情，但在关键的时候不出卖祖国，人们总会原谅他；一个人为了国家不惜献出生命，人们都把他称为英雄；如果在关键时刻出卖祖国，他就是人人不齿的叛徒、卖国贼。家长可以指导孩子通过学习中国几千年的文明史，了解新中国成立以来的伟大成就，当前各条战线的辉煌业绩,中国在国际上的地位,激发孩子的民族自豪感,懂得祖国值得爱,应该爱;通过了解历史上岳飞、文天祥等爱国事迹,同时以一些叛国者被人民所唾弃的事实作对比,使孩子懂得爱与恨;让孩子从外敌入侵了解失国之惨、亡国之痛的历史教训,并从当今世界各国力量的对比中看到增强我国国力的紧迫感。总之,要让孩子真正懂得爱国是做人最起码的准则。

其二,要指导孩子深刻理解爱国的内涵。我们国家制定了《爱国主义教育纲要》,家庭要和学校、社会配合,让孩子懂得所谓爱国就是要把祖国的利益看得高于一切,为了国家不惜献出自己的一切,甚至生命。爱国就是要分清热爱祖国与危害祖国的是非界限,要用行动去为国增光添彩、维护国家尊严与国家利益;不说有损国家尊严的话,不做有损国家利益的事。爱国就要爱祖国的一切:爱中华民族,爱祖国的文明历史、爱文化艺术、爱家乡、爱集体、爱山河、爱一草一木。爱祖国就要为中华崛起而读书、奋斗。

其三,要讲究教育引导的方法。孩子理解能力毕竟有局限,不能简单地用说教的办法而要以具体的榜样引路。如历史上的民族英雄、革命先烈为国献身;运动员驰骋体坛,为国拿金牌;敬爱的周总理在国际舞台上维护国家尊严;航天员杨利伟为了祖国的发展,敢于飞上太空探索等等。让他从活生生的事实中懂得什么叫爱国,该怎样去爱国。

虽然孩子有了爱国的概念,但遇到一些具体问题还是会模糊,因此,亲子间要经常就一些具体的现实问题进行是非的辨析讨论。比如,最现实的读书,究竟是为自己还是为国家?国家的发展与自己有没有关系?爱不爱护环境与爱不爱国有没有关系?为什么我们要抗议日本人参拜靖国神社?为什么我们要反对"台独"等等。

爱国的情感不会一下子就有,要靠日常的积淀,逐步升华。因此,要抓住时机让孩子去参加体现爱国精神的社会实践。如"五四"青年节、抗战胜利纪念日,让孩子看相关的书和影视片,让孩子去想,为什么青年学生要起来和军阀斗争?为什么中国人民能同仇敌忾抗击日本侵略者?让孩子唱《义勇军进行曲》《松花江上》《七子歌》等,在音乐中体验、升华爱国情感。平时,经常开展一些"我为祖国出份力"的活动,为绿化、美化祖国种棵树、栽枝花、打扫公共卫生,爱护祖国的文物,为中华之崛起读书等。

总之,孩子有了一颗爱国心,就有一种动力,去为祖国更加繁荣富强而勤奋学习,准备本领,为成为祖国需要的人才而自律、努力。

第20招　从小培养服务意识

拾碎：

有一天外孙女回家直嚷:"外婆,你说好笑不好笑?这么一点小事还搞不定!"我说:"什么事?说来听听,让我也笑笑。"原来是学校食堂外的水沟里,不知谁倒了饭菜,看了很恶心,老师叫同学清理,可大家都推说不是我干的,不愿意扫。我问点点最后的结果,她骄傲地回答:"多大事,我扫了!"

话题：

怎样培养服务意识?

闲话：

听来是件小事,仔细一想,实则是一个我与他人、我与集体的位置怎么放的问题。我总听人说现在的孩子自私、任性、骄横、不合作,只要人为我服务,我不为人服务。看来还真如此!

为什么现在的孩子对公共的事情表现得如此漠然?照理,"人人为我,我为人人"这种人与人之间相互服务的道理是很简单的。但现在许多孩子不明白这个道理,根儿在哪? 只要关注一下现实就能发现,现在的孩子从小过的都是周围围了一圈人的生活,一般有6个人抢着为他服务,服务者还唯恐服务不上,服务不好。绣球全往孩子身上抛,孩子只有得到,没有人要求他付出。在这样的环境中长大,孩子必然形成"以我为中心"的观念,心中只有自己,没有他人。其实,独生子女并非生来就自私,而是环境造成的,严格地说,家庭有推卸不了的责任。因此,从小培养孩子的服务意识是每个家庭必须要重视的问题。

怎样培养孩子的服务意识呢?

首先,要帮助孩子建立责任意识,让他懂得人要生存,必须互相依存。只得到,不付出的人就是社会的寄生虫,终会被人唾弃。自己生活在家庭、集体、国家里,自己的生活、成长离不开家长、老师、人民的抚育、关爱和培养,因此,自己有责任回报他们,有责任使家庭、集体、社会更美好。有了责任感,才会认识到自己必须要为他们服务。除了跟孩子讲清道理外,家长还要以自己的行动告诉孩子为什么自己那么爱孩子,心甘情愿为孩子服务,这就是父母在忠实地履行责任;要以自己对工作的兢兢业业,热心为社会服务的行动,使孩子明白什么叫服务意识。要让孩子看到从我们的先人、领袖到周围的人,人人都在为社会尽责任。范仲淹有句名言"先天下之忧而忧,后天下之乐而乐"就形象地说出了如何为人民服务。周总理喜欢佩带"为人民服务"的证章,表明他时刻为人民服务的心声。现在社会上那么多的志愿者都是以服务社会为己任的。像这样用真实事例教育孩子,孩子容易理解,也比较容易接受。

其二,要指导孩子知道如何去服务人民。让孩子要牢牢记住先人后己,以人民的利益、集体的利益、他人的利益为重是为人民服务的核心。具体说,在家要做父母的好帮手,协助做家务,为长辈服务、分忧。在学校,要关心班集体,集体的事情、校园的事情抢着做;要做同学的好伙伴,关心同学,主动伸出友爱之手,帮助同学解决学习、生活上遇到的困难;要关心老师的情绪和健康、尊重老师的劳动、支持老师的工作。在社会,要关心弱者、关心孤寡老人、关心邻居,乐于承担自己居住地的公共事情,主动参加各种社会公益劳动。

其三,要指导孩子化认识为实践,在实践的过程中体会为人民服务所要求的精神境界,体会为他人付出后精神上的轻松和愉悦。实践不要求惊天动地,只要去做,哪怕是帮邻居拿张报纸、帮老人提个东西、在家里扫扫地、给妈妈倒杯水、在教室擦擦黑板、擦擦窗等小事。为人民服务的典范张思德做的就是小事,雷锋精神就是点点滴滴汇聚起来的。家长要鼓励孩子踏踏实实从力所能及的小事做起,可以带着孩子一起做,或者启发孩子去做,有意识创造机会让孩子去做。使孩子从不自觉到自觉,直到树立起"以服务人民为荣"的观念。孩子一旦有了这种观念,他就不会做背离人民的事情。

第21招 教会孩子以诚信立身

 **拾碎:**

现在不少家长有说不出的苦恼,如经常被孩子欺骗,上孩子的当。孩子总是报喜不报忧,自己的真实想法更是封闭起来。当你觉察时,问题成堆,小问题成了

大问题。

话题：

怎样教会孩子以诚信立身？

闲话：

胡锦涛总书记提出的"八荣八耻"中"以诚实守信为荣，以见利忘义为耻"是中华民族的优秀传统，是放之四海皆准的真理，但要真正做到诚信二字，实在不易。原因就在把"义"、"利"两者的关系处理好，非人人皆能所为。社会上不讲信用、投机取巧、欺诈得利等现象影响着孩子，使他们觉得老实吃亏，因此遇事也想要耍小聪明。说谎、考试作弊、隐瞒成绩、报喜不报忧、说话不算数等问题在孩子身上屡见不鲜。这些倾向若不引起重视，诚信品格的形成在年轻一代身上就很成问题。也许有的家长会认为，小孩子还谈不上品格问题，等长大了再说。如果这样想的话，那完全是掉以轻心了。几千年前，孔子就说过："人而无信，不知其可也。"这说明诚信是人的立身之本，也是人成就事业之基。新时代，胡锦涛总书记特别予以重申，可见其在当今社会的重要。因此，父母要把诚信品格的培育作为家庭德育的重要内容，贯穿于日常教育之中。

在家庭诚信教育中首要的是家长的言传身教，在言教与身教中，身教又重于言教。古代有个"曾子杀猪，以信教子"的故事流传千年，就是告诫人们，孩子是不能哄骗的，大人骗孩子，等于教孩子学骗人。因此，家长要以对人诚恳、为人老实的模范行为告诉孩子怎样为人处世。特别是处理孩子的一些事情时，不要因为工作忙等缘故而不在意。不轻易承诺，凡承诺的一定要兑现，绝不能说话不算数。这样才能在孩子心目中树立起说一不二的权威，你对孩子提出讲信义的要求就容易变成现实。

同时要引导孩子弄懂为什么要讲诚信。一是可用周幽王点烽火博褒姒一笑，失信于诸侯，导致国破家亡的历史故事，"狼来了"等民间故事，让孩子理解诚信于国于己何其重要！二是引导孩子进一步懂得怎样讲诚信，懂得诚信与义利的关系。家长要用深入浅出的语言，让孩子弄清几个关键问题：① 能否讲诚信源于对"义"和"利"的孰轻孰重有个正确的尺度。② 有"诚"才有"信"，要以"诚"取"信"。③ 辨证处理"义"和"利"。对自己，见利思义，先义后利；对他人倡义导利，为义舍利；在集体中义利统一，终生取义。只有当孩子懂了这些道理，才会自觉地将诚信作为自己的行为准则。三是运用讨论诚信的利弊，收集有关诚信的古今中外的事例,分析学习、生活中的具体实例等方法,使孩子对讲诚信的重要性和必要性有比较清楚的认识。

其三,指导孩子践行诚信。要求孩子从小事做起。讲老实话,做老实事;学会说一是一,不夸大其词;一诺千金,说到做到;不掩饰错误,勇于知错就改。也可以和孩子共同商议几条亲子间共同遵守的,有关对家人、他人、学习、生活等方面的约定,可以称之为诚信公约,也可不用什么名称,大家心领神会就行。要孩子做到这些,有一关必须把住,那就是家长要求的一致性,不能一个管,一个护。

其四,要建立检查督促制度。设家庭监督岗、订互评制度。制度的建立要亲子共同商量,父母与孩子互相督促,共同遵守。孩子对一些问题的做法父母可以提出看法,孩子对父母的行为也可评论。在这种互动中分清是非,提高对诚信的认识,并增强讲诚信的自觉性。如发现有不诚实的行为,决不姑息迁就。如此这般下来,孩子就能有明确的是非观念。

其五,肯定激励。对孩子的行动要经常总结评估,可以和孩子商量一个相对稳定的时间段,定期进行。同时开展诚信百分百活动、家庭评级活动等。将每次评估的结果量化记载下来,达到一定的水平进行奖励。特别要强调的是对该过程中孩子的进步,必须充分肯定,哪怕是一点点。比如,一次考试成绩考得不好,孩子如实告诉你,你首先肯定这样做很好,然后和他一起寻找原因,帮助他找到解决办法。千万不能一听成绩不好就火冒三丈,胡乱批评,把孩子吓得不敢讲实话。

诚信品格的形成,不是一朝一夕的事,在现实生活中孩子会遇到很多问题,有两难处理的矛盾、有"利"的诱惑等等,需要家长帮助掌好舵,导好航。如果能够做到这样,孩子就无需谎报军情了。路就能走得正,良好的品质就容易养成。

第22招 进行文明习惯的养成教育

拾碎:

常常能听到人们对当今青少年行为的一些议论:作业书写不规范,抄作业现象普遍;态度粗暴、野蛮,粗话野话成口头禅;破坏公物、不守纪律;说谎不脸红,成家常便饭;好吃懒做,认为占小便宜理所应当……一句话,不讲文明,没有好习惯。

 **话题：**

怎样让孩子文明起来？

 闲话：

这些问题的产生，有孩子本身的原因，即青少年期儿童心智发展不健全，认识问题的局限性、不稳定性、动摇性等特点决定了稍有不慎就会出现问题。另一方面是由于学校、家庭、社会的教育跟不上飞速发展的形势，如小学学段，正因为孩子小，小学教师往往在教育中咀嚼后喂的多；因孩子不懂事，教师管得多；因孩子依赖性强，教师包得多。再加上独生子女多，都是父母的宝贝疙瘩，生活条件好，饭来张口、衣来伸手；上学时家长理书包、背书包的情况相当普遍；回家做作业，父母帮着一起做的也不少；父母铺床叠被，帮着穿衣服，烧饭，打洗脸水、漱口水的更不在少数。这样的教育必然造成孩子的种种基本习惯出现问题。

文明行为是人们在待人接物和日常生活中符合道德要求的行为方式，反映出社会的道德水平和进步状态。文明习惯的养成是培养良好道德品质的基础，它关系到现代文明社会的建设和发展。所谓习惯就是长时间逐渐形成的行为方式。习惯成自然，经常训练就会出现从量变到质变的飞跃，由良好的行为习惯逐渐上升到良好的道德品质。因此文明习惯的养成必须从小抓起。

青少年应该养成哪些文明习惯呢？国家教育行政部门制定的《中小学生日常行为规范》提出了明确的要求，其中最基本的有以下几个方面：

第一，礼貌用语。按团中央的要求，就是在待人、接物、行事中正确使用文明用语11个字："请、您好、谢谢、对不起、没关系。"

第二，举止文明。如做客、待人、乘车、行走、购物、游园、看演出等等都要讲文明。要对人彬彬有礼，乐于助人。不叼香烟，不对人横眉竖眼，不高声吵嚷甚至吵架，不动手侵犯别人……

第三，仪表美。不能以追求时髦为标准，而应以朴素为标准。

第四，尊老爱幼。这是中华民族的传统美德，具体说就是要爱父母、爱老师、爱长辈、爱同学、爱兄弟姐妹、爱小朋友等，由此到爱人民、爱国家。

第五，遵纪守法。树立纪律观念，遵守国家法令法规，遵守学校规章制度，遵守公共秩序，遵守"家规"。

第六，养成卫生习惯。学会做好环境的保洁工作，不随地吐痰、不乱扔瓜皮果壳和纸屑等，又要做好自身的保洁，不能邋里邋遢，不修边幅。

那么,怎样使孩子尽快地养成良好的行为习惯呢?

首要的是父母以身作则,给孩子作出文明的榜样。"其身正,不令而行"的传统教育法在文明习惯的养成教育中特别重要,形象化的教育比说理教育效果好得多,其力量自在无言中。

其二,对孩子的要求明确,让孩子明明白白地知道该怎样做,切莫模棱两可,使孩子无所适从。要从小事抓起。从一言一行抓起,重指导,重文明矫正,不要等问题成堆,而要防患于未然。

其三,创设情境训练。如布置良好的生活硬环境,使孩子耳濡目染,受环境熏陶;建立文明的家庭关系,形成文明向上的家庭生活方式;指导孩子进行具体实践,客人来了由孩子具体操作接待工作,外出参观游览由孩子负责联络和导游工作等等。在实践中体验,自我教育,掌握技能,以形成习惯。

其四,要坚持一贯性原则,所有的训练都应统一在一个总要求之下,对各个项目的训练,在不同场合的训练,虽各有特色,但必须坚持符合总要求的原则;同一项目在不同时期的训练,应该前后一贯,但内容可加深,要求可逐步提高。而且要坚持反复训练的原则。

其五,要坚持和谐性原则,这对于"四、二、一"家庭(包括祖父母、外祖父母、父母、孩子)更重要。在训练中要求要一致,绝不能拉锯,否则作用正好抵消。

习惯的养成决非一日之功,青少年心理不稳定性的特点决定了习惯养成中的反复性。因此,训练必须反复抓,抓反复,潜移默化,持之以恒,最终功到自然成。

第23招　指导孩子从小遵纪守法

 拾碎:

近年来,未成年人犯罪呈上升趋势,有些案情相当触目惊心。家长们都很担心,唯恐自己的孩子也会出现这样那样的问题。

 话题:

怎样指导孩子遵纪守法?

 闲话：

　　遵纪是道德问题，守法是政治问题，但两者密切相关。法律与纪律是人类生存和发展过程中为管理生活和规范自身的行为而制定的，标志着人类的文明程度。没有法，国将不国；没有纪，无法步调一致，万事难成。因此，任何一个国家都要求公民做到遵纪守法。而对于公民来说，唯有自觉地做到遵纪守法，才可获得最大的生存自由。如果视纪律与国法于不顾，那必然会受到纪律的干预和法律的制裁。未成年人生活在社会中，必然要和其他的公民一样自觉地做到遵纪守法，否则的话，违纪要受纪律处分，犯法将受相应的法律制裁。所以，对孩子从小进行遵纪守法的教育是不可缺少的。

　　首先要根据孩子的认识水平，从纪律教育入手，让他从小树立起规则意识。现在很多孩子虽已是学生，但对合格的中小学生的概念脑中仍是稀里糊涂，一片空白。因此，家长有必要和学校配合，让孩子掌握好《学生守则》和学生道德规范；而且要明确认知所在学校的校规，所在班级的班规；了解学校的各种制度，如课堂纪律规定、图书馆借书规则、阅览室阅览规则、微机房操作规程、体育室管理制度、食堂用餐制度等。由学校的纪律制度推而广之，让孩子对必要的社会公共秩序也要有所了解。在孩子掌握相关纪律制度的基础上，家长要加以督促践行，使孩子逐步地养成遵纪的习惯。

　　同时，要孩子明白人小也要守法。要建立起这样的观念，首先要指导孩子学习一些基本的法律法规，如《宪法》的相关条款，《国旗法》《未成年人保护法》《预防未成年人犯罪法》《环境保护法》《道路交通安全法》《义务教育法》等等。懂得为什么要制定这么多法律条文；要知道什么是应该做的，什么是不应该做的，而且要知道原因；在弄懂道理的基础上，增强守法的自觉性。

　　其二要谨防孩子误入犯罪歧途。据有关调查显示，有50％的"问题少年"，其"问题"出在家庭，也就是由于家庭教育失当，有意无意地将孩子推向了犯罪深渊。突出表现在以下几种情况：

　　一是严爱失当。这里有两种情况，一种是过分溺爱，使孩子养成了很多不良习惯,当孩子犯错误的时候,父母始则包庇、纵容,到后来管束不了,孩子越走越远,越陷越深;另一种是过严,将孩子管得过死,一点没有个人的空间,导致孩子产生逆反心理和两面派行为。特别是有些家长用简单、粗暴的棍棒教育,使孩子表面被压服,但心中不服,在家中不敢动,到外面去发泄,最后导致孩子产生报复和暴力行为。

二是养而不教。有些父母因工作忙,没有时间管孩子;有的是不负责任,只管自己吃、喝、玩、乐,不管孩子,放任自流。结果孩子染上了什么恶习父母不知,交上了什么坏朋友父母不晓,即使略有所闻,也是熟视无睹,其结果当然不可设想。

三是父母离异。一方面使孩子失去了家庭温暖,失去了父母之爱,心灵受到创伤,为窥视青少年的坏分子以可乘之机。另一方面,有些父母离异后将孩子也遗弃了,谁也不负责任,幸运的还有老人管,不幸的则流落街头,势必会成为犯罪团伙的猎物。

四是父母教唆。有些父母本身就沾染了很多恶习,潜移默化地影响孩子的成长。有的还用不良的观念教育孩子,如多吃多占,人不为己,天诛地灭,人不能吃亏等。有的还会诱导孩子做出不法的行为,如赌博、偷窃、打群架,甚至卖淫。当然,像这样直接教唆孩子的父母还是占少数。

我们的社会正处于转型时期,青少年又处于身心发展的不稳定期,孰是孰非需要成人引导。学校教育固然非常重要,但相对来说,孩子和父母的接触机会和时间更长,而且和父母有割不断的血缘关系,因此,在青少年犯罪的防范工作中家长的责任显得更重。为了将孩子培养成人,父母必须跟上时代转变观念,学好《未成年人保护法》、《预防未成年人犯罪法》等法律法规,真正承担起孩子的教养责任,不断改进教育方法,力争做到科学育儿,让孩子在父母温暖的怀抱里茁壮成长。

现在特别要关注孩子成长中的两个问题:一是孩子交友不慎,和一些不良团伙挂上钩,容易陷入打架、斗殴、吸毒的泥沼。近年来社会上青少年犯罪率的升高足以引起我们为人父母的警惕。二是由于孩子的自控能力差,上网失控成瘾,造成许多不良后果,因迷恋网吧逃学、在网上上当受骗、利用网络犯罪等等。因此,家长一方面要指导孩子提高自身的免疫力和辨别是非的能力;一方面要帮助孩子建立自我防范意识,提高防范能力。在孩子能识别和防范的基础上,还应该培养孩子勇于和坏人坏事作斗争的勇气和精神。因为有的时候,很多事情是回避不了的,需要勇敢去面对,家长可经常用一些小英雄的事迹激励孩子,让孩子成为机智勇敢的好少年。

第24招　让孩子懂得"勤"与"俭"

 拾碎：

我经常能听到爸爸妈妈聚在一起议论自己的孩子。有的说孩子在家从来不肯扫地、洗碗，房间也不收拾，书、笔、本子摊得到处都是，你得跟在后面收拾。有的说在家常常会为穿衣、穿鞋的问题闹别扭，不是名牌不肯穿，不漂亮不肯穿。有的说，孩子从来不肯多做一道题，遇到难题就只知道喊爸爸喊妈妈，不肯动脑筋。成绩考得不好就不想学，挨了老师批评就不肯上学，如此等等能列出不少。

 话题：

怎样让孩子懂得"勤"和"俭"？

 闲话：

家长都在感叹现在的独生子女学习中怕艰苦，生活上要求高。那我们怎样才能让孩子懂得"勤"与"俭"呢？

对孩子来说，要具备艰苦奋斗的美德就是要做到"五要"：

一要懂节俭。要孩子懂得节约与小气是两个概念，不能打等号。现在，国家要求节约能源，提倡节约每一滴水、每一度电，是为了把能源用在刀口上。这种节约于家可节省开支,还有利于把钱用在更需要的地方。这种可使"国"和"家"更加兴旺发达的事何乐而不为呢?诸如此类的现实和道理要让孩子真正理解,从而增强其节俭的自觉性,克服大手大脚、挥金如土的少爷作风。

二要不图享受。虽然现在经济条件都得到了改善,吃得好一些,穿得好一些,生活舒适一些无可厚非,但千万不能让孩子从小就养尊处优。在吃穿问题上挑挑拣拣,只能吃好、穿好、用好,明明没有条件也要追求的行为要不得。特别是有些父母没有能力供应,靠自己省吃俭用来满足孩子贪图享受的欲望就更要不得了。

三要不怕苦。过去我们把学习总说成是求学,说明知识是求来的,但现在很多孩子只想轻轻松松,不肯下工夫,因此学习总不理想。在一些生活问题上也是这样,有美好的愿望,但只是停留在想和说上,愿望很难变成现实。其根源在于怕吃苦,不肯脚踏实地地付出艰辛的劳动。因此,要重视对孩子进行一些重走长征路一类的体验性训练,饿其体肤,磨其心志。

四要不怕困难。在学习和生活中,要成功是会遇到诸多困难的,而且,不可能一次成功,会遭受多次挫折和失败。现在的孩子缺乏耐挫力和意志力,因此,家中要重视这方面的培养。家长平时不要把什么都安排好,要让孩子自己去摸索;遇到问题请教家长时,不要一下子告诉他怎么做,应予以启发,或者和孩子共同去解决。当孩子失利时,不要责怪,要给孩子打气,鼓励他坚持下去。

五要勇于奋斗。要奋斗,首先要有勇气。勇气来源于信念,有理想召唤就会有追求;追求成功就能增强自信心,有了自信心就有希望成功。因此要通过指导孩子确立信念和培养自信心,使孩子产生勇气,敢于去奋斗。

再多的财富总有用完的一天,任意挥霍浪费则是无止境的;财富是靠创造的,天上不会掉馅饼。胡锦涛同志把"以艰苦奋斗为荣,以骄奢淫逸为耻"列入社会主义荣辱观,实在是非常必要。我国建成小康社会,要靠全国人民长期不懈的艰苦奋斗,不是一代人,而是几代人同心同德的努力。因此,我们要带着孩子一起让艰苦奋斗的传统美德代代相传下去。

第25招　指导孩子学会理财

 **拾碎:**

外孙女到德国参加国际艺术节,妈妈给了她200美元,她为父母、爷爷奶奶、

外公外婆、阿姨和姐姐都买了礼物，为自己买了一只电子表，回到家后钱所剩无几。问她同去的小朋友花了多少钱，她说，有人一文也没有花，她们不知道怎么花。外孙女是不是乱花钱了？该不该批评？家里引起了争论。

 **话题：**

怎样指导孩子学会理财？

 闲话：

出国给一些零花钱是应该的，花一点钱是可以的。拿了钱不会花是一种能力的欠缺。为家人买礼物是一种爱心，无可非议，关键是拿了钱怎么花。这就是会不会理财的问题。

理财教育实际是一种生存教育。在国外理财作为孩子的必修课从小就要学。英国有少儿理财教育目标要求：孩子从3岁起辨认硬币和纸币；5岁时要知道钱是怎样来的；7岁时能看懂商品价格表；8岁知道要去赚钱，并把钱存在银行里；10岁时要知道节余一点钱备急用；11—12岁要会制订用钱计划。由此可见，对孩子不仅可以进行理财教育，而且应该从稍微懂事开始，根据不同年龄特点，逐步提高要求，深化教育。

在国内，说到理财，很多家长都直摇头，认为这不是孩子的事情。孩子接触钱多，会钻在钱眼里学坏。因此，有的家长不敢给孩子钱，也不允许孩子自己去花钱。另外有些家长由于工作忙，无暇照顾孩子，就给孩子钱，随其处理；有些家长则是一种补偿心理，因为自己小时候受了苦，不愿孩子再像自己一样，因此，随便孩子花钱；也有一些家境优越的，按他们的说法，赚钱还不是为了孩子？孩子想用就随他们用。当然，也有不少家长既不绝对控制，也不放羊，按自己的经验和理念指导孩子理财。应该说，前几种是误区，后一种才是理智的。

家庭理财教育可以分三个步骤进行：

先是掌握、保存。这就是说，可以给孩子一些钱，让他自己放在储蓄罐或小钱夹里，也可存在银行里。但要求孩子不能自己随便用，要用必须和家长商量。这是先锻炼孩子的自制力。

二是支配、使用。先可以定一个额度，让孩子随意支配，事前指导如何使用，要求用后向父母告知。进而让孩子当一日家，让他做主购买东西，安排生活，之后家长作一些点评。对使用得好的要予以鼓励和奖励。然后要进一步放手，让孩子自己的事情自己处理。如买学习用品、在学校用餐，甚至购买自己的衣物也可让

其拿主导意见。在寒暑假,可以让孩子学习"小鬼当家",拨出一些生活费,明确供几天用,让孩子学习计划经济,合理安排全家生活开销。在这期间,家长重在指导,让孩子懂得要合理使用,以节约为原则,不能浪费,以此锻炼孩子的自理能力和生存能力。

三是学习创造财富。由于现在不少家庭的经济条件都比较好,再加上是独生子女,一般家长都是孩子要什么给什么。因此,孩子觉得钱来得很容易,所以花钱大手大脚,不知珍惜。为了让孩子懂得钱是靠劳动创造的,来之不易,必须让孩子参与一些"挣钱"的工作。比如,父母不随便给零花钱,而是设置有偿家务劳动项目,让孩子通过服务挣钱。可利用节假日尝试一两项社会劳动,如帮助卖报、卖花、卖冰棒等,让孩子感受到钱挣得辛苦。也可让孩子去卖废品,他会发现一大堆东西才换到很少的钱,钱真的很金贵。还可让孩子观摩自己的工作,使孩子知道父母的钱是辛苦劳动换来的。这样,孩子既懂得财富是靠劳作创造的,又知道挣钱的艰辛,理财的自觉性和能力会大大增强,自立能力自然也就提高了。

第 26 招　指导孩子用好"零花钱"

 拾碎:

有一天,我看见外孙女拿着一个盒子在摆弄,一看是新手机,我紧张起来:"你怎么有钱买手机?"外孙女回答我这不是她的,是同学让她放学回家经过五星电器买的。我奇怪她的同学怎么会有那么多钱,她很羡慕地告诉我,这个同学的外婆每个月在她枕头底下放三千元零花钱,她高兴怎么用就怎么用。

 话题:

该不该给孩子零花钱?

 闲话:

现在很多孩子口袋里有"零花钱",大多数是家长为了"让孩子方便些"给的;有些是看到其他小朋友有零花钱,家长怕孩子难堪,也就随大流给一些;有些是因为孩子在钱的问题上遭到别的小朋友嘲笑,别人给得起,难道我们给不起?家长一发狠,干脆给一大把;有些是因为孩子看到其他小朋友有"零花钱",吵着也要,家长不得不给;也有些是因为忙,没有时间管孩子,给孩子一些钱,让他自己去处理生活。总之,每个家长给零花钱都有自己的理由,这些理由都有一定的道理,无可非议。可家长有没有考虑过,给了钱的后果是什么?自己对孩子关爱的本意有没有让孩子受到感动,对孩子产生帮助呢?

根据我们不完全的了解,孩子拿了钱,派的用途各不相同。有的购买急需的学习用品,有的交纳学校临时收的费用,有的应付临时产生的饥渴之需。这一切基本上和家长给零花钱的初衷相吻合。可也有为数不少的孩子却派作另两种用途:一是主动请客吃饭、吃零食、喝饮料,摆出"一掷所有"的气派,既显示自己大方,又为拉拢同学。一是被迫入"套"。有个小朋友的妈妈听说别的小朋友都有零花钱,怕自己孩子委屈,给了30元。这个小朋友第一次拿到这么多零花钱,高兴得把消息告诉"好朋友",哪知道这位好朋友听后有心,一放学就要这位小朋友到肯德基请客,要了这样要那样,吃了一点就说不好吃,往旁边一扔,直到30元钱用得精光。这位小朋友被人"勒索"得伤心极了,回家还被骂了一顿。这件事实在太典型、太发人深省了。由此看来,家长不能给了钱就算了事,还要做大量后续工作。

家长必须要做的工作一是指导孩子知道怎样用钱。首先要让孩子了解父母给钱的良苦用心,要让孩子体会到这是父母的关心和爱。同时要让孩子知道父母的钱也是用劳动换来的辛苦钱,要珍惜每一分钱。还要让孩子进一步懂得珍惜的含义是把钱用在刀口上。所谓刀口就是学习、生活中急需的,非用不可的,有使用意义的。如果是同学有困难出手相助也属此列。

二是要经常过问孩子钱的去处。可以用谈心的方法了解孩子是怎样花零用钱的,并及时给以评价。用得恰当的给以肯定和表扬,甚至可以奖励。也可建立一个双方约定的机制,多少钱的范围由孩子自由支配,多少钱以外要和父母商量后用,如果因特殊情况用了较大数额,要及时告诉父母,相互沟通。如有这样的机制,便可以克制一点孩子用钱的随意性,避免一些问题积小成大。对那些大手大脚乱花钱的行为一定要郑重教育;对不会用钱的情况,要作具体指导。

三是要教会孩子在用钱过程中应对特殊问题的一些策略。如钱如何保管,以防止遗失和被偷窃?当有特殊用途,钱不够用的时候怎么办?当每月的钱有节余的时候怎么办?如何学会理财,当好自己的家?当遇到有人"勒索"自己的时候,如何自我保护?等等。

总之,孩子在逐步长大,让他接触一些钱不是坏事,多一种经历可以多培养一

种能力。但给多少钱还是要适当控制一下,而且家长也要多操一份心,多对孩子作一份指导。

第27招　不要让压岁钱放野马

拾碎:

过年要不要给孩子压岁钱的问题总是让当家长的头疼。给还是不给?给多少合适?是有利还是有害?众说纷纭,谁也无法给出一个肯定或否定的结论。

话题:

该不该给孩子压岁钱?

闲话:

"压岁钱"最早起源于唐朝宫廷内,在春日,三人或五人掷钱为戏。后生了孩子给"洗儿钱",一方面志喜,一方面压邪。在旧时"岁"与"邪"谐音,"压岁"实际就是"压邪",取驱除鬼怪之义。当时,这种钱还不是流通货币,而是玩赏性钱币。到宋代,洗儿钱的风俗传到民间,并且和春日散钱的风俗结合起来,演变成民间的压岁钱风俗。直到清代才形成今天这样含义的压岁钱风俗。到春节,长者给钱,用红线串起来,放在小孩卧室,以示驱邪求平安。从压岁钱流传的过程可知,给压岁钱完全是长辈们的一种良好祝愿。从这个意义上说,长辈给压岁钱是无可非议的,长辈对孩子的爱当然可以用各种形式表示,给压岁钱也不失为其中一种。由于春节给压岁钱已是流传了几百年的民间习俗,因此,一到春节孩子也会有这种期望,希望得到父母和长辈们的祝福,拿到压岁钱,他们会感到一种被人关心的幸福。从这个角度看,给压岁钱又成为一种爱的传递,当长辈的不能放弃这个机会。

至于应该给多少钱为好?最近盛行一种攀比风。一个比一个给得多,几十元钱好像拿不出手,成百成千已很常见,甚至都有上万的。本来压岁钱代表的是一种愿望,是取其谐音和意,是不计钱的多少的,只要象征性的给一些就行了。一攀比,问题就来了。对于给压岁钱的人来说,经济好的拿多少都无所谓,但对经济收入少、亲戚又多的家庭,一到过年,不堪重负。这对接受压岁钱的孩子也产生了误导,拿多了高兴,拿少了不开心。而且,他们会凭钱的多少来衡量长辈对自己的态度。由此可见,给多少压岁钱,应该以能表达长辈的良好祝愿就行,不必过多。切忌有的人借给压岁钱搞公关,无限提价,把本美好的事情搞得变了味,不仅没有压"邪",反而送了"邪",害了孩子。

有钱拿,有的时候是好事,但弄不好好事会变为坏事。因此如何对待压岁钱的问题需要家长作相关指导。一是让孩子懂得长辈给压岁钱的初衷,并让孩子切实感受到。二是让孩子明白接受压岁钱意味着什么。有"受"就得回报,来而不往非礼也,对长辈来说,最好的回报就是按长辈希望的样子健康成长,在长辈们的关怀下好好努力,不负众望。三是指导孩子用好压岁钱。是给父母保存,还是孩子自己保管?是存起来备用,还是直接用掉?是用来买学习用品,还是买零食?这些问题,父母都要通过和孩子商量,妥善处理。孩子拿到压岁钱,父母全部收过来显然不妥,让孩子随意乱用也不行,要设法充分发挥压岁钱应有的效应。

第28招 让孩子真正美起来

 拾碎:

有个妈妈给我讲了这样一个无可奈何的故事:有一次,才7岁的女儿要换裤子,她就随手把整理衣服时发现的一条有些褪了色的半新裤子给了女儿。哪知道

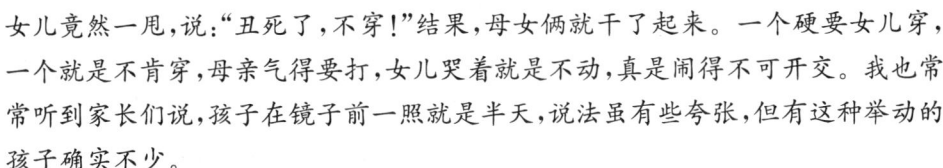

女儿竟然一甩,说:"丑死了,不穿!"结果,母女俩就干了起来。一个硬要女儿穿,一个就是不肯穿,母亲气得要打,女儿哭着就是不动,真是闹得不可开交。我也常常听到家长们说,孩子在镜子前一照就是半天,说法虽有些夸张,但有这种举动的孩子确实不少。

 **话题:**

怎样让孩子真正美起来?

 闲话:

如何看待这种现象?应该说,它说明了一点:孩子爱美。爱美是人之常情,孩子也有这样的权利,无可非议。何况,大人也总喜欢孩子美一点。但确实也有一些问题,孩子们只重视外表,对什么是真正的美并不清楚。同时也说明当家长的已落后于孩子,孩子逐渐长大,成长中的问题本来应该早些考虑,把工作做在前,可是他们忽略了。现在,孩子向大人们挑战了,大人们却不能不应战!

如何应战?要使我们的孩子跳出误区,真正美起来,家长们必须把家庭美育提到议事日程上来。

首先,要让孩子懂得什么是美,什么是真正的美。按照马克思的观点,美是按照一定尺度衡量出来的,不管是物质的如色、香、味、声、形,自然的景色,人的形体、神态,还是人的才德和品格,凡符合一定尺度的就是美的。当然,各人掌握的尺度不同,对美的判断也就不同。但总有一个是真正的美,也就是符合规律的那个。因此,要让孩子懂得美,家长首先要指导孩子学会掌握尺度。比如一个人的美,必须是外表美和心灵美的和谐统一,外表美不是大红大紫,也不是穿名牌,更不是要涂脂抹粉,而是要和谐。

其二,要让孩子学会如何审美。对孩子来说,要会审美,先要感知美,在具体事物和实践中辨析真、善、美和假、丑、恶,不用说教,让孩子自己去比较。比如,学生穿什么款式的衣服合适?怎样最佳搭配?为什么穿名牌未必美,朴素淡雅反而美?为什么有的人脸蛋漂亮并不受人爱,《巴黎圣母院》中的丑人卡西莫特反而受人钦佩?经常从多方面、多类型去比较,孩子自然会悟出道理,审美能力也就逐步培养起来。

其三,要让孩子学着去创造美。创造当然是多方面的,可以是自然美、人体美、心灵美、社会美等等,对孩子来讲,应从让自己美起来做起。这个美应包括外表美、语言美、行为美、心灵美等。如外表,如何从穿着、打扮方面,使自己体现出21世纪青少年的应有的相貌。语言方面,怎样在家里、学校、社会与人交往、处理问题时能恰如其分地使用文明用语,杜绝粗话、野话。再如行为举止,怎样做得得体大方,既有传统的温良恭俭让,又有当代青少年应有的敢想敢干的活力。此外,还要按照小公民道德建设20字基本规范(爱国守法、明礼诚信、团结友善、勤俭自强、敬业奉献)培育心灵美。总之,只要按照一定的"尺度"去培育美,每一个孩子都能真正美起来。

第29招　医治孩子撒谎病

 **拾碎**:

每次到学校参加咨询活动,总能听到家长诉说这类无奈:当家长问及最近在学校表现怎样,孩子会回答"不错",其实他在学校里因放松自己而犯错误,受到了老师的批评。当家长问作业做好了没有?检查了没有?他会大声喊:"做好了!检查过了!"结果,漏题、错题一大片。考试后家长问:"考了多少分?"孩子会把卷子给你看。90多分,还不错,哪知道老师发在手机上的信息是不及格。孩子在家里吃饭时狼吞虎咽,家长问在学校里怎么没有吃饱?孩子说吃得很好,其实,他根本没有舍得把爸爸妈妈给的午餐费用掉,而是省下来买书和学习用品了。

 **话题**:

孩子撒谎了,怎么办?

 **闲话**:

家长诉说的现象,都是孩子不能实事求是跟父母讲老实话的表现,但是否要扣上"说谎"的帽子得慎重对待。对一些现象要具体问题具体分析,采取不同的对策。

如家长所述的做作业问题,不能看作有意撒谎,只能算作是随口而应,是一种浮躁、马虎的表现。吃饭问题,是善意的掩饰,怕父母为自己担心,其实用钱的主动权还是在孩子自己。因此这两种都不应列入说谎之列。由此可见,对一些现象需加以分析,不要一概而论都往说谎方面推。不分青红皂白就扣"说谎"的帽子,孩子会不服,认为冤枉他,就很难接受教育,甚至会逆反。如果老是这样评价孩子,会在他的心理造成一种思维定势,认为"我就是这样的人了,你能拿我怎么办?",心志迷乱后,就会破罐子破摔。当然,孩子的这种行为毕竟也是不对的。家长要就问题本身与孩子交谈,如指出学习上的马虎是不能原谅的,要严格规范。吃饭问题,家长一方面要表示理解,甚至还要表扬孩子会自己安排生活,但也要指出,最好让父母能了解这种安排和想法,或许父母还能出主意或提供帮助以便事情处理得更好一些。要让孩子明白多和父母沟通,让父母了解自己,是有百利而无一害的。

　　有些则是有意撒谎了。如关于在校表现问题,尽管是为了怕家长责怪,但确实是骗家长;至于成绩,问题就更大了,不仅不实事求是汇报,而且改动分数,完全是一种欺骗行为。还有和社会上不三不四的人鬼混,或到外面玩游戏机,说是上学了;随便拿了人家的东西,说是别人送给他的等诸如此类的情况,家长就不能轻描淡写地放过去。

　　首先家长应该花一些时间在孩子身上,对孩子的话应该品一品,考虑其可能性和可靠性。如果发现孩子有过说谎的情况,就更应该上点心。其二,如果有一些疑惑,就要把"惑"排除。那就是要设法了解事实的真相。谎言是经不起进一步深问和调查的。因为说谎的人总是心虚的,说谎容易圆谎难,往往会露出马脚。千万不能让谎言轻易地蒙混过关,否则,不仅家长受了骗,更主要的是纵容了孩子。他尝到了甜头后,会误认为人很好骗,胆子会越来越大,从而一发不可收拾。因此,如果是谎言,一定要设法点破。可以通过与学校老师联系,也可以向孩子的同学、朋友了解,或旁敲侧击进一步谈心,总之,要把情况搞个水落石出。对一些不是原则性的问题只要点到即止,不必把事情点得那么透,让孩子知道父母心中有数,只是为了给自己留点面子不说穿而已。这样,他下次也就不太敢了。这类问题一定要趁早解决,如果形成了习惯就很难矫正。其三是要进行危害性的教育。给孩子讲各种因欺骗导致严重后果的故事,如周幽王点烽火、"狼来了"的故事以及当今社会上由于不讲信用、欺骗群众而造成身败名裂的事例;也可分析欺骗行为将会造成的后果,让孩子从中认识到欺骗别人实际上是自己愚弄自己,得不偿失。

第30招　指导孩子学会人际交往

 **拾碎：**

有人在500个青少年中进行人际交往调查,发现不结交朋友的只有9.6%。认为多个朋友多条路的有13.4%;认为在家靠父母,出外靠朋友的有9.5%;认为可为朋友两肋插刀的有13.1%;认为友谊就是力量的占25.3%。

 **话题：**

怎样指导孩子学会人际交往?

 **闲话：**

人既是个体的人,又是社会的人,人立身于社会中,会形成各种各样的关系,如同学、同事、上下级、朋友、师生等等。

当今孩子在这个问题上是怎样处理的呢? 我们不妨考察一下。

现在,从幼儿园到中学,有1—3个朋友的孩子是大多数,有4个以上的也大有人在。大部分小朋友在一起学习、玩耍、讲故事、谈心、唱歌、弹琴、打球,相处得很开心,非常协调。但也确实存在一些令人瞠目的现象:有的孩子凑在一起看黄色书刊或抽香烟过过瘾;有的相互嘲笑、捉弄、嫉妒、攻击;有的男女同学间递条子、送礼品、约会,公开地打情骂俏;有的为了图痛快,伸拳头把人打得鼻青眼肿,还美其名曰"开开玩笑";有的和社会上的待业青年、流氓游民、中途辍学或被学校开除的人混在一起,抽烟、打架闹事、搜腰包,什么都干。

从以上不完全的考察中不难发现,当今孩子在处理人际关系上,不是每个人都能做得尽如人意。其原因也很明显,主要是这时期孩子的心理尚未完全成熟,他们急于摆脱父母的全面保护而走向自立,想成为社会上合格的男人和女人,但又缺乏体验和必要的判别能力、交际协调能力,易出现心理障碍、情感障碍,从而导致行动上的错位是必然的。如果不及时纠正,必然会影响孩子的情绪、道德的培养、学业的进步,甚至会影响其人生道路的走向。因此,做家长的不能撒手不管,当然不是包办,而是指点迷津,教以方法。

第一,导引爱的情感

关系的协调必须由纽带来维系。有的靠金钱、物质,有的靠情感。前者会因金钱物质的存在和消亡而变化;而后者是人对外界事物的态度,是对客观现实是否符合自己的需要而产生的体验,即人们常言的七情:喜、怒、哀、乐、爱、恶、惧,一旦形成就不会随便消失,它是较之金钱物质更为可靠的东西。因此要引导孩子用情感处理人际关系。

但孩子的情感有其特殊性:① 充满热情,富有朝气,容易动感情,也重感情。当他置身于新的集体中时,总渴望着它是一个先进的、典范的、温暖的、和谐的集体;同学之间、师生之间亲密无间,自己在集体中占有理想的席位……到处充满阳光、希望。② 情感的两极性明显。当个体需要得到社会认可时,表示出极度的兴奋;相反,会因为不能满足而情感失控。比如,一般学生都希望在班集体内当个小干部,以发挥自己的才能为大家服务,可是同学不选他,老师也不用他。这时,可能一百度的高温一下降到零点。③ 情感的社会性不断深化,集体主义、爱国主义、同志感、友谊感日益加深。随着年龄的增长,孩子们意识到自己与学校、社会、国家的关系,并和同学、老师、社会上其他的人群产生广泛联系。把个人的切身利益与它们联在一起,产生不解之缘,生出千丝万缕的情感。比如,随着知识的增长,他们已逐步懂得了个人的前途与国家的命运紧密相连,因此热切寻找志同道合的伙伴,希望为国家富强而奋斗。也有些虽跳出了家庭圈子,却把情感缩放到小集团范围,把哥儿们义气误作友谊,这又形成一种情感的错位。

从孩子以上的情感特点家长可以得到启发:如果父母能够激发出孩子的正常情感,并将其导引到正确的轨道,那么他就能摆正自己在集体中的位置,处理好与同学、老师和其他人的关系,从而进一步激发出爱的情感。

第二,培养审美能力

审美是对自然美、社会美和艺术美的鉴赏,孩子具备了审美能力就能区分什么是真善美,什么是假恶丑。抵制庸俗、低级东西的影响,追求美的事物和美好的生活,进而美化客观世界和主观世界。我们不能把审美局限在狭窄范围,要从广义上去理解。从培养孩子的审美情趣出发,逐步提高他的审美能力及爱美习惯,从而使美融化于孩子的心灵之中。

比如,可以指导孩子辨别一个人的外貌、穿着、行为是如何反映人的内心世界的,什么是外在美和心灵美的统一;又如可以指导孩子分析集体中的各类个体,分辨哪一类的人美,哪一种友情是真的;分析老师对学生的教育和采用的方法,从中看到老师的一片爱心和甘为人梯的美好心灵。也可指导孩子仔细观察国人身上的丑陋之处,社会上的腐败之角,从而懂得如何处理小我和大我的关系,以什么标准交友。孩子长大了,不可能一件事一件事手把手教,只有提高孩子的审美能力,才是根本。

第三,指导协调关系

首先要指导孩子明确择友的标准。不能以"在困难的时候能帮助我"、"能站在自己的一边"、"能借给我东西"、"能带我一起赚钱"这种互惠条件为标准,真正的友谊不仅仅是"一切都能互相理解的关系"、"同在一起心情就会感到舒畅的关系",应该具有"无私无欲"和"相互尊重"两个特点,如法国画家勃纳尔说的:"真正的友情,远远地超过了功利主义。""真正的朋友,是属于互相完全理解对方反对意见的同等地位的人,因而也就更能开诚布公地互提反对意见。"其二,要过问,但不要粗暴地干涉。家长不能因为自己不喜欢交朋友,或者怕孩子结交坏朋友而制止孩子交朋友。朋友是孩子脱离父母走向自立时的心理支柱,如果没有朋友,他们将难以经得起脱离双亲的不安和困扰。其三,要注意孩子结交的对象。属于"好"友,鼓励他们建立牢固的友谊基础,互相帮助,共同前进;属于"不良"之友,要通过调查研究,用事实促孩子猛醒;属于"异性"朋友,先别大惊小怪,要摸清底细,做到心中有数,正面教育引导,切忌动辄往"早恋"一边推,即使真正"早恋"了,也要晓之以问题的严重性,设法帮助孩子从感情上摆脱。

人际关系的处理,其核心问题是培养"爱心"。有了爱父母、爱同学、爱老师之心,才能推及爱周围的人、爱人民;有了爱班级、爱学校之心,才会爱祖国。有了这种爱心,才有内在的动力;有了这种爱心,才会协调好各种关系,造成和谐舒畅的环境。只有这样的环境,才能使孩子舒心地健康成长。

第31招　让孩子乐于付出,学会合作

 拾碎:

现在的小朋友不太愿意管别人的事。别人有困难,视而不见、置若罔闻的大有人在。有的不愿意与别人合作做事,唯恐别人抢了彩头。

 **话题:**

怎样指导孩子学会乐于付出,与人合作?

 闲话:

胡锦涛同志提出的"八荣八耻"中"以团结互助为荣,以损人利己为耻",虽尽人皆知,然而不小心处理还是会出问题的。孩子都有自尊心,往往争强好胜。总希望自己能超过别人,于是自私、保守、嫉妒、打击别人等不正常的心态和行为自觉和不自觉地出现了。这必然会影响孩子与同伴、同学之间的相互理解与支持,不利于其身心健康发展。

如何使孩子具备乐于付出和合作的品格?家长不妨从这样几个方面做工作:

一是指导孩子懂得付出的重要和合作的必须。可通过一些实例,让孩子体会到当他为他人付出了关爱、安慰、支持、鼓励和帮助后,虽然并不想得到回报,但当他需要的时候,得到别人伸出援助之手的机会要比那些从来不知道团结人的人要多得多。而且因为乐于助人,能倾心交谈的朋友就多,这样就能使自己的心情一直处于愉悦状态,更有利于走向成功。一个人的能力有限,然而"众人拾柴火焰高";一个人总是优缺点兼具,互补互助、取长补短才能学有所成。

二是支持孩子乐于伸出援助之手。在学校,当同学学习上遇到困难的时候,要主动把一些好的解法拿出来供同学参考;当同学身体不好的时候,要主动关心;当同学生活上遇到困难的时候,能雪中送炭;当集体有问题需要大家支持时,要积极出主意、做实事;在家里,要关心和主动做家事,父母工作、生活、身体上遇到问题时,要尽自己的最大努力力所能及地支持;在社会上,要乐于付出一份爱,尊老爱幼,同情和关心弱势群体。

三是鼓励孩子善于与他人合作。要孩子懂得如果凡事表现出一种离群的态度,会导致别人很难或者也不愿意来合作,造成在集体中孤立无援,承担不了复杂的学习任务;影响广收博采,阻碍自己能力的提高。鼓励孩子遇事和人多商量;善于以诚恳的态度听取别人的意见;乐于和他人分享成果和欢乐;积极、主动参与一些由团队完成的集体项目,如此等等,使孩子逐步培养起合作精神。

四是督促孩子不做损人利己之事。孩子都是天真可爱的,绝大部分孩子不会有意识去做损人利己的事。但是,当个人利益和集体利益、他人利益产生冲突的时候,孩子会把不住。因此,家长一方面要让孩子懂得损人往往不利己,搬起石头砸自己的脚,害人必害己的道理;同时要指导孩子学会如何摆正关系,如何分析利害得失,不断提高分辨是非的能力,提高孩子的道德行为水平。当孩子一旦做了损人利己的事,家长要以鲜明的态度进行教育,使孩子引以为戒。

第32招　指导孩子懂得如何择友

 拾碎：

有这样几种孩子交不到朋友:内向型的孩子、娇生惯养的孩子、孤傲性格的孩子、成绩特优者、成绩特差者。但也有的孩子是"王小姐路路通",不分三教九流都能称兄道弟。

 话题：

怎样指导孩子懂得如何择友?

 闲话：

寻求伙伴和结交伙伴,是人的一种本性。交朋友,是孩子生活中的一项重要内容。特别是初中生,处于少年期向成人期的过渡期,既想摆脱对父母的依赖走向自立,又缺乏经验与能力,思想不完全成熟。他们往往把朋友作为自己不可缺少的心理支柱,容易把自己所希望、所困惑的问题,如关于自我、学校、家庭、社会的评价,有关个人的性格、兴趣、爱好的培养等问题向同龄人倾诉、切磋,以寻求赞同和评判,并在朋友的支持下,检验想法、加深思考、提高自身思想境界。在与朋友的交往过程中,由于各人有不同的优点和缺点,他们可以取长补短,借助别人的经验充实自己,促进自身的人格发展。这一时期,他们不愿受父母观点的摆布,如果没有朋友,就只好把想法埋在心里,焦躁、困惑的问题得不到解决,无聊、孤寂的感情得不到宣泄,思想得不到证实或评判,就有可能自暴自弃、不求上进或想入非非、走上歧途。朋友对孩子来说如此重要,做父母的绝不能以孩子要集中精力学习文化为借口而阻挠或禁绝孩子交朋友,而是要创造条件让孩子结交朋友,鼓励和指导他们择友。

家长可以给孩子哪些帮助呢?

首先让孩子深刻理解"友情"这个概念的含义。友情,是超越了人与人之间计较个人利害的美好关系。我国心理学家林崇德认为,中学生友谊的宗旨是"互相真诚、坦白、亲密",高度概括出了衡量友谊的标准。因此,父母应教会孩子用这个标尺去衡量与自己交往甚密的友人。如在追求人生理想的过程中是否有共同语言,能否产生共鸣;是否能以诚相见,互相尊重、互相同情,常怀有眷恋之心;能否真正理解彼此的心情或主张,敢于肯定赞同,又能毫不留情地谴责批评,设法制止对方的越轨行为;当你处于困境、需要援助时,朋友能否有所察觉而主动伸出援助之手与你共患难、同欢乐。假如这一切都能作出肯定的答案,那他们才算得上是忠实的朋友,这种友谊才是真正的友情。

还必须让孩子知道,要获取真正的友谊关键是优选对象。对象最好是与自己年龄相仿的同性孩子,在兴趣、爱好、性格、信念方面都有共同的倾向。因为在一起接触机会多,可以在共同的学习、活动、玩耍中,沟通彼此的思想、心灵,发展友情。要想得到自己喜爱的对象的友谊,还要让自己被对方所喜爱,这里就有个激励自己,提高和完善自己的问题。

其二,父母要既当表率又当参谋。父母本身要有正确的友谊观,懂得珍惜友情。正确认识孩子交友的重要性和必要性,不把交友与学习对立起来。不能一看到孩子结交朋友就认为影响学习,容易学坏;一看到与异性同学交往,就认为是在谈恋爱,马上横加干涉,恨不得让孩子躲在自己的羽翼之下。父母应当耐心帮助孩子选择朋友。要引导孩子用友谊的标准去衡量,如果是值得交往的,要指导他,帮助他浇灌友谊之花,并将友谊化作激励上进的动力。如果是不应交往的孩子或成人,父母要帮助自己的孩子正确评判对方,明确利弊,妥善处理关系,既不能强迫断交,引起子女反感,又要谨慎防止同流合污,使之染上不良习气。

其三是创造条件发展友谊。在建立友情的过程中,父母要帮助子女克服三种不利于交友的倾向。一是指手画脚,自以为是,凌驾于别人之上,使别人望而生畏。二是畏畏缩缩,自轻自贱,最终被人看作懦夫或低能而不屑一顾。三是过分苛求朋友。实际上毫无缺点的人是没有的,朋友之间有责任共同勉励,去克服前进中的障碍。再说交朋友是相互的,你挑剔别人,别人也在审视你。四是防止狭隘观念的滋长,避免产生排他性和封锁性。朋友间应当忠实,但不能胸襟狭隘。有些人把朋友视为自己的私有财产,一旦和谁交上了朋友,就不许朋友再和其他人建立友谊,不仅封锁了自己,还企图把别人也封锁起来。这种独占心理的滋生,往往会导致偏激行为和嫉妒心理的产生,缩小了活动圈子,造成友谊破裂。父母要教育孩子胸怀坦荡,爱屋及乌,关心和喜爱与好朋友亲近的人,扩大交往的范围和眼光。创造孩子们交往的条件,热情地欢迎他们来家中玩，像对待自己的朋友一样，甚至还可与他们的父母交上朋友，以共同关心孩子之间友情的发展。

其四是放手让孩子交友。现代社会要求的人才必须具备多种能力，其中很重要的一点是适应社会的能力和交往能力。这就不是关在屋子里、钻在书本里能掌握到的，只有到人群中去，到社会大课堂去，从游泳中学会游泳。父母放手，让孩子有两三个志同道合的伙伴，这对提高孩子的社会适应性大有好处。因此，平时父母必须将培养交往能力列入家庭教育要求，正确对待孩子和朋友之间发生的矛盾冲突。对于没有朋友的孩子，家长更要多操一份心，即要帮助孩子排除交友障碍。要做到这一点，关键是帮助孩子分析没有朋友的原因。如内向型的孩子不愿向别人敞开心扉，也就得不到别人的友谊；娇生惯养的孩子能力差，专要别人为他服务，没有对等互助的机会，别人不愿和他交往；性格孤傲的孩子，瞧不起人，别人敬而远之。另外，学校学习上的竞争让孩子们形成了等级次序，成绩特优者孤芳自赏，不愿"降格"与成绩差的交朋友，自然找不到合适伙伴，别人也不愿"高攀"；成绩特差的孩子，经常逃学、受批评、孤独自卑，别人怕受连累，愿相交者也少。特别爱看电视的孩子，对体育运动和游戏的兴趣不高，参加集体活动少，与人交往的机会也就少，朋友自然就很少了。一般有遗传缺陷或行动不便的孩子，也很少交到朋友。以上分析表明，造成没有朋友的因素是多方面的，自己孩子属于哪一种，父母应该心中有数，从而有针对性地帮助孩子纠偏。有些无法纠正的，如身体因素，可以会同老师或班级同学设法弥补。对于朋友特别多的孩子，父母要注意观察他们的活动内容，注意把他们联结在一起的精神纽带是什么，防止孩子被非法团伙利用，错把江湖义气当作友谊，或受物质诱惑，发展不健康的友谊。

孩子不能没有朋友，但择友要慎重；父母不能生硬地限制孩子交友，但帮助指导决不可少。

第33招 让孩子品尝劳动的欢乐

 拾碎：

我常常在要不要孩子参加劳动的问题上和有些家长发生分歧。一种认为："孩子还小，长大了不教也自然会做。"更多的是认为："孩子主要任务是学习，考出

好分数在班上才有地位。劳动再好,谁看得上你?"

 话题:

怎样让孩子品尝劳动的欢乐?

 闲话:

中华民族历来以具有"勤劳、勇敢"的美德而自豪,并把它作为传统美德培育一代又一代人。谁都知道劳动创造人类、创造世界,劳动赋予人智慧,使人赢得财富。可并不是谁都知道劳动是艰辛的,是不舒服的苦差使。因此,尽管人人都知道劳动光荣,知道劳动的好处,但还是有人怕劳动,千方百计想逃避劳动,期望能不劳而获。这种情况在独生子女身上已有比较明显的表现,究其源,一方面是社会的影响,更主要的是由于随着时代的前进,人们的生活水平显著提高,绝大多数父母望子成龙,认为孩子只要一心专读"圣贤书",不让孩子参与谋生的劳动。这样一来,孩子劳动的机会被剥夺了,劳动平台的缺失,自然会导致其劳动观念淡漠,劳动能力短缺,好逸恶劳也就在所难免。如果这样发展下去,中华民族的美德就不可能得到发扬光大,劳动创造财富、劳动创造价值的奇迹就不可能在这一代身上发生,家长所希望的孩子光宗耀祖的愿望就会落空。由此看来,要使孩子具备这个尽人皆知的美德,家长还真得引起重视,并为此多费些心思。

首先要让孩子懂得劳动的意义,培养劳动意识。胡锦涛同志把"以辛勤劳动为荣,以好逸恶劳为耻"作为"八荣八耻"之一,把劳动的价值提到相当的高度,就是倡议人们要重视劳动。劳动不仅可以培养吃苦耐劳的品质和坚强的意志力、耐挫力,而且可以从中获得经过实践检验的真正的知识,获取应用知识的能力,增长才干。加上很多劳动本身就很有趣,当劳动有收获的时候,那种丰收的喜悦能让人的心志得到调谐。家长要教育孩子认识到劳动是一种付出,是艰苦的,但劳动又是能有所收获的。人就是劳动创造的,智慧就是劳动的结晶,物质财富、美好生活靠劳动创造。劳动不仅不会影响学习、身体,相反可以促进其身心发展。在劳动中,意志、毅力可以得到磨炼;可获得丰富的实践知识,培养实际操作能力,提高自理、自立能力。总之,通过劳动能使自己越变越健康,越变越聪明。通过提高孩子对劳动的认识,使孩子增强参加劳动的自觉性。

更重要的是指导孩子参加各种劳动实践,让孩子在实践中体验劳动的乐趣,激发参加劳动的兴趣;体验"一分耕耘,一分收获",天上不会无缘无故掉下馅饼;增强用辛勤的劳动去换得成绩的自觉性;明白劳动成果来之不易,从而珍惜劳动成果。

劳动实践的内容包括两方面:脑力劳动和体力劳动。让孩子懂得脑力劳动是获取知识的劳动,是应用知识的实验劳动,是将知识化为成果,去发明、创造的劳动。因此,让孩子进行劳动实践首先就是让他在学习中不怕苦,肯下功夫。体力劳动中有一种是生存性的劳动。如为家庭和个人生计奔忙,当然尽可能不要过早把生活的担子压在孩子身上,但让孩子参与一些劳动不是没有好处,"穷人的孩子早当家"确有其可取之处。又如日常生活的劳动,一定要让孩子学会自己的事情自己做,这种习惯和能力必然会迁移到学习中。还有一种为社会的、为家庭的服务性的劳动,要鼓励孩子参与其中,一方面是培养孩子良好的道德情操,另一方面是让孩子在生活中获取鲜活知识和锻炼能力。

要通过劳动达到以上目的,必须让孩子培养起良好的劳动习惯。不能认为孩子小,要等待;不能抓一次就放手,认为可以慢慢来。习惯是要反复训练才能形成的,习惯积累才能成"自然",形成品德。因此要让劳动教育经常化。

第34招 教给孩子听不同意见的技巧

 拾碎:

现在不少孩子确实是"小皇帝",他说什么,家长得听什么,他的话就像皇帝的圣旨一样,家长必须执行。如果家长提出不同的看法,他根本听不进去。假若对他的意见表示不同意,有的眼泪立即就掉下来了;有的则立即暴跳如雷。

话题：

怎样教给孩子听不同意见的技巧？

 闲话：

孩子反映出的问题，虽形式不同，实质都是听不进不同意见。这些孩子不仅在家里这样，在学校也会这样。对同学的意见也常常是不予理睬；对老师的意见最多听着，但内心不会接受，有的根本听不进去，当时就会顶起来。在这些孩子心里，只有他自己是对的。你要想改变他的意见，还真是不太容易。

如果孩子的意见是有道理的，应该坚持，但他毕竟涉世浅，思维能力也不成熟，因此考虑问题往往很不周全，会出现这样、那样的偏差。在这种情况下，家长不纠正是不行的。那么，怎样让孩子能听得进不同意见呢？

要想改变孩子的这种情况，首先要弄清孩子怎么会形成这种固执，甚至蛮横不讲理的心态的。一般来说，这种孩子从小家里就比较宠，父母怕孩子不高兴，总是顺从孩子的意愿，在他有生以来的记忆中，往往觉得从来没有他说了不算的时候，更没有遭到反对的时候。久而久之，导致唯我独尊。还有一种情况是，随着年龄的增长，孩子逐步迈向青春期，独立性逐步增强，他渴望像大人一样能自己独立处理问题，认为别人的意见是对自己的不信任，是一种干扰，进而产生一种逆反的情绪，对他人的意见一概予以拒绝。也有的可能曾经有多次自己拿主意的经历，把事情办好了，成功了，受表扬了，就滋生了骄傲情绪，自以为是，因此总认为自己行，听不进别人的意见。家长弄清原因后，就可根据不同情况，做不同的教育工作。

要使孩子能听进大人的意见，有一个重要的前提是，要使孩子感到你不是在命令、强迫他，而是站在他的立场上，帮助他设身处地考虑问题，提出参考意见，这样他就容易耐下心听。如果你一定要他按父母的意见做，可能他根本没有听，就不加考虑地将意见拒之门外，你越急，他越不睬；你生气，他就扭着劲，甚至和你干起来。

最好的方式是，当你感到孩子的想法和做法有问题时，你能像朋友一样和他去讨论，在议论的过程中，将自己的意见融入进去，让孩子在不知不觉中和你达成共识。

如果孩子执意不听，只有两种办法：一种是放手让他去，让他尝到听不进意见的苦头，自己总结教训，吃一堑，长一智。还有一种是，眼看孩子的做法会酿成大错,与孩子一再分析、说理后还不听,那就要坚决制止,明确地向孩子说"不!"而不管他高兴不高兴。要让孩子知道凡事有个原则,有个正确与错误的底线,不能由着性子来。而且要让他懂得,兼听则明。特别是成人,阅历广,思考问题比较深,应该主动先听听大人的意见,然后再作决定,这种决定往往比较可靠。当然,最好同时讲解如"庞涓之死"、"曹操败走华容道"等历史故事以及现实生活中由于固执己见造成事故或重大损失的惨痛事件,使孩子从血的教训中感悟。

培养孩子善于听取不同意见,实际是培养一种谦虚的好品质。"谦虚使人进步,骄傲使人落后"。闭目塞听只会故步自封,刚愎自用必然失败。因此,家长不能将孩子听不进不同意见的问题仅看作是听不听自己话的问题,要重视起来,从小抓起,从早抓起。

第35招　培养孩子的主动性

 拾碎：

在家长中间我时常可以听到这样一个比喻:"我家孩子像算盘珠,你拨一拨,他动一动。别想他自己会主动干个什么。"表示附议的家长很多。

 话题：

怎样培养孩子的主动性?

 闲话：

"拨"与不"拨"能不能算问题?说它是问题就可算问题,说它不是问题确实可以不算问题。也许有人会说,这等于没有讲。其实不然,因为情况就是如此。有的孩子要家长"拨",可能是他确实不知道自己要做什么;何罪之有?然而,确实有的孩子是等家长"拨",不"拨"就乐得歇歇,被"拨"了是没有办法。

尽管两者的情况不同,但表现的形式有共同之处,那就是"没有主动性"。一个孩子缺乏主动性,肯定是不行的。学习不主动,就不可能学深、学透;不可能广学、博学;不可能设法解疑释难;不可能学以致用。总之,学习最多能应付,肯定不会学得很好。如果在集体中缺乏主动性,与他人关系就会不融洽,就会游离于集体之外。如果凡事没有主动性,人就没有一股上进的锐气,就不可能有什么创造性。因此具备主动性是孩子成长过程中不可或缺的。

那么,为什么现在有好多孩子缺乏主动性呢?究其原因,真的还不能怪孩子。有些孩子,因父母疼爱有加,凡事都由父母包办,用不着自己去考虑,所以从来不知道离开了父母自己还能做什么;或者是,没有老师和家长的要求,不知道自己应该去做什么;有的孩子自己确定想做,而且做了一些什么,由于父母怕苦了、累了孩子,一再嘱咐下次不能这样,乖宝宝们也就不再有下次了;有的家长对孩子按照自己意愿做的事情会挑剔,这样不好,那样不行,使孩子觉得还不如不做;也有的孩子已经有了安于现状的想法和懒惰的习性,所以根本没有主动性。由此可见,不管哪种情况,其根源还在家长教育的失误。因此,要使孩子主动起来,家长就要调整教育方法。

方法之一是分析原因,区别对待。同一个缺乏主动性的表现,导致的原因可能不一样,要解决问题,需从源头上抓。

方法之二是给孩子多一些自由,凡事不要管得太多。家长应让孩子自己学习,自己独立考虑和处理问题,懂得自己的事情自己做,学会自己对自己负责;鼓励孩子大胆去尝试,大胆去闯,要禁得起失败与成功。

方法之三是随时关注、发现、评价、鼓励。对孩子主动学习、办事的行动,不管效果如何,家长都要作出赞同的反应。如果成功了要充分肯定,适当奖励。这样会增强孩子的自信心,其主动性与积极性会越来越高。如果孩子主动做的事没有做好,家长千万不要一下子否定,要首先肯定孩子的主动性;对没有成功的方面,要帮助寻找原因,并指导如何去争取成功。这样,孩子的积极性就不会被挫伤。

对那些有懒惰习惯的孩子要采取特别的措施。首先要用故事、历史教训等,让他认识到懒惰的危害。同时父母要坚持孩子的事情由孩子自己做,不去越俎代庖,让他感到懒惰者将一事无成。然后进一步设置一些机会,让他体会到"自己动手,丰衣足食"。再进一步引导他自己动脑筋去解决问题,争取发展和进步。家长还可以引导他去设想,假如这次没有主动去做,会是什么结果,让他自己体会出主动与不主动的利与弊。一旦真正品尝到了主动争取得到成功的欢乐,自觉性就慢慢培养起来了。

主动性并非天生,要靠后天培育。因此,孩子有没有主动性,关键在于家长重视不重视,去不去思考,进行不进行实质性的培育工作。

第五篇　开启心灵的窗户

> 育才先育人,育人先育心。在家庭教育中要将人格培养放在首要位置。在人格培养的过程中,父母要特别注意把握孩子的心理变化。

第36招　塑造健全的人格

 **拾碎**:

有次孩子问我一个问题。她好朋友说:"现在还有多少人讲什么人格?哪还有多少人那么较真?有奶便是娘,谁给我好处,就跟谁好。只要有钱赚,什么都行!"这话有没有道理?

 **话题**:

怎样塑造孩子具有健全的人格?

 **闲话**:

有人说:"支撑我们在人生道路上始终站立的,是一个人的人格。"这句话是从人一生的发展来看的,它提醒人们要注意人格塑造。而这一点,对于未成年人来说,有更重要的意义。是否具备良好的人格品质是孩子能否搞好学习的心理条件和前提;也是孩子能否适应学校、适应社会生活的保证;更是孩子是否具有未来社会个人竞争力的核心问题。

家庭应培养孩子具备哪些人格品质呢?社会学家英格尔斯在《人的现代化》

一书中,从传统人与现代人的差异的角度,提出了以下要求:

(1) 准备并乐于接受未经历过的新的生活经验、新的思想观念、新的行为方式;

(2) 准备接受社会的改革和变化;

(3) 思路广阔,头脑开放,尊重并愿意考虑各方面的不同意见和看法;

(4) 注重现在与未来,守时、惜时;

(5) 有强烈的个人效能感,对人和社会的能力充满信心,办事讲求效率;

(6) 工作和生活有计划;

(7) 尊重知识,重视验证,吸收新知,探索未知;

(8) 有可依赖性和可信任感;

(9) 重视专门技术,有愿意根据技术水平高低来领取不同报酬的心理基础;

(10) 乐于让自己和后代选择离开传统所尊敬的职业,对教育内容和传统智慧敢于挑战;

(11) 相互了解、尊重和自尊;

(12) 了解生产及过程。

以上12点看法,可作为我们在培养孩子人格时的一种借鉴。那么怎样才能使孩子逐步形成适应现代社会的人格品质呢?最关键的问题是,父母要十分重视孩子自我意识的发展,因为自我意识的发展是人格发展的基础。

首先要帮助子女客观地认识自己。在小学阶段,他们对自己的看法和评价从属于成人。到了中学,孩子步入青春期,自我意识觉醒,产生强烈的自我保护意识,几乎是盲目而武断地拒绝家长的观点,而在自我追寻中又会产生种种的烦恼、困惑和偏执。这时,家长必须冷静地控制孩子的种种不快情绪,帮助孩子找寻"我是谁"的答案。

其二要培养孩子积极的自我体验,即对自己的所思、所言、所为都能正确地评价,分清是非、分清对错、分清好恶、分清成功与失败,从而明确应该怎样做,不应该怎样做,应该怎样做才能把事情办得好一些,进而有所发展、逐步走向成功。

其三要引导孩子有效地自我调适。调适的范围很广,如学习、活动、生活的调适;人际关系的调适;取得成绩,受到表扬、奖励时的心理调适;遇到困难、挫折甚至失败时的自我调适;特别是个人利益、集体利益与国家利益发生冲突时的心理调适。

总之,家长只要重视和不失时机地对孩子进行人格培养,那么,一定能塑造出现代社会需要的健康、健全的人格。

第 37 招　培养孩子的爱心

 **拾碎：**

常常能听到家长向人诉苦："现在的孩子一点不懂事，对人没有感情。只要爸爸妈妈爱他，不知道爱别人。"

 话题：

怎样培养孩子的爱心？

 闲话：

缺乏爱心是现在孩子的通病。那么为什么会如此？该如何解决？这是必须研究，也是必须解决的问题。

"为什么"的答案是，问题在孩子身上，根子在大人身上。由于现在的孩子基本都是独生子女，打从孩子出生起，集祖辈、父辈的宠爱于一身，吃的、穿的、用的先尽孩子，凡是好的先尽孩子，孩子有什么要求都依着，有什么错都包着，只知道赋予爱，而不重视对孩子的爱心培育，长此以往，孩子的心中就形成以我为中心、唯我独尊的观念，认为别人为我是理所当然的，根本想不到别人。因此，要孩子克服这种缺点,关键还在于当家长的要认识到爱心培育的重要性,从而根据孩子的特点,精心培育。

培养什么?爱心是心理过程中情感的重要方面,内涵非常丰富,其培育也应是多方面的。

爱父母、亲人:对父母长辈等要孝顺、关心,做父母的小帮手,和亲人同甘共苦;

爱他人,包括同学、老师、社会上需要关心的人们:要真心诚意关心他人,乐于帮助他人,善于和他人合作;

爱祖国、爱社会、爱生活:认识到祖国的伟大,有作为中国人的自豪感,自觉维护国家和人民利益,保护环境;

爱自己:要做好孩子、好学生,有做一个大写的人的志向,珍爱生命,使生命有意义和价值。

如何培育?爱心培养的方法因人而异,但也有一些共通之处:

树榜样。首先是父母以身示范,以对老人的孝心、对他人的友爱、对国家、民族的忠诚让孩子懂得怎样去爱;同时,要以对孩子真正的爱(而不是溺爱)去赢得孩子对你的爱。其二,给孩子介绍典型的爱心范例,特别是孩子周围能看得见、摸得着的同龄人的事例。要巧妙地引导孩子自觉地在比较中找差距、明方向,使好的方面不断得到发扬。

抓实事。一要抓早,不要以为孩子还小,等长大了就懂事了。爱的种子应该是从小播种的。二要抓小,比如父母生病了,要问候,要端茶送药。三要抓及时,比如神州五号升天,就要抓住时机及时向孩子宣传杨利伟的爱国情操。四要抓经常,如与同学间的友爱,既体现在学习中的互相切磋,生活上的互相关爱,精神上的互相支持,也包括在同学有困难时伸出援助之手。从学习生活中的点点滴滴做起,便会汇成爱的胸怀。

讲道理。在一般情况下这点是比较容易做到的。当孩子出现问题时,父母可能就不冷静了。但即使孩子态度粗暴,很不理智,父母也不能用压服的手段,要设法让孩子清楚为什么不能这样。压的结果只能带来恨。

用激励。这是培育工作中不可缺少的一种手段。当孩子表露出任何一点爱意,有了任何爱的行为,家长都不能忽略,要及时肯定,让爱的火花逐步扩大。对有特殊意义的举动,要予以支持。比如主动提出双休日去看爷爷奶奶、参加爱心捐助等,父母就应该尽量促成。在孩子还不是很自觉的时候,也可配合用奖励的办法刺激相应行为的产生。当然,有特殊表现的时候更应该表彰鼓励。孩子正是在不断激励中成长的。

第 38 招　保护孩子的自尊心

 **拾碎：**

常听家长说："孩子小，不懂好坏。随你怎么说都没有事。"还有的会说："我那个孩子皮厚着呢，你打他骂他也不知道好歹。"但也有不少家长领会到现代孩子的个性，"自尊心特强"，强到你稍微表露出有些不认同，孩子就会有反应，不是伤心得哭起来，就是浑身没有劲，或者是脸涨得通红，拼命强辩，证明自己是对的。

 **话题：**

怎样保护孩子的自尊心？

 闲话：

孩子有没有自尊？其实，每一个孩子都有自尊心，只是各人的表现形式不一样罢了。有的孩子被父母指责了不说话，不等于内心没有感受，只是压抑在心里，不表露在外，时间长了，总会爆发。有的孩子你说你的，我行我素，甚至变本加厉，这并不代表他对父母讲的不在意，恰恰是以此表示对指责和批评的不满，是他维护自尊的一种方法。可以这样说，维护自身的尊严是一个人的本能。如果一个人连起码的个人尊严都不要，就等同于破罐子破摔。因此，每个家长都不能忽略孩子的自尊心，更不能挫伤孩子的自尊心。中国几千年文明史中倡导的"士可杀，不可辱"、"不吃嗟来之食"都说明自尊是何其重要。自尊会激励人奋发向上，会逐步升华成气节。

那么，如何保护孩子的自尊心？最基本的一条是把孩子看作和你一样平等的人，给予作为一个人应有的尊重，使孩子感到父母都那么尊重我，我自己难道还能不尊重自己吗？

在此基础上，要让孩子真正理解自尊的含义。自尊是有基础的，这个基础就是小公民应具备的品质。自尊就是要使自己成为父母的好孩子、学校的好学生、社会的好公民。总之，要成为大写的人。如果自己身上有很多恶习，自尊就是改的问题，而不是维护的问题。要把自尊和自以为是、听不进别人意见区别开来。

盲目自尊是自欺欺人,换不到别人的尊重。

自尊心宜"鼓"不宜"息"。哪怕是表现比较不理想的孩子,要想促使他进步,也要发现他内在的自尊心;或者说,把他还没有丧失的那一部分激发出来,使这种自尊逐步扩大,去克服那些已经侵蚀他的不良东西。比如,孩子成绩不好,可是他关心集体,那就要肯定他关心集体的长处,让他感到在人们眼里他还是好样的。而且要表示相信他,对集体的事情能做得那么好,学习肯定也能搞好。然后再对学习作指导、提要求,孩子的积极性才会越来越高。

特别忌讳的是老是数说孩子的不是,绝对化的评价孩子。对孩子好不容易得到的一点进步看不上眼,不在意。老是将自己的孩子与别人的比较,把孩子说得一无是处。如果家长能多注意一些保护,少一些伤害,孩子就能有健康的心态,就会在愉悦中蓬勃成长。

第39招　帮助孩子树立责任感

 拾碎:

有一次,我和小学三年级的小朋友聊天,问:"你知道什么叫责任吗?"一个小朋友回答不知道,问他怎么这么起码的问题都不知道,他很不以为然地说:"老师没有讲过,我没有听爸爸妈妈讲过。"可另一个小朋友却回答得很干脆:"知道!"接着就进行了一组有趣的对话:

问:"那你说说,在家里你有什么责任?"

答:"我要好好学习,将来赚钱养爸爸妈妈。"

问:"你在集体中有什么责任?"

答:"我要想办法让大家开心。"

问:"你对社会有什么责任?"

答:"叫大家不要随便扔垃圾。"

问:"你对国家有什么责任?"

答:"就是周总理小时候说的一句话:为中华之崛起而读书。"

问:"你怎么知道责任两个字的?"

答:"爸爸妈妈说的,书上看的。"

 **话题：**

怎样帮助孩子树立责任感？

 **闲话：**

  这次的顺便聊天实在让我吃惊。一个三年级的孩子竟然连"责任"两个字都没有听说过，另一个孩子对这样的人生问题却对答如流，其间的反差太大了。这说明如责任感这类带有哲理性的问题，小学生并非不能接受，他会从他能够理解的角度去体验，不管是对与错或深与浅。可惜有些老师、家长忽略了对孩子的责任感教育。

  其实，这是一个很重要的问题。从上面两个孩子的比较中，我们会清楚地感觉到接触过这类问题的孩子明显懂事，没有接触过的孩子言行举止仍显幼稚。孩子有无责任感的利弊是非常明显的。如果孩子没有责任心，他必然随心所欲，高兴怎样就怎样，不乐意就可以什么也不干：父母可以不关心，家里的事与他无关；集体交给他的任务可做可不做，集体的荣辱他不管，"事不关己，高高挂起"；至于国家兴亡更是漠不关心；连他自己好赖都无所谓，学习好坏更无所谓。这样的孩子必然没有上进心，什么事都做不好。假如孩子有了责任感，就会有自觉性，自己去做，并且要求自己把事情办好。不管是学习、劳动、工作，不管是为父母、为他人、为集体、为国家，他都会尽心尽职。因为，在他看来，这一切都是他义不容辞的责任。因此，对孩子责任心的培育家长千万不能掉以轻心。

  责任心的培育，首要的是让孩子理解什么是责任，青少年应肩负什么样的责任。最起码要懂作为家庭的一员，他有责任振兴家业，有责任关心父母；作为集体的一员，要当好小主人；作为社会的一员，要当好小公民；作为中国人，有责任准备本领为振兴中华、为祖国的繁荣富强贡献力量。

  要让孩子敢于承担责任。比如学习上，作业的对与错由他自己检查，检查不出由他自己负责；在家里，尝试当家庭小主人，承担倒垃圾、整理书桌、洗碗等家务事；鼓励孩子到集体中主动承担某项任务，如出黑板报、擦黑板、收本子、锁门等，要求孩子必须保证将承担的任务完成好。日积月累，责任心就逐步培养起来了。

  放手让孩子做不等于不管，孩子在完成任务中如有难度，家长要予以指导，也可适当给予一点帮助，这种帮助最好是启发性的，不是代替做。当然，孩子如果负责任地把事情办得很好，及时的肯定和鼓励是不可少的，因为这是对孩子成功的一种承认，使他更明确方向，也可增强信心，进一步增进自觉性。

第40招　培育良好的意志品质

拾碎：

现在社会上很多人一提到孩子就会感叹：现在的孩子，心理素质实在太差，怕苦畏难，禁不起挫折，稍有不顺心，就灰心丧气，有的竟然还会想到死。

话题：

怎样培育良好的意志品质？

闲话：

这些现象反映出孩子在意志品质的形成中出现了问题。

所谓意志，是一个人自觉地确定目的，并根据目的制订计划来支配、调节自己的行动，克服困难，为实现目的而努力的心理过程。良好的意志品质体现在意志形成的全过程，内涵十分丰富：① 目的性，不是盲目行事，而要有目标、有理想；② 自觉性，不是无意识的，随别人支配，而是自己有计划地控制；③ 果断性，认准了就确定，确定了就下决心做，想法和言行完全一致；④ 自制性，在执行计划的过程中，有自我控制能力，不受外界干扰；⑤ 耐挫性，勇于克服困难、经受失败、接受考验，不退缩；⑥ 坚韧性，有毅力，百折不挠、坚持到底。

现在社会竞争激烈，对人才的要求很高，孩子步入社会会遇到各种问题，要能很好地适应和应对，不仅要有才干，而且要有坚强的意志和毅力。因此，根据孩子的现状和现实的需要，家庭进行良好的意志培育有相当重要的意义。

那么，如何进行意志品质的家庭培育呢？

要从两个方面抓：

一抓确立目标和制订行动计划。目标和计划是意志品质培养的前提，也是基础。目标的确立，能使孩子产生内动力。目标的实现靠具体、有效的行动计划，有了行动计划孩子就能知道如何去做。要达到这样的目的，关键是在计划方案形成的过程中家长要和孩子一起讨论，不能勉强、更不能强迫命令。孩子的意见如有不当，家长要设法引导，使两代人达成共识。因为孩子是计划实施的当事人，当事人不认同，计划无法实施。

二抓实施计划的过程。实施计划的过程也是良好意志品质形成的过程，这是意志品质培养的关键环节，在这一环节中着重做三件事：

一是抓意志品质锻炼的机会。孩子遇到困难、挫折、失败时，要及时鼓励、帮助他去克服、战胜。在克服、战胜的过程中意志就磨练出来了。另外，可以有意识地创设锻炼机会，比如攻克难题，改正某种不良习惯，完成一个有难度的任务，提高某门课的学习水平，搞小科技制作，甚至小发明等，鼓励孩子坚持不懈，直到获取成功。还有一种日常生活中随时

可利用的机会，那就是参加文体活动和劳动，其中有很大空间可供锻炼意志。

二是抓制订一种类似规章制度的约定，以供督促、检查。人总有惰性，何况孩子？孩子做事的持久性因年龄有一定的局限，因此要有一些约束机制。这里要注意的是，约定必须是和孩子共同拟定的，否则，容易引发孩子的逆反心理。

三是及时肯定、鼓励，激发向上的热情。对孩子的作为，要定期或不定期的总结、评议。孩子的每一个小的进步和提高都是可贵的，必须及时肯定，千万不能忽视。当孩子努力却没有获得成功时，不能讲他不行，要鼓励，扶他一把，增强他的信心和勇气。当取得成功时，进行适当奖励，让他品尝先苦后甜的欢乐，受到鼓舞而不断努力。只有在这种努力的过程中，意志品质的水平才会得到逐步提升。

第41招　培养孩子的独立意识

拾碎：

我听到有个小朋友痛苦地诉说:"爸爸妈妈出差了,我天天吃方便面。"可当和家长说到"不要总是不放心,要早些让孩子独立"时,有的家长就会直摇头:"现在的孩子已够不听话了,还要培养独立,岂非要爬到父母头上了?"

话题：

怎样培养孩子的独立意识?

闲话：

"独立意识"是指孩子能够意识到不应该什么都依赖父母,要学做小大人,不管是学习、生活、社交等,都要能自理、自立。与有的孩子不听父母的话,自行其是是两码事。

现在的独生子女,不是独立性强,而是依赖性强,源头就在父母。因为只有这一个宝贝,父母唯恐孩子会吃苦,从小把孩子的一切都包揽得好好的;同时,唯恐孩子做不好,因此不让他们做。长此以往,孩子离开了父母,什么也不会做。学习上,把父母当拐棍;集体中,凡事等别人办;生活上,饭来张口,衣来伸手;一到社会,不知道如何与人交往。事实上,孩子应该自己去处理学习、生活,如果没有独立意识,就不会养成自理、自立能力,其后果也就不言而喻了。

孩子独立意识的培养,应该包括两个层面:一是让孩子懂得自己的事情自己做,不能依赖父母;另一方面要培养自理自立能力。

培养的方法既简单又不简单。简单在于只要父母敢于放手,让孩子作为一个独立的人去面对一切。让孩子切实弄懂自己与父母间的教养关系,父母养育了自己,自己应在父母指导下走自己的路,决不能让父母代替自己,而父母也决代替不了自己。在自己尚年幼的阶段,多听听父母的意见是对的,但不能张大了嘴等馅饼掉到嘴里,而要自己去拿了吃。作为父母,要能坚持立场,在孩子小的时候,可以为孩子准备馅饼,但一定要他自己拿、自己吃。他不拿,决不送。当然,如果孩子不肯自己拿,不会自己来拿,家长就要设法让孩子既想去拿,又能动手去拿。应根据不同孩子的特点用不同的方法,如晓之以利害,树立榜样,品尝成功的欢乐,及时肯定、激励等等。

让孩子能真正自理自立,最关键的还在于让他知道怎么做。因此,方法的指导和能力的培养就特别重要,家长在这方面要花大力气研究。如学习上,要指导孩子自己去学,而且要会学,使孩子知道语文、数学、外语等的学习方法;知道怎样提高听课效率,怎样提高作业的正确率,怎样提高应试水平,怎样科学用脑,怎样合理安排时间,等等。在人际交往中,要指导孩子怎样孝敬老人,和父母怎样相处,和同学出现矛盾时怎么办,怎样和老师相处,老师不了解自己怎么办,被老师批评了怎么办,等等。诸如此类,家长都要精心指导,孩子一旦领悟了,他就能独立地面对一切了。

要达到这种程度,决非一日之功,家长要有耐心,一个方面一个方面去关注、去指导、去训练,功到自然成。到那时,家长就会收获到孩子对你为他所付出辛劳的回报。

第42招　帮助孩子克服自私心理

**拾碎:**

有一次一个妈妈来咨询,述说了这样一件事:因为她孩子特别喜欢吃鱼虾,那天领了工资后,花几十元钱买了一斤基围虾。孩子放学回来,看到桌上一盘红红的虾子,高兴得跳起来,直喊:"老妈,你真好!"看到孩子那高兴劲,心里甜滋滋的。吃饭时,孩子一个连着一个往嘴里送。这时,她想尝尝咸淡,哪知筷子刚刚伸过去,孩子就把盘子拉到胸前,嘴里还大声嚷着:"不是买给我吃的吗?你们怎么好来吃呢?"伸过去的筷子停了下来,心里顿时一阵酸楚。

**话题:**

怎样帮助孩子克服自私心理?

**闲话:**

这件事真是太典型了。几十年来,人们一直传诵着评价焦裕禄的一句话:他

心中只有别人，唯独没有他自己。可这位妈妈心中的痛苦和无奈，却告诉了我们这样一个事实，现在有的孩子是倒过来了，他们"心中只有自己，没有别人"。说白了就是"自私"。现在有这类"自私"行为的孩子还不少。他们在家中，什么好吃的、好玩的、好看的都占为己有，从不考虑老人，更不愿意和兄弟姐妹分享。在学校，遇到困难的事情就躲在一边，让别人去干，有什么荣誉就抢着上；好的学习资料藏着不给人看，别人的东西却总想去沾点光。如此等等，不一而足。

怎样帮助孩子克服自私心理？

首先要找到"私"字从何而来？有人认为自私是与生俱来的天性，有人认为是后天影响的结果。我国古代就有"性本善"与"性本恶"的争论。但现实生活中，热爱自己的父母、乐于伸出友爱之手、奉献一份爱心的小朋友大有人在，这就说明，"私"不是永恒的，是可以改变的。这个变数，就是后天的教育和影响。"近朱者赤，近墨者黑。"孩子的"私"的形成，应该说除了环境的因素外，家庭教育也逃脱不了责任。因为，很多孩子从小被父母宠爱，心中逐步形成"唯我独尊"的观念，心中装的只有"我"。因此，优化孩子的成长环境是第一要务。

其二，要有意识地指导孩子了解从古至今为家庭、国家、社会无私奉献的人物故事，从中得到启示。

其三，要支持孩子乐于助人、勇于奉献的行为。抓住社会呼唤大爱的时机，如抗洪救灾、抗震救灾、救助病人、扶贫帮困、互帮互学等，鼓励孩子伸出友爱之手。孩子自愿进行的这方面的行动，要给以充分的肯定，不仅乐观其成，而且尽可能助其成功，让孩子从家长认可的态度中得到鼓励，坚定自己的信念。

其四，指导孩子分清自私与无私的界限。学会与损人利己，祸害他人与集体、损害国家利益的行为划清界限，勇于斗争，培养无私无畏的高尚品格。

第43招　将"行"字装进孩子心中

 拾碎：

我看到一篇名为《夏令营中的较量》的文章，写的是在夏令营的较量中，中国小朋友在体力、耐力、心理承受方面均输给了日本小朋友。

 **话题：**

怎样将"行"字装进孩子心中？

 **闲话：**

《夏令营中的较量》一文中提供的事实向我们提出了一个尖锐的问题："板子该打在谁的屁股上呢？"其实，只要看过此文的，无不清楚地意识到，不争气的孩子该打！"一日为师，终身为父"，尊之为父母的老师该打！"子不教，父之过"，担负第一任老师和终生教师的爸爸妈妈更该打！找到"冤大头"容易，难就难在要使受罚者无冤受罚。这就必须量错而施罚，使其受罚而知错，知错而改过，改过而免罚甚至立功受奖。

且不论教师的功过，做父母的该挨几大板？

夏令营中的中国小朋友一是嘴刁，背包里只带好吃的；二是手懒，不肯动手烧东西；三是腿慢，老是落在日本小朋友后面；四是脑钝，碰到困难不知如何处理；五是心低，没有目标，没有高要求；六是气弱，受到挫折就想当逃兵，竞争失败也不想奋争。这一切都表明那些到场和没有到场的家长一不懂现代人才的标准，把孩子当作温室里的花朵；二不懂育才方法，娇生惯养使孩子缺乏生存能力；三不懂"忧患"意识，目光短浅，没有紧迫感，使孩子缺乏耐挫力和竞争能力。警钟已响，若不惊醒，发展下去后果不堪设想。一批批近视眼、软骨头、低能儿如何堪当擎天柱？百年大业从何发展？中国怎能自强于世界民族之林？

当今之计，家长必须改变育儿观点，化望子成龙为育子成才；把羽翼保护下的小鸟放飞到广阔的天地里，让他在暴风雨中搏击，练成坚实的翅膀，鹏程万里；帮助孩子确立远大理想，定下人生的路标；教会孩子怎样自理、自立；鼓励孩子迎难而上、自强不息、奋斗不止；和孩子一起认准竞争对手，敢打、敢超、争取胜利。

在发扬光荣传统的基础上，吸收时代精神，要使炎黄子孙不仅不逊于大和民族，而且以民族特有的英姿雄踞地球，唯一的方法是让孩子树立起"行"的观念。

这实际上是采用"暗示法"打一场心理战。苏联著名生理学家巴甫洛夫认为，暗示乃是人类的最简单的、最典型的条件反射，你只要将目标的种子送入潜意识，它会自动地吸取各种养分，结出丰硕的成功之果。潜意识中注入了"行"这个字，就获得了信心。美国工业巨子亨利·福特将信心誉为宇宙中的无限宝藏，它能推动一个人克服所面临的一切障碍，直到获得所需要的财富。日本八佰伴百货市场的创始人，靠信心获得了成功。乔伊·吉拉德靠信心成为世界上最伟大的推销员。美国心理学之父威廉·詹姆斯声称:"我们坚定不移的信心,常常是取得胜利的唯一法宝。"孩子相信自己"行",就有勇往直前的锐气,就会克服种种困难去赢得成功。

这里所讲的"行",不能和阿Q的"精神胜利法"等同起来。即使是在充分肯定孩子"行"的同时,也要采取一些相应的辅助措施。如成绩好要告诉他不傲才"行";基础好、心理素质弱的,要告诉他有信心就"行";基础差的,告诉他认真查漏补缺就"行"。有了相信他的前提,孩子对后面提的要求和建议就听得进去。只要孩子有自信心,相信自己能"行",定能发愤努力,不行也"行"。

第44招　进行抗挫力的培养

 拾碎:

我常常听到人们讲的一句口头禅:现在的孩子耐挫力差。确实我也有这样的感觉,老发现孩子情绪不好时不是发呆,就是掉眼泪。追问原因,无非是考试考砸了,被老师批评了或者好朋友不理睬她了等等。

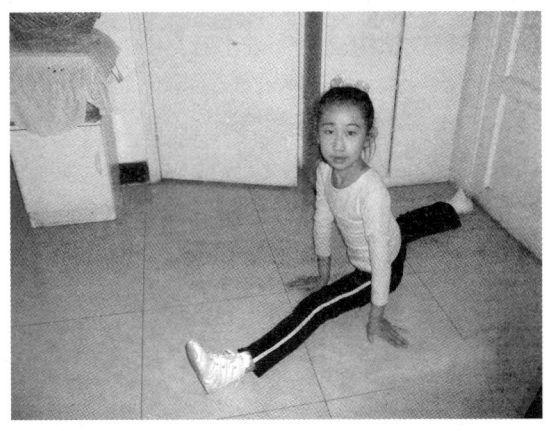

 话题:

怎样增强孩子经受挫折的能力?

闲话：

提高抗挫能力并不是一件容易的事，不是靠说一通道理，提几个要求就能做到的，而是要靠平时一步一步地培养，日积月累，逐步提高的。家长如能从以下几个方面作些努力，对孩子提高抗挫力会有些帮助。

一是找准产生挫折的原因。从孩子自身来说，有生理方面的原因，如语言能力、动作能力、协调能力发展得不好，遇到事情就不容易做好；有心理方面的原因，如依赖性强、坚持性差、脆弱、畏难等弱点使其在离开父母怀抱后免不了会受挫。从外界来说，孩子所处的环境、所遇到的机遇都会使孩子因为不适应而备受挫折。

二是增强孩子抵御挫折的能力。一方面指导孩子掌握与年龄相符的知识技能，另一方面要增强孩子的心理承受能力。如在劳动中不怕苦、遇到困难不回避、做事失败后不灰心、受了批评不垂头丧气。

三是做好遭遇挫折后的疏导工作。首先引导孩子分析失败的原因，然后帮助孩子"心理释放"（让孩子说出心中的愉快或不愉快），同时进行"心理疏导"（先转移注意，避开此次失败，从别的事情中找孩子的长处），接着要指导孩子尝试参加其他延伸活动，让孩子产生新的希望。在这过程中，要对孩子进行抚慰，可以是语言鼓励，也可以是身体接触，让孩子感到温暖，消除被遗弃、被冷落的消极感受，从而获得一种力量。

四是在挫折中培养抗挫能力。俗话说，吃一堑长一智。如果让孩子经常遭受一些小挫折，他们就会知道生活中挫折无处不在，只有不断战胜挫折才可能成功。这样，抗挫的意识就会增强，在一个个挫折的解决中，能力也逐步增强了。

第45招 关注孩子性早熟

拾碎：

我发现过去初中孩子身上才会出现的现象，现在小学高年级孩子就有了：女孩子注重打扮，爱挑漂亮的服装，镜子前一照就是老半天，一个头梳来梳去不知要多少次。书包里老有不署名的约会小条子，来找孩子的异性同学多了。有的小男孩老去骚扰小女孩，有的甚至老出去转悠不归家。

话题：

孩子性早熟怎么办？

 闲话：

这些情形令很多父母忧虑不安，这是可以理解的，但着急大可不必，因为这些现象表明孩子已进入了青春期。由于现在经济条件优越，有的孩子提前进入了发育的第二高峰期。孩子很快就要成为大人了，这是可喜的。但是，身体和知识增长过快，心理的成熟跟不上生理的发展，就会产生很多矛盾，如独立性与依赖性、闭锁性与社会性的矛盾，所以有人将这一时期称为危险期。这时期的孩子如果得不到正确的引导，往往会产生一系列的不良行为，甚至出现性过错。所以，家长必须重视这时期的性教育。

那么，家长应对子女进行哪些性知识的教育呢？该怎样进行性教育呢？

必要的性知识应包括三个方面：

一、性生理知识

要告诉女孩子，乳房的隆起并不可羞；月经来潮并不可怕，这是正常的生理现象。要注意不能束胸，经期要讲卫生，如经期用品的保洁，运动量要控制等。还要给孩子讲女性生殖器的构造及其作用，打消神秘感，防止随意性。对待男孩子，要让他知道怎样看待喉结的隆起和变声，男性生殖器的作用和保护，出现了遗精和手淫该怎么办等知识。除灌输知识外，家长要随时关心孩子生理上的变化，预防疾病的产生，一旦发现孩子有痛经或手淫等问题要及时指导或者医治。

二、性心理知识

青春期的孩子容易产生两种心理，一是压抑心理，一是冲动心理。压抑心理表现在由于不了解青春期人体生理变化的知识，当身体发生某种变化时惊恐不安，如当出现痛经、遗精之类的现象时，内心便恐慌害怕；当发生了手淫行为后，更是惴惴不安，甚至有犯罪感；和异性交往出现不顺时，又会闷闷不乐。冲动心理表现为青春期性的自然冲动和力求表现成人行为的冒险冲动情绪。社会媒介中过多的性信息刺激下也会引起冲动。控制不当时会出现涂抹异性的名字，画色情画，讲下流话，调戏异性等冲动行为。这些心理并不奇怪，但也不正常。家长要引导孩子区分健康心理与不健康心理，教给他们调节心理和平衡心理的方法。

三、性道德知识

性道德首先是指两性必须遵从的道德规范和行为准则。家长至少要给孩子讲清三方面的道理：① 外貌、体型与美的关系。青春期的孩子特别渴望美,希望以美好的形态去吸引对方,这是正常的。但是为了刻意追求这种美,有的不惜虐待身体,有的靠猎取衣物装扮自己,有的利用色相挑逗勾引异性以显示魅力,这就危险了。要让子女知道体型、外貌美要与心灵美结合起来,才是真正的美。② 本性与理智的关系:有性兴趣、性冲动这是不奇怪的,但是不加控制发泄性欲就让人与动物等同了起来。因此,个人必须学会自我控制性冲动,做到自尊、自重、自爱。在与异性交往中,要尊重对方,保持一定的空间距离和心理距离,与异性交往要有一定的限度,语言、行为要文明。③ 情爱与责任的关系。异性间产生好感而建立友谊,这完全合理合法,但初中阶段就发生恋情、性爱就过早了。因为一旦形成婚姻事实,双方必须承担责任和义务,刚步入青春期的孩子是无法,也不可能做到这一切的。因此异性交往的尺度只能是友谊,不能发展到爱情,男女间虽然不必受封建的"男女授受不亲"思想的禁锢,但也不应有越轨的性行为,要培养出高尚的性道德情操。

要让孩子较好地接受性教育,这中间还有个方法问题,应视不同情况采用不同方法。

预告法:如人体性器官构造、人的生殖过程、性生理卫生等生理类知识都应在孩子步入青春期前就适度地告知一些,有了一些科学知识后,才可以避免产生不必要的偏差。

指导法:及时指导是最有效的方法。当性生理出现异常变化的时候,父母亲既要从心理上帮助解脱负担,又要作具体的技术指导,特别是母亲对女儿,父亲对儿子应辅导得更具体。当孩子处于性冲动的困惑中,父母要作疏导,并设法分散注意力,把精力引到投身学习和丰富多彩的兴趣活动中去。当孩子出现性生理疾病和心理疾病时,一方面要就医诊治,同时也要帮助孩子驱除心理障碍,树立信心,积极配合矫治。当孩子开始和异性交朋友时,父母要指导他们懂得用什么标准择友和怎样交往。特别是要注意对社会媒介中传播的性信息进行指导,如影视中的情爱镜头,小说中的性爱情节,杂志中有关性知识的介绍,乃至社会公共场所男女恋爱的情景等,父母要教孩子掌握一些评判的标准。

谈心法:在预告常识和指导行为时,必须防止的弊端是单纯的灌输、说教。父母单方面有积极性,一味地居高临下教育,往往适得其反,会使孩子产生逆反心理,到那时必定是事倍功半。按照现代青少年的特点,最适宜的教育方法是谈心讨论。如对大众媒介中的性信息,父母简单规定哪些能看,哪些不能看是解决不了问题的。只有通过讨论,明辨是非,并掌握辨别标准,才能增强免疫力。在和异性交往中,一旦有了早恋现象,简单命令断绝来往是不行的。只有通过谈心,让孩子看到早恋的危害性和可能产生的严重后果,促其幡然醒悟。如孩子控制不了性冲动出现了越轨行为,犯了性过错,这时一味责怪、批评,甚至打一顿都无济于事。只有耐心地剖析危害、反复开导,让孩子看到问题的严重性,认识到自己所走道路的危险,才能使其痛下悔改,采取正确的解决措施。

榜样法:正人立身是教育的重要原则。父母作风不正,性生活不检点,两性交往不严肃,对孩子会产生很大影响。一会促使孩子仿效,二会使自己的教育没有说服力。如果因为这个原因孩子犯了性过错,父母实际上就是教唆犯罪,难逃责任。为了下一代,父母必须加强自身的性道德修养。

青春期是孩子人生的关键时期,父母不能漠不关心,置若罔闻,不能坐等其自然知晓,随意发展,更不能封闭禁绝,限制行动。只有及早准备,抓住时机,有的放矢,讲究方法,才能使孩子身心健康发展。

第46招　减轻孩子在学习中的心理负担

 拾碎:

当我走进孩子的世界,没有几个小朋友能告诉我他是快乐的。当我问为什么时,孩子们异口同声地说:"学习负担太重,学习太枯燥。从学校到家里,从老师到家长,说的都是'学',除了'学',还是'学',真要把人逼死了,实在没有意思。"

 话题:

怎样减轻孩子在学习中的心理负担?

 闲话:

少年儿童应该是快乐的小天使,但他们不快乐;学习应该是有意义的事,但他们认为没意思。孩子们的看法对不对?肯定存在片面性。学生不学习还干什么?但有没有道理?肯定有道理,这里既反映了当前学校和家庭教育中存在的一种偏向,同时,也反映了当前学生中一种普遍的心理状态。细析一下,又会发现由于孩子个体的差异,心理反应也各异:有的是"轻学",不把学习放心上,认为很简单,或者认为学不学无所谓,整天漫不经心。但学习其实并不轻松,因此现实与心理会出现碰撞,于是就嫌学习烦。有的是"拼学",自己很自觉,非常要强,一心争取好成绩,心理一直处于紧张状态。如果得了好成绩、好名次,就欣喜若狂,否则就郁郁寡欢,情绪波动很大。有的是"畏学",因为自己尽了努力,但老是得不到理想的成绩和名次,就认为学习太难,怀疑自己不行。还有一种是总得不到老师和家长的肯定,或老是挨批评,自己就手足无措,于是觉得要学好实在太难了。有的是"厌学",因为较长时间的努力效果不大,来自学校和家庭的压力又大,自己不知怎么办,感到身心疲惫、厌倦,甚至憎恶学习。从以上的分析可知,不管学习成绩好与不好,不管自觉与不自觉,都会出现心理问题,如果这些问题得不到很好的解决,那么,不管是老师还是家长的美好愿望都难以实现。因此,减轻孩子在学习中的心理负担,调适好孩子的心理状态至关重要。

如何调适?要根据不同的情况进行有针对性的引导。如果孩子"轻学",要让他认识到学习的重要性和难度,引领他到知识的海洋中遨游,可适当地、经常给他提些具体要求,使孩子懂得该怎样学。对"拼学"的孩子要保护其积极性,指导他正确对待分数和知识的关系,正确评价自己和他人,正确看待成功和失败。胜不骄,败不馁,百尺竿头更进一步。对"畏学"的孩子,要加以鼓励,设法让他成功一下,以增强其信心,让他相信"我能行",并且要给以科学的学习方法,从想学而学不好到想学就能学好,真正达到"会学",只要会了,就不怕了。对"厌学"的孩子,首先要找出"厌学"的原因,一般来说,上面的三种情况如得不到及时疏导都可能产生"厌学"情绪,而"厌学"情绪产生后又得不到及时疏导,就会真正"厌学",直到不愿意再学而旷课、逃学。因此一发现这种苗头,就要根据产生的原因针对性地做工作,使孩子重新建立起信心,激发热情、兴趣。作为父母和老师,千万不能听之任之,袖手旁观。

其实,要做好孩子的心理疏导工作,关键还在大人。如果家长的教育观、人才观不转变,片面追求分数,只要求孩子关门读书,逼着孩子读、读、读,做、做、做,孩子的心理问题就会越来越多,积重难返。

第 47 招　进行考试心理辅导

拾碎：

　　考试前，孩子们大脑的弦绷得紧紧的，从早上起床到晚上九十点钟，看书、作业、做课外题，一刻也不停。考试的结果出来，哭的、笑的、沉闷的、跳楼的，不一而足，形态毕现。

话题：

　　怎样进行考试心理辅导？

闲话：

　　考试是检查学生学习效果的一种重要手段，家长和孩子关心的分数就是从考试中产生的。除了老师是考试的关心者外，家长和学生都十分重视考试。考、考、考，老师的法宝；分、分、分，学生的命根。正因为如此，考试前后，孩子的心理就会出现一些异常波段，最突出的是考前紧张，考后自卑、失落；也有一些考前松懈，考后自责或自傲。不同的孩子会出现不同的心理。

　　其实影响考试成绩好坏的因素是很多的。一是平时学习中对知识掌握的情况和各种能力的培养，如分析综合能力、归纳演绎能力、发散创造能力等；二是考前的复习情况；三是考试技巧的掌握。如果不注意学习过程中各阶段的优化，仅期盼高分，为考试担忧，是不可能获得理想的成绩的。其实，最影响考试的还是考试前的心理状态，越是对考试的期望值高，心理负担越重，越会适得其反。因此，做好考试心理的辅导，使孩子在考前保持愉悦、自信、果断、坚韧的良好心态是每个家长都不能掉以轻心的问题。

　　考试心理的家庭辅导应如何进行呢？

　　要想平衡孩子的心理，辅导者的心理首先要平衡。恐怕谁都会发现，对考试，家长的心理比孩子还要紧张，生怕孩子考不好，因此，早早地就制造紧张氛围，给孩子规定指标，提出奖励标准或者惩罚措施，给孩子施加沉重的心理压力。结果让孩子背着沉重的包袱迎接考试，脑中装的不是知识，而是父母的威吓或诱惑，最终往往事与愿违。所以,家长应先平衡好自己的心理,然后引导孩子明确复习考试是巩固知识、增强能力的重要手段,是分内的而不是外加的,应愉悦、自觉地迎接它。

心理紧张是无把握的一种表现,要使孩子真正消除紧张心理,就必须让孩子对即将接受检查的项目有充分的准备,也就是平时要牢固地掌握基础知识,提高运用知识的能力,考前认真做好复习工作,对要测试的知识心中有数。而一个单元乃至一学期的知识要在短期内全面复习巩固,肯定是艰苦的,必须要有吃苦的心理准备;要想真正、全面掌握知识,特别是有缺漏的要补上,确有很多困难,必须要有战胜困难的意志、毅力。即使努力了,也可能成功,也可能达不到预期目的,必须要经受得住挫折。因此要配合进行一些意志力和耐挫力的培养。

让孩子掌握一些考试技巧也不失为防止产生紧张心理的一种方法。如认真阅读试卷,弄清要求;大概分配时间,尽量合理一些;准确审题等。为了防止将紧张、焦虑的情绪带进考场,教给孩子一些自我暗示的语言,如"我相信我能应付这次考试"、"今天精神真好,我一定可以考好"、"题目一定要看清楚,肯定没问题"……孩子以愉悦、自信的态势走进考场,考试中才能发挥得好。

考试过后,家长不要过分关注分数多少,特别是对考试失利的孩子,不能过分责怪,甚至打骂。应指导孩子总结考试中成功与失败的原因,分析并找出知识的缺漏,和孩子一起商量对策。对因成绩差而自卑、灰心丧气的孩子,要调整他们的心态,让他们重新振作起来,树立自信心。

围绕着考试问题,家长应做一系列的心理疏导。平时成绩好的孩子掉以轻心,马虎了事;成绩差的孩子缺乏信心,或者心理过于紧张;还有一些孩子玩小聪明,想碰运气……对诸如此类的不良心理要及时予以矫正。切忌用自己患得患失的情绪影响孩子,更不能在考前对孩子施加压力。如果孩子能在愉悦的心情下,在平衡的心理状态中参加考试,一定能获得较理想的成绩。

第48招　巧用激励法

 **拾碎:**

家长教育孩子,经常会说这类话:"你数学考××分,奖一部游戏机。""你在

班上考了前三名,爸爸妈妈发大奖。""你考上了×××学校,就给你老子挣了面子。""你考上××重点中学,你想要什么就给什么。"……

 话题:

如何运用激励法?

 闲话:

这些家长运用的都是激励法,有没有作用?有。但不能忽视与此同来的副作用:其一,万一考不上重点中学怎么办?使孩子免不了多一份担心。其二,万一给父母丢了面子,怎么办?使孩子心里凭空添了一份害怕。其三,游戏机好是好,但学习太难太苦了,不要了。激而不发等于零,前两点还可能造成孩子心理失衡,背思想包袱。特别是学习上遇到困难时,家长的话就浮现在脑海中,困惑、苦恼、忧虑……反而影响学习效果。有不少学生考试时临场发挥欠佳,大都与此有关。比如,考前家长反复叮咛,极易使孩子心理紧张,大脑受抑制,

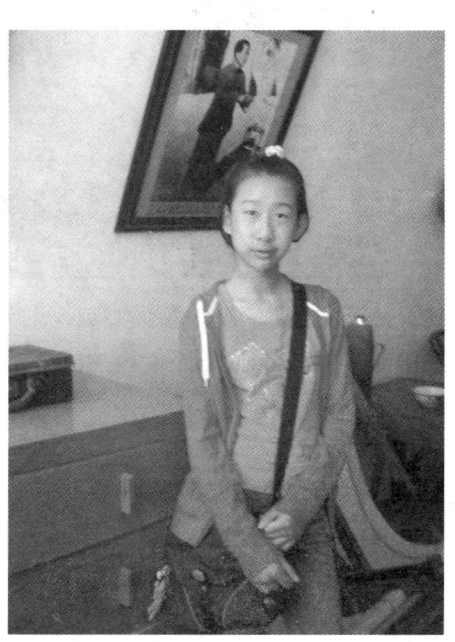

思维迟钝。万一碰到了难题就更慌了手脚。而考试揭晓，理想者高兴得发狂，失常者则惶惶不可终日，心灵戴上沉重的枷锁，如果父母不注意再责怪几句，就可能出现一些意想不到的后果，所以千万要防止激励不当产生的负效应。

要使激励产生正能量，必须注意几点：

首先，目的要明确。激励应是对孩子表现的正面肯定，是为了更好激发孩子的上进心，并不是为了什么人的面子，更不是一种哄骗孩子的手段。

其二，激励要适度。要根据孩子的实际情况适度激励，尽量轻描淡写。激励时不能给孩子造成太大的心理压力，家长要善于为孩子创造宽松的心理环境；激励时要留有余地，不能提得太高、说得太满，谨防孩子经不起表扬。

其三，激励方法要适当。精神和物质都可以，以精神激励为主。在进行金钱、物质的奖励时要适度，不能因为家庭经济条件好而把价码提得过高。特别要注意的是奖励的使用，家长要从旁指导，否则会起反作用。

第六篇　传递智慧门的金钥匙

> 社会发展的历史进程昭示人们,没有科学就没有人类进步,没有科学社会就不会发展。开发孩子的智慧潜能,交给孩子开启知识大门的钥匙,激发创造的火花,应是现代家庭教育的重要内容。

第49招　引领孩子崇尚科学

拾碎:

我问孩子们:"你喜不喜欢科学?"没有人回答不喜欢。但当问他们:"你怎么学科学?"很多孩子都会回答:"不知道。"

 **话题：**

怎样引领孩子崇尚科学？

 **闲话：**

要使孩子崇尚科学，得先从培养"爱科学"入手。要孩子对科学产生"爱"，必须做两方面的工作：一是让孩子懂得科学对人类、社会发展和个人生活的重要性。这可从人类文明史中"钻木取火"的故事开始，到"四大发明"、"圆周率"、"浑天仪、地动仪"等发明，再到今天的神州五号开创我国载人航天的历史等具体事例，让孩子感受到科学的力量。二是激发孩子对科学的兴趣。可用从"烧开水"得到启示发明蒸汽机，从苹果落地发现万有引力等科学故事，让孩子感受到大千世界的奇妙，处处有科学，科学并不神秘，激励孩子去思考、探索。还可让孩子找一找日常生活中由于不讲科学，让人失败、吃苦头的例子，体会一个人没有科学知识不行，从而产生学科学的欲望。

当孩子对科学产生了渴望的时候，家长就要因势利导，指导孩子"学科学"。其实，孩子在学校学习，本身就是在学科学，而且学的都是最基础的科学知识，是为日后掌握更多知识做准备。因此，要让孩子明白，学科学的第一步就是把学校的各门基础课程学好。同时，要指导孩子大量阅读。科学的范畴是很广的，社会科学、人文科学、自然科学都是科学，因此，文艺类、科普类图书都是阅读范围，书籍、报刊、杂志、影视都是可利用的学习资料。家长可以根据孩子的兴趣、爱好和个人的特点，针对性地指导孩子去涉猎科学知识。另外也不能忽视指导孩子留意生活，在生活实际中获取鲜活的科学知识。如发生在身边的自然现象，新的科技发明等等。

学以致用，学习才有意义，孩子的兴趣才会越来越浓，才会持久。因此，家长要耐心指导孩子"讲科学、用科学"。讲科学，就是凡事按科学办事，用科学道理去解释各种现象。如学习，就要掌握学习规律，规律本身就是科学。按照规律合理安排学习时间，按照各科特点采取相应的学习方法，按照认知规律去用脑等。不搞唯心主义，把人看成天生聪明和愚笨；不搞封建迷信，如有的孩子把成绩好寄托于菩萨保佑。用科学，就是要用学到的知识解释各种自然现象、社会现象，将学到的知识化成能力，搞小实验、小制作。可在已学到的知识的基础上，展开想象，去发现，去创新，去创造。我国已有的一批小科学院院士，足以证明孩子身上蕴藏着无限的创造力。家长要善于保护孩子的这种积极性，不要认为他们瞎折腾而扼杀好苗子。

让孩子从小建立讲科学的观念,对他们的学习和将来的发展都大为有益,如能实现,孩子将终身受益。

第50招　指导孩子自己学

 拾碎：

我常听到家长这样的埋怨声:现在小孩读书,可把大人搞惨了。每天上班紧张极了,到家还得陪公子读书,给孩子检查作业。真要把人累死了。

 话题：

怎样指导孩子自己学？

 闲话：

家长对"陪公子读书"有怨气,但当你问他们孩子的功课为什么不让孩子自己做时,他们必然会直摇头,而且马上反驳你:那怎么行？你不陪在旁边,孩子就不好好做作业,不是玩,就是做得一塌糊涂,到学校要挨批评,次数多了,给老师的印象不好。再说,如果作业的错误没有检查出来,孩子在学校挨了批评,回家要闹,哪还能不检查？而且每天的作业中,几乎没有不错的。如果不帮他检查,就等于天天挨批,我们也就没有好日子过了。

听起来不无道理,家长们有诸多苦衷,有种种无奈。似乎我们只能表示同情而不能非议,因为家长们没有功劳也有苦劳。但在同情之余,我们不禁要想,好学生是这样培养出来的吗？人才是这样培养出来的吗？现在在当父母的,你们也是爸爸妈妈这样陪出来的吗？你们准备陪到何时？你们又能陪到何时？你们是不是有无法陪的时候？你们是不是总有一天会觉得力不从心,无力陪下去？或者孩子不听话,无法再陪下去？到这种时候你们又怎么办？面对这种种问题,我想,每一个明智的家长都会发现,自己的困境与自身有关。如果能看到周围的家庭,你们又会发现,有很多好学生,其父母管倒也管,但并没有像自己这么辛苦,这又是为什么？你们是否可从中领悟到,要走出这样的困境只有靠自己。

当家长的首先要搞清楚的是,孩子学习是孩子在获取知识,是孩子在为长大后走上社会准备本领,因此这是孩子自己的事情。自己的事情就得自己做,别人是代替不了的。比如有的家长帮孩子做题目,作业确实是完成了,但是,会做的仍是大人而不是孩子。因此,家长首先要帮助孩子解决的问题是想学,要学。明确学习应是自身的需要,也是对自己、家庭、社会的一种责任。家长要让孩子真正明这个理,而不是包办代替。

其二,要解决孩子的心理问题。现在孩子中怕苦畏难的情绪比较普遍。遇到难题就绕道走,或者干脆不想做。如果爸爸妈妈比较好说话,又有文化水平,就干脆让父母代劳;稍微好一些的就哇啦哇啦叫,"爸爸(妈妈)快来帮我!"。由于这种情绪长期得不到解决,最后导致没有自信心。因此,家长指导孩子调适心理很重要。要让孩子建立自信心,相信"我能行"。要让孩子懂得,越过困难就是成功,"天下无难事,只怕有心人",困难就像弹簧一样等等。当孩子自己解决了难题,要及时给以肯定和鼓励,孩子就能逐步培养起自信心,克服依赖性和畏难情绪。

其三,要想具体帮助孩子学习,只能在三个方面出主意:一是指导解题思路,让孩子自己得出结论。检查作业,只能启发性地指出错误所在,让孩子自己去发现、纠正。二是指导学习方法。从学习的过程指导起,如怎样预习、复习;怎样听课效果好;怎样做作业又快又准等。又需指导各科的学习方法,如怎样学语文、数学、外语等。还要教给孩子一些学习上的技巧,比如怎样才能写好作文,怎样阅读课外书籍,如何巧解应用题,怎样科学记外语单词等。

总之,要指导孩子科学地学习,进而让他学会学习。如果能做到这一点,孩子就再也不用你坐在他旁边,孩子的成绩也会让你喜笑颜开的。

第51招　培养良好的学习习惯

 **拾碎:**

现在的孩子都是背了书包上学校,铃声一响就回课堂上课,放学回家做作业,做完作业就万事大吉。同是一样的过程,孩子的学习成绩差异却很大,令很多家长郁闷。

 **话题：**

怎样培养良好的学习习惯？

 闲话：

其实，学习成绩的好坏，除了与智力因素有关外，有一个不可忽视的因素，那就是学习习惯。良好的学习习惯，是作为一个学生必须具备的基本功。有了好的学习习惯，才能提高学习效率。学习习惯不好，会直接影响对知识的吸收，影响思维的发展，影响时间的利用率，也就必然影响学习效果。那么，孩子要具备哪些学习习惯呢？怎样才能形成良好的学习习惯呢？

要想学习好，孩子必须养成五种良好的习惯。预习习惯：新课学习前，必须预先看一遍，自己试着确定重点，并找出难点，带着问题上课。听课习惯：全神贯注，跟上老师讲课，积极思维，举手发言，适当做笔记。作业习惯：字迹端正清楚，格式规范，反复验算，准确率高，及时订正。复习习惯：每天及时复习，先复习后做作业，一单元一总结。考试习惯：考前系统复习，考中冷静、细心，尽量检查、验算，考后做试卷和学习分析。

这五种习惯是相辅相成的。学生的主要任务是学习，而获得知识的主要场所是课堂。因此，培养良好的上课习惯，是每个孩子不可缺少的。要提高课堂听课效率，除了上课认真听讲外，预习又是十分重要的环节，而要使所学知识消化并化为能力，认真做作业与复习巩固又成为学习过程中不可缺少的一环。

同时课外扩大知识面也是必不可少的，因为书本的知识也是有局限的，缺少鲜活的东西，因此需要课外学习的补充。课外学习主要抓三个方面：一是课外阅读；二是做一些必要的课外习题；三是各种动手、动脑、动口、动脚的实践活动。要注意时间的合理安排和量的适度。

而要养成以上这些良好的学习习惯，有一个非常重要的前提，即培养孩子的自主习惯，有了这一点，孩子才能主动学习，主动做作业，主动复习，主动独立思考和钻研，学习才可能有收获。

家长要根据学习习惯的基本要求，指导孩子踏踏实实去做，克服学习中的三多三少：机械学习多，运用技巧少；被动学习多，主动学习少；孤立学习多，举一反三少。反复抓，抓反复，良好的学习习惯一定能养成。上了轨道，稳中求活，学习成绩的提高自是必然结果。

习惯是靠训练出来的。学习中各个环节的习惯养成就靠明确标准，一丝不苟地加以实践,检查督促,反复矫正,潜移默化地步入学习的正确轨道。

第52招 激发孩子的学习兴趣

 **拾碎:**

现在很多家长总喜欢说:"我的孩子不爱学习,让他多做几道题都不肯。整天叫苦连天。"如果问学生,没有几个能说自己喜欢学习,他们有句口头语是"烦死了"。你如果问他们喜欢哪门课,他们会回答"说不上来"。

 话题:

怎样激发孩子的学习兴趣?

 闲话:

这些现象都反映出孩子对学习的兴趣不大。可能家长们都有所体会,如果是孩子喜欢做的事,你阻挡不住,大人不同意,他会偷偷摸摸去做,而且做起来废寝忘食。这是因为他感兴趣。

如何让孩子把学习当作喜欢的事?如何把这种兴趣激发出来?这是孩子学习好的一个前提。因此,每个家长要将此当作比抓分数更重要的问题来抓,因为只有这个问题解决了,家长所期望的成绩才可能出现。

怎样才能把孩子的学习兴趣激发出来呢？每个孩子对学习缺乏兴趣都有各自的原因，要解决问题必须从源头抓起。这里仅从一般的情况说一些普遍性的意见。

首先要消除对学习的负担感和恐惧感。有些孩子怕学习是因为学习占去了他的所有时间，再加上好心的爸爸妈妈为了让孩子多学一些，还要见缝插针，让孩子做课外题，上各种班，搞得孩子没有一点自由支配的时间。久而久之，孩子开始厌学。另外一些孩子尽管很努力，但学习成绩始终上不去，老师不喜欢，家长要责骂，长期下来就怕学习。因此，父母首先要帮助孩子从沉重的学习负担中跳出来，合理安排学习和娱乐休息时间，帮助孩子解决学习上的困难，解除心理负担，让孩子轻松地学习。

其二，要让孩子品尝到学习成功的快乐。要达到这一点，就需要在学习方法上给以指导，不是打疲劳战，而是科学地学习。当孩子赢得奖杯或者取得进步的时候，要充分运用激励机制，给以充分的肯定、表扬、奖励，使孩子看到自己的能力和自身的价值，让孩子觉得在学习上"我能行"，这样，孩子就能乐于学习。

其三，要为孩子创造良好的学习环境和条件。家庭学习氛围的营造中，父母的学习态度和学习行为对孩子有重要影响；同时还要给孩子树立一些学习的榜样，健康的偶像对孩子是有激励作用的。学习条件方面，除了为孩子准备学习必需用品、课外读物等，还要为孩子创造扩大知识面、深入学习的机会。学习活动力求形象化、多样化、趣味化，发挥学习活动自身的吸引力。不要简单地让孩子读、读、读，可将难记忆的内容编成儿歌、顺口溜；抄写生字时，可看书抄写、听写、自己默写、边读边抄、讲字义写汉字、看图片写汉字、写出句中缺少的一个字等；组织家庭学习竞赛等等。最好把学习和生活联系起来，让孩子在运用中学习，如孩子练习写作文，让他写信给远方的爷爷奶奶；孩子学了加减乘除运算，让他帮家里算算账、记记账；孩子学了一些自然知识，让他在家中做实验等。

其四，要重视孩子智慧的火花，重视孩子在学习中表现出的好奇心，激励孩子去异想天开。不要怕孩子刨根问底，这实际上是孩子对学习产生兴趣的表现，太可贵了。家长要有充分的耐心，尽可能和孩子一起去思考、去探索，共同体验失败与成功。即使家长没有这么多时间和精力，但只要对孩子表现出全力支持的态度，并不时给孩子鼓气，对孩子迈出的每一步都表现出极大的兴趣和肯定，那么，孩子就可能在家长的鼓励下不断向前走。当他感到知识海洋的奇妙时，学习的兴趣也就越来越浓。

第53招　指导孩子搞好预习

拾碎：

我发现大部分孩子都认为做完作业就算万事大吉，很少人会去预习。第二天拿了书本上课，对当天要学什么心中都没有数。

话题：

怎样指导孩子搞好预习？

闲话：

其实，预习是学习过程中的第一个环节，也是提高学习效率不可缺少的环节。可是往往被孩子所忽略，有些家长对此的重视也不够，因此，有不少孩子因为这方面没有抓好而影响学习效果。

为什么不预习会影响学习？答案很简单，不预习，上课时对老师传授的知识很陌生，不容易理解，很容易吃夹生饭，或者知识滑过去而丢失。而且上课时会很被动，跟不上进度，来不及思维，因此主动性就不可能得到发挥，上课与老师的配合、发言的可能性和积极性就会差一些，久而久之，这方面的努力就会比其他同学差一些。由于这样，对知识的摄入量必然会打折扣。可以设想，获取知识的第一关没有把好，学习质量自然会受影响。

想让孩子学会预习，要分三步走：

首先，要让孩子明白为什么必须这样做。这需要家长一方面给孩子剖析预习的重要性，同时，要求孩子做一次尝试，体验一下，家长再帮助一起总结。孩子如果尝到了甜头，他就会自觉去预习。自觉是搞好预习的前提。

其二，指导孩子养成预习习惯。孩子如果尝到了甜头，就会有一定的自觉性，但往往是三分钟热度。预习的真正效果是必须持之以恒才能显现的，三天打鱼，两天晒网是不行的。习惯的养成一靠督促，在孩子疏忽时及时提醒；二靠肯定，在孩子能坚持而且有效果时，家长必须明确表示赞许；三要总结，将有效的做法要肯定，效果不明显的则要和孩子一起研究改进办法；四要表扬、奖励，因为孩子毕竟是孩子,喜欢物质刺激。当孩子确实有所收获时,适当奖励有较大的鼓舞作用,对增强持久性也有促进作用。

其三,进行方法指导。预习要做到:一熟悉内容。二初步理解这部分大致讲的是什么。三试着归纳重点,如语文课文中的段落大意、全文的中心意思、重要的字词等;数学中的知识点、例题的解题方法、练习类型等。可以将自己的这些理解带到课堂上和老师的讲解作对照,知道什么是恰当的,什么是不恰当的,而且要明白"为什么"。孩子如果经常这样做,会促进其积极思维,自学能力也会提高得很快。四把自己不懂和不理解的记下来,为到课堂上重点听讲作准备。五学习做预习笔记,将预习时自己理解的重点总结出来,把难点记下来。这对培养孩子的分析、理解能力,特别是表达能力很有好处。

如果家长能训练孩子养成预习习惯,指导孩子掌握预习方法,不仅可以使孩子提高听课效率,而且能实实在在地提高其自学能力,这将使孩子终生受益。

第54招 训练孩子上课专心

 拾碎:

经常听到家长这样诉苦:"今天又被老师叫到学校批了一顿,小东西不专心的习惯怎么就改不了?"

 话题:

怎样训练孩子上课专心?

 闲话:

孩子上课不专心是让很多家长困惑的问题。学校老师经常为此找家长,家长为此没少往学校跑,既花费大量时间,有时还挨老师熊,代"公子"、"小姐"受过。更令人伤心的是做了以上一切,孩子依旧毫无长进,怎么办?

孩子上课不专心,老师找家长配合教育这很正常,因为,孩子不专心不但自己学不好,还会影响别人,乃至影响整个班级。而要孩子专心不是凭几句话,更不是凭良好愿望就能实现的,这要做大量细致、耐心的工作。上课不专心肯定是有原因的,是课前过于疲劳?是有事情牵挂,定不下心来?还是长期形成的坏习惯?要使孩子上课专心,首先要找原因,然后进行针对性的教育引导工作。

如何教育引导?关键做到"三要"、"三不"和"三辅助"。

"三要"是指要指导孩子懂得怎样上课才有效果。即要抓好怎样听讲、怎样思考、怎样记忆三个环节。怎样听讲?可教孩子两个方法:一是眼睛跟着老师转,这样就不容易分心。二是积极举手发言。要举手就要知道老师讲解的内容,思考老师提出的问题,要做到这一点就非得认真听讲不可。怎样思考?要指导孩子会想三个"为什么",为什么老师这样讲?为什么同学这样回答是对的?为什么我没有想到?还要会用一个"还",如这个题目还有什么解法,这个词还有哪些意义,怎样运用等。怎样记忆?要指导孩子学会区分什么是这堂课的重点、要点、难点,这些都要记住,而一堂课中的重点、要点、难点一般都是老师在讲课中反复强调的或者是讲课结束时再强调的,因此要特别留心。

"三不"是指为了使孩子一上课就进入状态,在上课前就要做好必要的心理准备。要让孩子知道,一不能课前做剧烈运动,因为太疲劳后上课没有精神;二不能看课外书入迷,否则,上课后还想着书中的人和事,根本听不进老师讲什么;三不能太激动、太高兴、太难受,保持情绪稳定。因此,课间要尽可能少和老师、同学发生矛盾,使心理处于比较平静的状态。

"三辅助"是指一让孩子做好预习工作辅助提高上课效率,如果预习时已将新课中的重点和难点都找出来,听课时就会去印证自己的看法,或希望解决自己的疑难,因此听课就会认真。二用不断肯定的办法辅助孩子上课认真听讲习惯的形成,用不断激励的办法使孩子明确是非,习惯成自然。三用一些积极的方法辅助孩子矫正不良行为,比如上课分神,喜欢做小动作干扰别人,和别人讲话,上课打瞌睡,看与课堂学习无关的书,甚至把小动物、小玩具拿到课堂上玩等。家长不能把这些认为是小事,要和教师配合,把问题解决在萌芽状态,反复抓,抓反复,根据孩子的特点,表扬和批评交替使用,使一些不良的行为及时得到矫治,以免积重难返。

第55招 指导孩子当作业的主人

 拾碎：

我常听到家长心疼地说:"我家孩子每天作业做到十点多钟,可怜眼睛都睁不开了。"有的无可奈何地说:"没有办法,只得老妈帮忙了。"有的大声呼吁:"这样下去,要把学生拖垮了!""学校要减轻课业负担,作业要减少!"

 话题：

怎样指导孩子当作业的主人?

 闲话：

其实,学校又何尝不关心学生的身体呢? 老师也不是有意要加重学生的负担,而且我们也确实能发现,同样的作业量,有的学生很轻松就完成了,每天八九点钟就能睡觉,而且还有时间看课外书。这说明课业负担的问题与孩子个体也有关系。所以,家长要配合学校,指导孩子当作业的主人,不当作业的奴隶。

孩子要当作业的主人,从做作业本身看,要求达到准、好、快。所谓"准",就是作业的正确率要高,"高"的标准应该是百分之一百正确,因为题目的答案是不允许有分毫差错的。所谓"好",就是作业要规范。格式要按要求,书写要清楚、整齐,尽量做到美观。所谓"快",就是做作业的速度要快,作业的认真程度不以坐在书桌前的时间多少为标准,应该是又"准"、又"好"、又"快",即要讲究效率。

要孩子达到以上要求,家长就要在这几个方面作些指导:

一是方法。怎么做作业,有的孩子是不讲究的,拿起作业本就写,其实这中间有个方法问题。各个孩子用不同的方法,其效果就不一样。根据很多孩子成功学习的实践,显示出有三个经验是很可取的:磨刀、归纳、扩充。俗话说"磨刀不误砍柴工",作业也有磨刀的问题,这里"磨刀"就是复习,在做作业前将当天上课的内容先复习一下,然后再做作业,这样不仅有利于提高速度,而且不容易出错。在一个单元学习完或一个阶段后,要将知识进行梳理、归类。最好能在此基础上有所扩展,多接触一些类型,同类型的也要反复练习以便更加熟练。这样就能使学习在举一反三、触类旁通中发挥出应有的作用,使以后的作业做得更准、更快。

二是习惯。有些孩子做作业时间长而且容易出错,这是习惯问题,要让孩子养成注意力集中、不做小动作的专注习惯。如果做作业时漫不经心,东张西望,必然造成拖拉和粗枝大叶。有些孩子自由惯了,不按老师要求,不按作业的基本规范,草草了事,也不验算,错误率必然高。

三是训练。树立时间观念,采取规定时间写作业,每周提速训练等办法;建立质量意识,可开展百题无错、一周无错等活动;建立责任感,引导孩子明确本年级应该达到的标准,在此基础上让孩子自己定目标,自己去完成。让孩子逐步懂得,认真是对自己负责,是对自己的现在和将来负责,也是对父母、老师乃至国家负责。

除了抓好以上环节外,还得配合激励机制,对做得好的孩子及时加以肯定、表扬。但千万要注意的是,不能因担心别的学校作业不减,自己的孩子又会吃亏,便随意在孩子完成学校作业后强给孩子增加额外的"家庭作业"。这会导致孩子因怕多做题而故意拖拉,久而久之,形成不良作业习惯,那就得不偿失了。

第56招　指导孩子提高作业质量

 拾碎：

有的家长整天跟在孩子后面叮嘱"要细心";有的陪在孩子旁边看着孩子一题一题地做;有的帮孩子检查对错;有的看孩子老是粗心,气得把孩子臭骂一顿;有的则求着、哄着小祖宗,允诺孩子的很多要求,只为他用心一些。

 话题：

怎样指导孩子提高作业质量?

 闲话：

孩子作业老是出错是家长特别头疼的事情。家长们千方百计想办法,可是办法用尽,错误照旧。很多家长无可奈何,有的则丧失信心,有的干脆听之任之。

怎么办?笔者认为家长关心是对的,撒手不管是不应该的;父母着急是可以理解的,但孩子无所谓是不行的;大人包办代替是没有作用的,简单地打骂也无济于事。要孩子提高作业质量,需从两方面入手:

一是当事人孩子。作业质量不高主要表现在两个方面,即作业有错误和作业马虎、不规范。要提高作业质量就要避免上面两种情况。但这不是说避免就能避免的,首先要找到出现这些情况的原因。纵观孩子们的状况,原因不外乎这样几种:一种是做作业时心不在焉,想入非非,或者沉浸在玩乐中,意犹未了,做作业时题目都不看清;一种是一面做,一面做小动作,一面玩,作业做做停停,没有连续性,往往丢三落四;一种是任务观点,只要完成交差,字迹马马虎虎、潦潦草草;一种是依赖父母检查,不管对错。因此,要想孩子提高作业质量,就必须找到原因,有的放矢地进行教育工作和矫正工作,让孩子懂得学习是自己的事情,自己的事情要自己做,自己要对自己负责。

二是家长。家长要跳出认识上的误区,克服教育中的情绪化倾向,力求解决方法的简单化,从不同的角度采取措施:首先从自身做起,摆正位置,不做孩子作业的代理人,做孩子学习中的讨论者、导引者、督促者。其二,为孩子营造好的作业环境。学习室中不要搞得花花草草,要有文化氛围,利于孩子定下心来学习。千万不能出现父母在一边讲话、看电视、放音乐、玩牌,却要孩子在一边做作业的情况。孩子写作业时,父母尽量不要在他面前晃来晃去,应该让孩子有个安静而不受干扰的环境。其三,要对孩子予以指导。① 做作业时桌上不放无关的东西,相关的学习用品要摆放有序;② 书写要工整、清楚,要按照规范的格式,卷面保持整洁;③ 要先审题,看清楚要求,尽量按顺序做下去,如有一时想不起来的,可以跳过去,但一定要作个记号备忘,以免仓促间漏题;④ 做完作业一定要复查,题的要求、解题过程、答案的书写都要查看,还要把题目的序号查一遍。如此等等,要让孩子反复实践。其四,要有一定的督促制度和奖惩制度,家长不要给孩子检查作业,但要在第二天看作业的效果,并且记录下来。记录的方法,可以画表让孩子自己填,可以画曲线显示,可以插小红旗、贴星星,形式不拘。积累到一定时间,按照和孩子共同商量的奖惩办法执行。这样可以督促孩子从不自觉到自觉,逐步养成习惯,孩子作业的质量肯定也会不断提高。

第57招　帮助孩子克服粗心的坏习惯

 拾碎：

十个家长会有九个感叹自己的孩子不是不聪明，实在是太粗心。但又都无可奈何，用家长的话说就是"我什么办法都想过了，骂呀、哄呀、打呀……都没有用。"

 话题：

怎样帮助孩子克服粗心的坏习惯？

 闲话：

粗心不是什么大缺点，但确实挺伤脑筋。且不说在科学上、军事上、工程上，因为"差之毫厘，谬以千里"，在人力、物力、财力，甚至人的生命、国家的命运方面造成的损失更为惨重。就是平时的作业，因为粗心的缘故，反反复复订正，不知要多费多少神、多花多少时间。占去了很多课外阅读和休息的时间，就会造成学习上的被动，形成恶性循环。平时粗心，考试时一样细心不了，小学考试还混得过去，可到中考、高考还是这样的话，就会因此得不到理想的成绩，惹大麻烦。

家长们如能意识到上面所述的一些粗心问题带来的后果,问题就解决了一半。因为有相当一部分家长对孩子的粗心不以为然,认为不就是粗心一些嘛,只要小孩聪明就行了,对孩子的坏习惯掉以轻心。殊不知,时间长了,习惯成自然,要改就很难了。而看到了问题,引起了重视,就要去研究解决的办法。只要去研究,总有一天"金石为开"。所以,帮助孩子克服粗心的第一要点是重视。

其二是分析粗心的原因。粗心从表面看是把不该做错的题做错了,但仔细分析一下,就会发现实际情况多种多样。有的确实是因为浮躁,心不在焉,丢三落四;有的是观察能力有问题,总不能看得细、看得全面;有的是对知识掌握得不好,理解不全面,或者是因为知识没有及时巩固,有遗忘或前后贯穿不起来,做题时就瞎懵;有的没有检查的习惯,做完作业就一丢,殊不知谁都难免有疏忽的地方,不检查自然也就不会纠正。家长只有找到自己孩子粗心的原因,对症下药才能奏效。

其三,指导方法。不同的情况用不同的方法。有的需要端正学习态度,让孩子认识到粗心的危害性,克服随意马虎的态度,懂得讲究"认真"二字。有的孩子要培养正确、细致的观察能力,要懂得怎样审题,怎样弄清条件,怎样把握解题要求,纠正眼睛一扫就提笔做的不规范做法。为了防止出错,要养成良好的作业习惯。作业一定要强调格式规范,字迹清楚。题目做好了要验算。至于验算的方法家长也要进行一些辅导,让孩子掌握相关的技巧。为了提高作业准确率,应该让孩子养成先复习后写作业的习惯。把所学的知识弄懂了,吃透了再做题,就不容易出错,这样还有利于提高速度。另外要让孩子懂得,良好的心态是不出错的保证,在学习、作业、考试中应该宁静、镇定,而且要增强心理承受能力。不要因为一时不顺或失误而紧张、忙乱;千万要避免不定心、慌张、浮躁等心理。此外,家长要为孩子营造安静的学习环境,不要让外界干扰孩子,同时要指导孩子如何才能不受外界影响,安心学习的方法。

其四,采用一些辅助措施督促、鼓励孩子。明确要求孩子要自己对自己负责。家长不一定每天检查作业,因为家长过多介入,会滋长孩子的依赖性,做事反而不认真。因为他清楚,好坏总有人补台,只要糊完就行。如果让孩子自己检查,检查不出,错了由自己扛着,挨老师批评自己受着,几次下来就会吸取教训。同时,要采用一些激励机制。比如,制作一张作业情况表,由孩子自己每天填写。全对的画五角星,而且可以与孩子约定,得多少星星可以获得什么奖励。如果错误太多,达到什么程度,由孩子自己确定如何"惩罚"自己。这样,让孩子逐步形成对自己有所要求,慢慢地就会养成严格要求自己的习惯,错误自然也就少了。当然,家长的经常关注与及时肯定是保持孩子积极性的推动力。当孩子通过自己的努力,确实有进步时,家长要及时表示赞赏,给以鼓励,让孩子充满自信心,不断前进。只要走上了正轨,不良习惯必然会被良好的学习习惯所替代,孩子的学习效率也一定能大大提高。

第58招　传授期末复习中的要诀

 拾碎：

　　一到学期快结束,进入复习迎考的阶段,孩子就抓瞎,除了看教科书,不知道该做些什么?

 话题：

怎样指导期末复习?

 闲话：

　　学校在期末时总要对老师的教学情况、学生的学习情况作全面的检测,为下学期的工作作准备。对学习者来说,既要作迎接检测的准备,同时,也确实有必要盘点一学期的收获与不足,以明确今后的努力方向。这阶段,当家长的应该做些什么呢?最关键的是要及时、科学地指导孩子注意"四忌":

　　一忌抱应付态度。即把复习看作是老师和家长的任务,并没有意识到这是自己巩固知识,提高自身素质的需要,因此敷衍了事,走过场。虽有复习的程序,但没有实质性的效果。形式上翻了一遍书,但没有看得实,什么重点、难点、空白点,整个是一笔糊涂账。该掌握什么心中没有数,要补什么心中还是没有数,还要作些什么努力也不知从何做起,更不要谈什么温故知新了。

　　二忌心理失衡。孩子在复习阶段有两种心理最普遍:一是掉以轻心,麻痹大意。一般平时成绩比较好的会这样,但也有一些孩子明明成绩一直不理想,也会有自以为是的现象。前者可能会大意失荆州,后者失败是必然。二是患得患失、过于紧张。一般是那些比较自觉、要强的孩子,生怕考试失误,常常会自加压力,心一直悬着。还有的成绩一直不稳定,自己对自己没有底,心理处于忐忑不安状态。不管哪一种情况,有这种心理的孩子往往会因紧张而使头脑处于抑制状态,影响对信息的接收,复习的效果也会欠佳。

三忌没有计划。知识本身有科学性,学习本身有规律,需要有序进行。如果东抓一把、西抓一把,手忙脚乱,杂乱无章,既会使复习停留在表面,缺胳膊少腿,支离破碎,还深入不下去,发现不了问题,而且学习速度会比较慢,出现一些不必要的重复劳动。忙了半天,对知识的掌握程度心中仍然无数,到后来会顾此失彼,造成心理紧张,效果差是不言自明了。计划的制订要根据各人的具体情况确定。至少应安排两轮复习,先是全面复习,后是重点复习,语、数、外可交叉复习,每天复习的内容和一周集中复习的内容要统筹安排,确保考试前有条不紊地把各门科目都复习完。

四忌不讲方法。有的孩子临时抱佛脚,到考时还没有复习完。有的孩子复习时不分主次,芝麻绿豆一起抓。内容太多,看了这边忘了那边,一遍复习下来,脑中所存无几。有的粗枝大叶看一下,不求甚解,不会的也不去请教,依然故我,一点没有提高。复习知识,一要考虑全面,必须在系统复习的基础上进行知识梳理,这样,对所学学科的学习要求心中就有底了。二要进行分析,理解知识间的相互关联,这样既会使自己有新的收获,而且会引发触类旁通,使一些在平时学习中感到比较困难的知识点豁然开朗。三要找出重点和难点。重点一定要记忆,而且要搞清楚知识点的来龙去脉,特别是对知识点应用的题型进行归纳和联想。对一些难点,在复习阶段一定要彻底搞懂,不能存侥幸心理,不允许有"鱼"在自己面前滑过去。四是要根据不同学科采用不同的方法。

只要能让孩子认识到复习的重要性,并引起其足够的重视,加上方法适当,孩子一定会在复习中上新的台阶。

第59招　分科指导有效复习

 拾碎:

很多孩子在复习中,眉毛胡子一把抓,花了很多时间,但收效甚微,很是苦恼。

 **话题：**

怎样指导文理科的有效复习？

 **闲话：**

　　学习没有固定的方法，但各门学科有其自身的特点，这个特点决定了掌握这门学科知识的基本方法。复习也是如此，有了方法就有了效率，就像掌握了打开知识宝库的钥匙，从必然王国向自由王国飞跃。由于学科不同，文理科的复习方法自然也不相同。下面分别作一些介绍：

一、文科复习方法

　　(1) 记忆法。文科的很多概念是必须一字不差地记忆的，如人名、年代、地名等等。但是仅靠机械记忆把文科几十本书全记住，难度太大了。可采用两种灵活的记忆法：一是纵横记忆法。如复习历史，可以按朝代整理发生的主要事件，又可按历史现象作整理，像历史上的农民起义、变法等，从古至今排下来，就容易记忆。二是比较记忆法。如有些比较难记的概念，可寻找一些巧合情况编成顺口溜，就不容易忘记。如记我国有名的"五岳"，有人编了这样的顺口溜："东西南北中，泰华衡恒嵩"，显然比单个记好记多了。

　　(2) 综合法。一是内容的综合。即把所学的知识点进行梳理。可以用条块梳理法，比如语文，可系统整理各册的知识，也可按语法、文体、文学常识、写作等几条线整理；还可用知识树梳理法，把这门学科的知识当作一棵树，由此生出众多知识的枝丫，按这种方法画出了知识树后，一目了然，内在联系也清清楚楚。二是题型综合。可以就某个知识点设想可能应用的各种题型，这样脑子就用活了。语文、政治的复习必须应用这种方法。

　　(3) 图表法。这种方法特别适用于历史、地理的复习。历史知识在作纵的梳理中，采用图表法比文字省时间、省笔墨，而且更为清楚，令人印象深刻。地理离不开一张图，填图就能把地图深深印在脑子里，依靠它把各种知识串联起来。

　　(4) 过电影法。这是一天或一个单元复习下来的检验法。可检查知识的掌握程度，查出知识缺漏之处，而且通过大脑回忆出的知识，往往在脑中留下深深烙印，不容易忘记，又简单易行。睡觉前，两眼一闭，知识一幕幕就演示出来，不要书，不要纸，全靠心灵呼唤。这种方法对英语学习很适用。

二、理科复习方法

（1）剖析法。对一些定理、定义，一定要剖析清楚其包含的要素。彻底理解之后，才能准确地加以运用，切忌抓一漏万。同时，对一些题目也要善于分析，这实际就是审题，如数学解题时，必须把已知、未知、求证部分都要搞清楚，特别是对没有直接给条件的题目，要通过剖析所给间接条件找出与有关公式或定理的关系，从而解题。

（2）推导法。一般说，只知道公式、定理，而不知道它的来历的人，碰到一些稍微绕弯子的题目就解不开了。因此在记忆一些公式、定理时，既要知其然，又要知其所以然。要学会一套逻辑推导的本领，这样既不怕绕弯子，而且会快速找出解题的捷径，提出富有独创性的新解。

（3）归纳法。一是内容归纳。把每个单元的定理、定义、公式梳理一下，可用文字，也可用图解归纳，从中找出其内在联系，把握住内在规律，从而使知识前后贯通。如果能达到这一步，一般问题都能解开。二是类型归纳。这可按运用某一公式可能会有哪些类型的题目进行归纳；也可按解一个题目的不同解法归纳；还可进一步推测可能会有几种间接给条件的方法，此类题又有几种解题方法，假如能够周密地作考虑，那么就很少会被题目难住。

（4）实验法。在物理、化学、生物的复习中，这种方法是绝对不能少的，因为这几门课的实用性很强。最好是凡是应该做的实验都做一遍，而且要一丝不苟地对待实验报告。过去有很多学生都吃过不重视实验的苦头，应引以为戒。

以上方法各有长处，究竟哪一种方法好，必须因人因学科而异。一般情况下，往往是综合运用的。家长在指导的时候，必须从孩子的实际出发，作适当的点拨。在各学科的复习过程中，还有一些从生理因素考虑的事项：一般说，早晨适合复习记忆性强的学科，如政治、语文、外语，因为此时头脑清醒；晚上适合做知识的梳理和解题，因为晚上安静，容易集中精力进入状态，而且时间比较集中，可以较系统、完整地复习某个知识块。另外，文理科最好交叉复习，因为知识的性质不同，大脑中接受信息的部位不一样。交叉复习，等于让脑子交替休息，这样复习效果更佳。

上面讲了有效复习的方法，如果家长能配合学校同步抓，那么孩子在学业上一定会有大的长进。

第60招　正确应对孩子考前的索取

 拾碎：

我发现，一旦临近"考试"，孩子们都会向爸爸妈妈提出种各样的要求，诸如："学习太紧张了，给我多买些零食"，"爸爸帮我猜题目"，"妈妈带我复习"，"我考好了，奖给我什么"……

 话题：

怎样正确应对孩子考前的索取？

 闲话：

考试有各种类型，有平时的小测验，有期中、期末考试，有升学考试等。不论哪种考试，要的是学生的认真复习，对自身学习情况和知识水平的诚实汇报。对于各种考试，家长总是十分关心。"关心"这两个字看似简单，却大有讲究。

对考试这个特定时间来说，"关心"的注解应该有以下几条：

一、端正孩子对考试的态度

在全面了解孩子的情况后，诸如知识掌握程度、复习情况、对待考试的态度等，针对孩子真实的心态做工作，让他们懂得考试本身的意义所在，既不要过分担心、紧张，又不能麻痹、无所谓。迎接考试需要认真分析自己的知识水平，通过踏踏实实地全面复习，查漏补缺，温故知新，为拿出真实、优异的答卷作准备。不能以考试作筹码，与家长讨价还价，满足自己的物质需求，更不能依赖家长，投机取巧，期望走捷径。因为考试是孩子自己考，不能由家长包办代替，家长也包办不了。

二、指导考前的学习安排

有计划的准备，可以使孩子忙而不乱，踏踏实实地复习巩固知识。因此指导孩子制订一个复习计划，帮助孩子合理安排考试期间的学习和生活很重要。计划有两个：复习时间表和生活安排表。复习时间表包括一日的安排、一周的安排、分学科的具体安排等。计划不能只是摆设,要按部就班,有条不紊地执行,当然根据实际情况适当调整也是可以的。

三、指导应对不同考试的方法

期中考试前进行的是阶段性复习,内容比较少。现在学校一般采用随堂考试的形式,老师一般是一面上新课,一面带着复习。家长所能做的是督促孩子完成每天的作业,当天的功课当天复习,一周进行一次总复习。考前再把所学内容理一遍,并进行归纳,梳理出知识点,再根据知识点进行一些题型训练。另外,还要指导孩子把知识间的相互关联和相互转换搞清楚,让知识贯穿起来,进行一些综合性的训练。

期末考试前进行的应是总复习,将一学期所学知识进行总的梳理,以期中考试之后的内容为重点,把基本知识理清楚。还要指导孩子运用这些知识去解题,并进行题型归纳;同时思考这些知识与其他学科和生活实际的联系,用知识去解决一些实际问题。在此基础上适当做 1—2 套经过精选的模拟试卷,作为练兵和拓宽视野。尽量避免让孩子陷入题海,搞得疲劳不堪,甚至因为题目做得太多,又没有好好消化,弄得脑中像一盆浆糊,稀里糊涂上考场,其结果往往会导致考场失利。

其实,要想在考试中取得好成绩,工夫应下在平时。一是掌握一套科学的学习方法,积累大量的知识,培养出良好的学习能力;二是要像考前接受超脑力训练那样,在平时进行智力训练,优化人的认知过程的每个阶段,从注意、观察、记忆、思维到表达,都尽量做到科学化。因此,家长应该更多地关注孩子平时的表现。

四、家长各尽其能作辅助

有能力辅导孩子的,可直接辅导,帮助孩子查漏、补缺、解难,指导孩子把力量花在刀口上;无能力具体指导的,可以在复习方法上给孩子一些启发。督促孩子全面复习,列出各门功课的知识点,找出相应的薄弱环节,教育孩子向老师和同学请教,把平时学习中的疏漏补上。家长本身不懂的,可找资料给孩子看,如果连这一点也办不到,可对孩子申述复习方法的重要,让他向别人讨教。这期间禁忌:一是不闻不问,这是不负责任的态度;一是不问青红皂白打横炮,把自认为好的复习资料硬塞给孩子,弄得孩子疲于复习,抓了芝麻、丢了西瓜,得不偿失。

由于每个孩子的特点不同,"关心"的内容、方式也要因人而异,但只要父母对孩子多一份关心,孩子在考试中就能多一分成绩。

第61招　教给孩子考试中的应对法

 **拾碎：**

我经常看到有些孩子平时学习很好,但考试就考不出好成绩。复习也非常认真,可是一到考场就发挥不好,真为他们叫屈。

 **话题：**

要教给孩子哪些考试中的应对法？

 **闲话：**

考试是平时学习情况的汇报,考试要考出好成绩,做好充分准备是前提。但做好了准备不等于就能考出好成绩,还必须掌握一定的考试技巧。为此,家长要对孩子作以下指导：

一要放松情绪。有的孩子一进考场,脑子会"轰"的一下,只觉得一片空白,什么都记不起来,什么也想不起来。这主要是紧张所致,因此要尽量放松。消除紧张的最有效办法就是要孩子建立自信心。相信自己平时的努力不是白费的,当开始做题时,知识信息会源源而来。同时要学会用深呼吸、意守丹田、按合谷、转移目标等方法使自己镇静下来。保持一种平静和所向无敌的心态,接受挑战。有的孩子参加考试时情绪不错,可一旦在答题过程中遇到了难题会紧张得手忙脚乱,然后一切就都乱套。因此要教会孩子如何面对困难,随时调整心态。

二要端正态度。有些孩子经常会出现什么都会做,就是总得不到高分的情况,不是这里少写一划,就是那里少一个零；不是丢掉一道题,就是答非所问。其原因固然有紧张的因素,但更多还是与态度有关。做题如完成任务,做完就算,不管对与错,正确率自然就低。所以考试时必须增强自主性与责任感。

三要掌握方法。正确率要高,除了认真,还要讲究方法。先全局后局部,即先全面看一下卷面,做到心中有数,分清难易、轻重；先易后难,既可节省时间,又可因顺利解题而增强信心；先读题后动手,先弄清题目的要求,然后再做,可避免答非所问和因未看清楚条件而无所适从；先做后查,可做完一道题就验算,也可全部做完后验算,查答题有没有失误,有没有漏题等。

四要总结分析。这是考完后必须做的工序。因为考试分数不是目的,关键是通过考试对知识掌握的情况有个了解,这就要靠考后的总结分析。分析学习中的优势与弱点,分析成功与失败的原因所在,分析今后的努力方向等。

五要有善后行动。考试的作用,既在于考前的促进、考中的锻炼,更在于考后的目标认定和对今后的激励。因此,根据考后自己的总结分析,采取相应的行动是至关重要的。是补缺,还是扩大知识面,还是强化实践等都不能停留在口头上,要有切实的行动。家长要帮助孩子迅速跨出这一步。如能这样,孩子一定不会成为"考奴",而会在一次次考试的洗礼中成长。

第62招　正确对待考后的短信息

拾碎：

每场考试过后,家长都急切盼望收到"家校一线通"发送来孩子考试的信息。可是一旦看到屏幕上显示的内容,那真是几家欢喜几家愁。接下来,看到的就是家长的欣喜或暴怒,孩子的欢乐或眼泪。

话题：

如何正确对待考后的短信息?

闲话：

这是当今家庭、社会中普遍存在的客观现象,直接影响着孩子的心理和今后学习的发展。有的孩子由于得到鼓励而更加奋发向上;有的会因成绩好而掉以轻心;有的会因此受到震动,从此奋起;有的会失望而痛苦,不能自拔;有的会失去信心,从此一蹶不振,自暴自弃。因此,如何阅读和对待考后的短信息是每个家长值得思考的问题。

很多有经验的家长,在阅读信息时,总是要三看:一看分数的绝对值,了解孩子目前对这门学科知识的掌握情况;二看在班级的名次,了解孩子所在班级的总体水平;三看老师的评语,了解孩子的学习现状。有的家长的眼睛只盯在名次上,连分数是多少都不关心。有这样一件叫人哭笑不得的事情:有个孩子考了100分,短信中说这个孩子在班上是十几名,属于中等。妈妈看了,质问孩子为什么不争第一,孩子无以言对,一片茫然。试想,这个问题的正确答案,谁能做得出来?

阅读信息,了解情况是必要的,但绝不是问题的终结。了解的目的应该是为了明确接下来如何指导孩子进一步学习好。因此,阅读后,家长有针对性的冷静分析更为重要。一要分析分数的含金量,所谓含金量就是反映的知识掌握程度。二是在此基础上,分析应该掌握的知识尚有多少缺陷。这个缺陷包括两个方面:卷面上失误的部分和对这部分知识中实际尚未掌握的部分。三要分析是什么原因造成这些问题的,是以前没有打好基础形成的恶性循环?还是现在学习态度不端正、不努力的结果?还是学习方法不适当,没有掌握正确的思维方法?等等。如果孩子考试成绩不错,家长要关心孩子的心态,防止出现放松的倾向。要注意的是,不管哪种情况的分析,都应该是和孩子共同进行的。这样,可使孩子有自知之明,正确面对问题,以便在以后的举措中有积极、主动的态度。

最关键的当然是分析后只争朝夕采取相应的举措。对考试中出现较大问题的孩子,要实事求是,从实际出发,有的放矢地予以实际的帮助。有知识缺陷的,要督促孩子通过老老实实的复习温故知新;或者请人辅导,帮助拾遗补缺。不会学习的,要作具体的学习方法指导:一是指导科学用脑;二是指导掌握语、数、外各科的具体学习方法;三是指导形成良好的学习习惯,特别是两先两后一总结(先预习后上课,先复习后做作业,一单元或一周一总结)的习惯,科学安排作息时间的习惯;四是要关注孩子的心理变化,及时予以调适。特别是对那些有灰心和松懈情绪的孩子要及时做工作。对成绩好的孩子,家长千万不能对孩子的成绩视而不见,要予以肯定,并在表扬的基础上,让孩子进一步梳理知识点,寻找新的知识增长点,提高学习水平;还可以指导孩子扩大知识面,使孩子在实践能力、创新意识、创造能力方面有进一步的发展。

第63招 发挥考试分数的效应

 **拾碎**:

常常看到学校考试过后,家长为那几个阿拉伯数字喜悦、愤怒、失望、泄

气……接下来会出现一连串的动作:把孩子抱在怀里亲亲,或把孩子关在房里让他(她)反思;给孩子安慰和奖励,或是又骂又打;和孩子耐心分析成败得失,或是不给吃饭,甚至赶出家门……

 话题:

怎样发挥考试分数的效应?

 闲话:

其实,家长的不同反应,是面对"孩子考分"这份给家长的考卷的答卷,反映的是家长对分数的看法,对孩子的看法。当这份答卷一出来,你的孩子也许会喜上加乐,笑逐颜开;也许会放下包袱,破涕为笑;也许会忧心忡忡,愁眉不展;也许会雪上加霜,痛不欲生。总之,在考试的问题上,父母的心态、父母的言行都直接影响着孩子幼小的心灵。因此,父母怎样答卷就得三思而后行。

在考试问题上,试卷上的分数只是代表学生对本试卷涉及知识的掌握程度。由于一个人对知识掌握的水平比较难于测量,多少年来,人们习惯于用数字的多少来表示。谁都知道数只能代表量而反映不出质,因此,分数说明的水平是相对的而不是绝对的。何况考分的多少与多种因素有关,如知识面的广度和深度,考试时的精神状态,考试技巧和方法,还有考试时的环境影响和平时的学习习惯等等。考分高不等于孩子对这门学科的知识掌握得很好;考分低,不等于孩子笨或不努力。必须具体问题具体分析,不能简单处置。

所以,家长拿到孩子的成绩单后,应分别对待:

如果分数很好,家长应该夸奖,甚至奖励。但是,必须告诉孩子,这只能代表他努力地把一部分知识掌握好了,不代表全部。知识的海洋浩瀚无边,一辈子也学不完。当今时代对人才的要求很高,竞争很激烈,不进则退。因此,不能一有成绩就沾沾自喜,要加倍努力。

如果分数不理想,不要简单地责骂,要冷静、耐心地和孩子一起分析原因。是知识缺陷,就要把没有掌握的知识点找出来,然后指导孩子通过复习,把不懂的搞懂。如高年级的知识,孩子自己无法解决,家长又辅导不了,就要设法请教老师。千万不能让问题蒙混过关,否则,问题成堆,积重难返。如果完全是因为粗心大意,这就是随便的态度和不严谨的习惯所致。这时需要教育孩子,让孩子认识到不良习惯和不严肃办事的危害性,从思想上提高认识,增强纠正的自觉性,并通过训练加以矫正。要注意的是,有一些失误看似由粗心造成,实则是有些概念没有搞清楚,应视为知识缺陷处理。

除关注孩子的考分外,家长更应关注的是孩子的情绪。如果表现出傲气,就要给他敲敲警钟,使他冷静冷静。如果考得不好也满不在乎,就要严肃地进行教育,并且提出要求。如果情绪不高,大多是孩子自己对自己不满意。这类孩子一般都比较自觉,即使其成绩较差,家长也不要责备。先设法转移注意,让孩子高兴起来,然后共商提高的办法。如果极度沉闷,甚至有悲伤的迹象,家长千万不能再刺激他,更不能用一些过激的言语和行为对待他,以免使他产生无路可走的想法。要真心诚意地给孩子以关爱、温暖,但要防止孩子产生"父母对我这样好,我却成绩这么差,无颜以对父母"的念头。更多的要开导孩子,给以信任和鼓励。解开孩子的心结后,再帮助他把学习搞上去。

分数只是个数字,而且分数的多少是综合因素造成的。因此,家长要透过"分"这个现象,研究如何提高孩子综合素质这个本质。把分数作为推动孩子前进的助力,智力与非智力因素一起抓,使孩子不断上新的台阶。

第64招　把孩子变得聪明起来

拾碎:

大多数父母都想自己的孩子智力超群,将来成为国家的栋梁之才,可又往往为自己的子女智力平平而慨叹、失望。希望自己孩子的智力尽快发展,而又苦于无法。特别是孩子读了高中以后,家长总希望他能进一步深造,或者具备某种特长以从事某项职业,因此苦苦寻求增智益能的良方。

话题:

怎样把孩子变得聪明起来?

闲话:

这种良方的有无是很难断定的,但是,如果掌握一些智力培养的相关知识,对促使孩子聪明是大有益处的。这里就增智益能谈三个问题:

一、智能的关系

智能就是指智力和能力。什么是智力？对此现在有不同的理解和说法，有的认为是对新环境的适应能力，有的认为是学习能力，有的认为是处理复杂事物的抽象思维能力，有的则认为是各种能力的综合。其实智力应该是能力的总体，包括人完成一切活动所需要的一般能力：观察能力——智力结构的眼睛，记忆能力——智力结构的储存器，思维能力——智力结构的中枢，想象能力——智力结构的扩大器，操作能力——智力结构转化为物质力量的转换器。此外还包括特殊能力，这是完成某种特定活动所必需的，如音乐活动需要有曲调感能力、音乐节奏能力、听觉表象能力；体操活动需动作能力、平衡感觉能力、动作节奏能力、形成美感能力等。

智力和知识是两个不同概念，但又互相联系。智力是通过知识的掌握而形成发展起来的，掌握知识的难易程度和速度，又依赖于智力发展水平。智力为知识的获得提供了有利条件，而知识的获得又进一步促进智力的发展。

智力与天资不能打等号。天赋、天资、天分、素质都属于生理学的范畴，是同类概念，它在人的智力发展过程中起一定作用，但不是全部。素质确实有好有坏，但与智商的高低不完全成正比。除个别弱智儿童外，一般受环境和教育的影响，与孩子所受的锻炼和培育有关。如有一对孪生姐妹，出生后18个月分开，当时两人的智商差不多，将姐姐送至边远地区抚养，只受到两年教育；妹妹在繁华的村镇抚养，读完了专科学校。在测定中，妹妹的智商明显比姐姐高。另外，我们在日常生活中也常看到这样的情况：有的孩子在初中学习时名列前茅，到高中却落到中下；有的孩子在学校读书外语得"0"分，可走上社会后最终成了翻译家。这些都能说明智力是后天发展的，由此可推出一个结论：智力是可培养的。

二、发展智力的途径

人们评估一个人智力是否发展，主要考察五个特征：敏锐性——即迅速、准确地接受知识；灵活性——表现为能从不同角度、不同方面认识问题，能运用各种方法、法则、公理、规律去思考和分析问题，初具举一反三的能力；深刻性——表现为善于提出问题、发现问题和思考问题，并敢想、敢说、敢闯出新路；批判性——表现为不循规蹈矩，敢于发表不同见解。从这个评估标准我们可以得到启发，要使孩子的智力发展，必须抓住这五种基本能力的培养。

三、智力发展的内动力

一个人要想成功,光靠外力推动是不够的,只有当他的内动力被激发,变被动为主动,变父母要他成才为他要成才,才会有不可遏制的前进动力。智力发展也是这样,只有当孩子本身有了这种内在动力,智力的训练才会产生较好的效果。内动力涉及的范围很广,包括人的情绪、情感、情操、需要、动机、兴趣、理想、信念、世界观、能力、气质、性格等等,它们中不管哪一项都会对智力产生直接影响。因此,在孩子智力培养过程中,切不可放松这些非智力因素的培养,它和智力因素是相辅相成的。这其中,情感、理想、兴趣、意志历来被人们认为是在人的智力发展过程中起极其重要作用的因素,父母应予以特殊重视。巴甫洛夫曾说过:"科学是需要人的高度紧张和很大热情的。"一个人只有热爱事业,工作到迷恋的程度,智力才会得到最大的发展。马克思、恩格斯、巴甫洛夫、达尔文、诺贝尔,无不在他们酷爱的事业中闪耀出智慧的光芒。中国自然科学家竺可桢热衷气象,毕生追求,临终前一天还在搞自然观察记录,对人类作出了巨大贡献。没有对事业的热情,就不可能执著追求,就不可能才华显露。所以父母必须时时注意培养孩子热爱生活、热爱学习、热爱事业的情感。

一个人要能对工作达到迷恋的程度,必须树立远大的志向,有伟大的奋斗目标作前提,对孩子来说就是要有理想,要端正学习动机。目标在召唤,才会勇往直前。还必须有兴趣,一个人如果有广泛的兴趣,就会去接触和注意多方面的事物,获得广博的知识,从而使能力得到多方面的发展。如果有特殊兴趣,就可使人沉下去、深下去,从而培养出特殊能力,进而有所创造。所以,做父母的必须根据孩子的特点,帮助他们及早立志,认定方向。从尊重孩子从小形成的兴趣出发,对有正当兴趣的,要鼓励他们继续发展,如爱好文学、影评、无线电、数学、外语、书法、美术、体育、乐器……均可鼓励他们在保证正常学习的前提下继续发展;对有不正当兴趣的,要积极加以引导,启发他们转移兴趣;对正常学习都不感兴趣,其他更无所爱的,家长要通过有意识地提供阅读材料、引导孩子参加相关活动等方法,激发孩子兴趣。如果再辅之以顽强的意志毅力去学习钻研,克服遇到的种种困难,并终于取得成功,那时,获得真正的知识的能力也就锻炼出来了。

第65招　指导孩子学会观察

拾碎：

孩子把题做错了,问她会不会,她总会回答说:"我会做!"那为什么错呢？一句话:"我看错题了,又不是不会做!"理由似乎很充足。

话题：

怎样指导孩子学会观察？

闲话：

做题老出错的孩子,大多数的问题出在不会观察。观察不仔细、不全面,就不能正确把握题意,做错就是一种必然。

观察是一种有意识、有计划、持久的知觉活动,是知觉的高级形态。观察的目的性、持久性、精确性、概括性与观察者的个性、年龄都有关系。因此在对孩子观察力的培养中必须注意：

首先,经常不断地向他们明确提出观察目标,告诉他们观察的内容,并且教给观察方法。学生写作文、做实验都离不开这一条。

其二，激发他们的学习兴趣。有兴趣后，孩子就会有意识地仔细观察，如果他们感到索然无味，就会视而不见。

其三，培养语言表达能力。观察到的东西必须用语言表述出来，表达能力不强，就不能准确地反映观察情况。如果经常让孩子写观察记录，谈谈观察情况，久而久之，能力就强了。

写观察日记是培养观察能力的好方法，下面介绍一些指导孩子写观察日记的方法，主要要掌握好三个步骤：

第一步是确定观察内容。其实可观察的内容很广泛，如人所居住的处所、环境、所见的动植物、景物及其他实物，周围的人和事，参加的参观访问活动、劳动及其他的活动等。特别是在节假日期间，广泛接触社会生活，其所见、所闻、所感、所做均可列入观察范围，成为日记材料。

第二步是实地观察。要想观察有所收获，就得讲究技巧。观察前，先确定观察的立足点和观察顺序。立足点是静止的还是移动的，是从高处向下俯视，还是由低处向上仰视，还是平视过去。顺序是以方位为顺序，如由远到近还是由近到远；以从左到右还是从下到上；从外到内还是从内到外。以写参观梅园新村为例，可先观察建筑，再观察每一室中的陈设，再观察图片中介绍的周总理等领导人的革命活动情况。若以逻辑顺序观察，可先总后分，先主后次，先因后果，或者相反。立足点和顺序把握好后，观察中就不会有疏漏，也不会混乱。观察中，首先要抓住事物的特点，也就是某物、某景、某人、某事独特的地方。比如玄武湖、莫愁湖、白鹭洲公园，同为公园，有山有水，但各有特色，观察时就要把特色找出来；同为玄武湖，春夏秋冬四季各不相同，就要把这种不同点找出来。接着要注意细枝末节，详细观察。比如夏游玄武湖，你必须仔细观察玄武湖夏季生长的花草树木的特点才能反映出夏季玄武湖的特色。

第三步是动笔写观察日记。观察日记的体裁根据观察的内容可写成记叙文、说明文或一事一议的小评论。记人、记事以记叙为主，内容不宜多，以一人、一事为宜；记录活动也只需一两个片断，写的时候尽量将观察到的内容具体、形象地反映出来。写事物，要按一定的顺序详细说明，特别是特征，要按观察到的事物的本来面目将其描述得惟妙惟肖。假如有感而发，先要将有关人、事、物交代清楚，然后写出相应的感受，以免泛泛而谈。日记的字数不宜过长，600字左右为佳，也可有话则长，无话则短。

如果每个孩子能坚持做好以上几项工作，日积月累，必然笔下生花。

第66招　帮助有效记忆

 拾碎：

我常常听到家长们这样的议论：我家的孩子不知怎么搞的，你教他的东西，一转身就忘记了。还有的家长是无可奈何：我家的宝贝更"好"，才跟他讲过，马上问他，他就不知道了。更有的家长叹息：我家儿子（女儿）说他不用功实在是冤枉他，但不知怎么搞的，背书背了那么多遍，就是记不住。但我们也会遇到一些家长会非常自豪地跟人夸自己的孩子：我那个宝贝真神，读书一点不费力，读一遍就记住了。在外面听的东西，回来讲得头头是道。

 话题：

怎样帮助有效记忆？

 闲话：

同样在学习，为什么学习的效果有如此差异呢？其实，家长们只要透过现象，稍微留意一下孩子是怎样在学的，就知道答案了。前两种孩子，在看书或听讲时，肯定有些心不在焉，不是东张西望，就是东摸西摸，或者是两眼发呆。也就是说，该看的没有人眼，该听的没有人耳，何来记忆呢？我们知道，人认识过程的第一步就是观察，通过眼、耳、鼻、手等，把外界的信息传递到大脑中去，使人产生感觉，形成知觉，有了知觉的信息才有可能进入记忆的仓库。如果连信息都没有传入大脑，何来记忆呢？至于用功了，但效果不好，这可能是传递信息不得法、信息加工不得法导致的，也就是我们平时说的学习不得要领。至于第四种孩子肯定是聪明的，其聪明就聪明在掌握了学习的方法，特别是接受信息的敏感性及识记的技巧。

那么，如何提高孩子的记忆能力呢？

首先，作为孩子的指导者必须了解一些记忆的规律。"记忆"，顾名思义，记就是识记，把感知到的东西像录音带一样在脑里记下来；忆就是将记下的东西重新认出来和回想起来。记忆是人积累知识的有效途径。人在识记过程中，有有意识记和无意识记，有理解识记和机械识记，有抽象识记和形象识记。前一种识记较后种层次要高,效果要好。因此要逐步教会孩子从后一种识记向前一种过渡。记忆实际是一个过程,包括识记、保持、再认或回忆。记忆的能力,就是看记忆的几个特性是否优化。一是敏捷性,对信息能否迅速识记和回忆;二是持久性,对获得的信息保持时间的长短;三是正确性,对获得的知识是否能正确回忆,没有本质上的错误。要使记忆水平优化,必须有个准备的过程,也就是必须有个广泛吸取知识和储备知识的过程。因此,要培养孩子的记忆能力,就要抓好摄取和训练两个环节。

其二,必须端正学习态度,要做到认真二字。这是记忆的前提,是摄取大量信息必须具备的条件。只有认真对待,才能使各种信息通过感觉器官进入大脑;才能区别真伪,获取正确信息,排除虚假的东西;才能广泛积累,形成丰富的知识仓库。

其三,要教给孩子记忆的方法。主要做到以下几点:一是有意识记,这就是要带着目的,有重点地去记某些知识;二是理解识记,对要记的知识不是死记硬背,而是理解其意义,在理解基础上的记忆的保持性也比较好;三是及时记忆,对要掌握的知识在最短的时间内及时复习,使短期记忆变成长期记忆;四是反复记忆,就是说对摄取的知识要经常回忆,以加深印象,增强保持性;五是多种方法齐用,也就是各种感觉器官齐上阵。眼、耳、口、手都用上,听、说、读、写都进行,这样下来,印象肯定深刻。特别是要能把接受的知识进行运用,那么,这种经过再认过程的知识就更不容易忘记了。如果能做到以上这些,也许就能记得快一些、牢一些、多一些。

第 67 招　指导科学思维

 拾碎:

我经常能听到有些家长埋怨自己的孩子"笨",还有些家长干脆给孩子戴上"猪脑子"的帽子。也难怪家长,这些孩子只知道"一就是一",不会用"二减去一得一",更别说会用其他方法求得"一",真的"不灵活"。还有些孩子你问他上课听懂了没有,他会毫不犹豫地告诉你"懂了";但是,当做作业时题目又不会了,考试时只要题目略微变化一下就茫然了。

 **话题:**

怎样指导科学思维?

 **闲话：**

　　这些被家长埋怨、责怪的孩子，有些可能确实不够努力；有些却明明很用功，但学习成绩就是上不去。为什么会出现这种现象？这里有个关键的问题，那就是孩子会不会用脑。学习中，注意听讲是用脑，记忆是用脑，但这两种只是把外界的信息传递到大脑仓库里，要对这些信息有所认识并运用它们去解决问题就必须经过"思维"。只有具备了一定的思维能力，孩子才会很好地认识问题、分析问题、独立解决问题。反之，学习就会学得"死"，既不会变通，更不会举一反三。所以提高孩子的思维能力至关重要。

　　思维能力是智力的核心。思维是通过分析综合而在头脑中获得客观现实全面的、本质的反映的心理过程。一个完整的思维过程必须包括思维材料、思维的方向、思维的系统、思维的法则四个方面。

　　如何提高孩子的思维能力呢？根据思维过程的规律，必须培养孩子具备三种能力：

　　一是抽象概括能力。这种能力就是把接触到的很多事物、信息、知识等整理、分类、概括，找出其中规律性的东西，这样，掌握的内容就不是一点而是一串、一个面。比如，解数学题时，把所学的、作业中遇到的工程问题、路程问题等分门别类，归纳出各类题的解题方法，如果把这些都记住了，今后遇到这类题就都会解了。

　　二是判断推理能力。就是在判断的基础上，从已知的前提出发，依据一定的逻辑规律，推出新的结论。比如，学叠词，如果知道了"AABB"、"ABAB"、"ABB"，自己就可以在一串词中将叠词找出来，解一些有关叠词的各种类型的题目，甚至可以根据规律造新词。

　　三是分析问题、解决问题的能力。这是建立在上面两种能力基础上的综合性能力。要让孩子懂得，当遇到问题时，不是先想到老师没有教过，我没有做过，心中产生畏难情绪，而是去仔细观察、分析，判断它属于什么类型的题目，寻找或创造这类题目解题规律的必备条件，使问题得以解决。

　　孩子这些能力的提高，在于平时的训练。

　　一抓速度训练：可采用限时完成任务，开展速度比赛，进行速读方法指导等途径培养孩子敏捷思维的能力。

　　二抓灵活训练：用发动孩子多角度思考的方法，即发散思维。比如一题多解、一词多解、多项选择、多次筛选法等均可启发思考，活跃思维，使"脑子"灵活起来。

　　三抓抽象训练：经常引导孩子做概括归纳练习，如看过一篇文章讲出文章的中心思想;看一本书能够总结出它的要点和特点;一组题目中找出其共同之处;一个单元复习后归纳出复习提纲等等。久而久之,孩子就会学会一套准确掌握知识、把握规律的方法。

四抓独创性训练:独创性是将来孩子能有所成就必须具备的能力。因此家长特别要注意杜绝孩子的依赖心理,鼓励他们学会独立思考,独立解决问题。

五抓思辨训练:随着年龄的增长和知识面的扩大,孩子独立思考的能力强了,但毕竟不成熟,容易产生片面性和表面性。做家长的要善于指导孩子分辨是非、去伪存真,逐步培养出他们的批判能力。

要孩子学会带着脑子听课,不仅听老师讲了什么,而且要想老师为什么这样讲;不仅要掌握老师解题的方法,而且要想为什么这样解?还可以怎样解?如果某条件变化了,又将怎样解?这些方法可以怎样运用?另外,要指导孩子在课后复习时将所学知识进行归纳、整理,把零碎的知识串联起来,体会其中的相互联系,找出规律。如果能让孩子把体会到的规律再实践一下,那么知识就会逐步演化为能力。假如能坚持不懈,孩子的脑子自然就越来越活,自然也就越来越聪明了。

第68招　给孩子插上想象的翅膀

 拾碎:

南京市凤凰街小学的学生爱搞小制作、小发明,有的获得了市、省乃至全国级的奖项,还出了好几个中科院小院士。有家长羡慕不已,问我,为什么这些孩子小小年纪就能有如此成绩?难道是这些孩子大脑特别发达,有天生的创造能力?

 话题:

怎样给孩子插上想象的翅膀?

 闲话:

为什么这些孩子能搞发明创造?我们可以从全国优秀科技辅导员、特级教师陈长明那里找到答案:所有获奖的孩子都离不开两个字——会想。

"想",实际是人认识过程中的"想象"阶段。想象是在客观现实的影响下,人脑中产生新表象的心理过程。它有再造想象和创造想象两种。前者是根据事物的图样、图解或语言描述而在头脑中产生出新形象;后者是人们按照一定目的、任务,在头脑中独特地创造出某一事物的新形象。想象有无意的和有意的两种。孩子一般先是无意想象、幻想,他们没有目的、不由自主、自然而然地产生想象,这就是为什么我们经常说孩子们总喜欢"异想天开"。往往就是由于这种"异想",产生了灵感,促使了"天开"。瓦特发明蒸汽机就是由烧开水引发的"异想"而致"天开"的结果;爱迪生发
明电灯也是这样。又如小学生的获奖作品:量角器中间打一个缺口有利于定位;衣架改成活动的变成多用;毛笔杆中间插一个海绵垫吸水;煤气瓶盖换种材料可防爆等等,也都是这样。所以我们对喜欢"异想天开"的孩子要充分肯定,鼓励他们善于去观察生活,并大胆去想象,努力把想象变成现实。也许这不是什么大不了的创造,但让孩子看到想象能产生切实的新事物,那种喜悦的感受会大大激发孩子想象的兴趣,逐步增强想象力。

随着孩子年龄的增长、知识的丰富,可以引导孩子逐步展开有目的的想象,这对学习语文、外语、算术、自然、美术、音乐等科目都有极大的好处。比如做算术习题 $9+X+X=29+29+29$,有想象力的孩子一下子就能得出 39 的答案,他会把其中一个 29 的 20 分别给另外两个 29 各 10,虽然小学未学代数,但题就这样解出来了。做作文更是如此,同样做"秋游"的作文,根据所见所闻可以构思出不同的文章。有想象力的孩子不仅把所见所闻写出来,而且会因之联想到相关的古今中外、天文地理,引发很多感想和设想。这样的文章就有血有肉,形象生动。

由此可见,家长在追求孩子好成绩的同时,千万别忘记真正的好不是数字,而是能力。培养孩子的想象力是绝对不可缺少的一环,要指导孩子多观察、多思考、多想象某一事情的发展可能,激发孩子的兴趣,使孩子的想象力越来越强。指导并帮助其动手将想象变成现实,这样,孩子的兴趣就会越来越浓,积极性也能持久,其效果就不言而喻了。

第69招　教给孩子读书的窍门

拾碎：

我发现有的孩子看书后,你如果问他,他会说出个道道,日积月累,会知道很多知识。有的孩子看书后,你马上问他,他只会告诉你好看不好看,其他就不知所云了。尽管也看了不少书,但知识仍然平平,写起作文来没有话讲,为人处世没有多大长进。

话题：

教给孩子哪些读书的窍门?

闲话：

造成孩子们的这种差距的原因究竟在哪里?根据一般的情况反映,主要问题在于不懂得如何从书中获取营养。因此,家长不能以为只要孩子在看书就行,应该要作一些如何有效读书的技术指导。特别是读书中的几个主要环节要予以关心和指导。

一是读。课外阅读应该是有选择的广泛阅读。正所谓"读书破万卷,下笔如有神",多读才能提高阅读能力,多读才能扩大知识面,增强理解能力。但并非看了书就有效,关键要看怎样读。读书有精读和泛读之分。经典的社会科学方面的文章和著作,几乎要逐字逐句看,了解其内容,并就精彩和可借鉴之处详读;对自然科学方面的科普类图书,知识性的内容要反复看到记住为止;一般的作品,只要浏览,了解一些这方面的知识就行。因为孩子的时间有限,全部要求精读不可能,而且有些作品本身的意义可能也不大,不必多花时间。

二是记。要求孩子把看过的作品都记住是不可能的,但是读过书后要在脑海中留下点什么是必须的,否则,知识就如同过眼的云烟。记有两种:一般记忆和重点记忆。对那些泛读的作品,只要掌握大致内容就行。但对那些需要精读的作品就要记住,特别是作品中精彩的部分一定要记住,并消化变成自己的东西。为了帮助记忆,甚至可做些读书笔记备忘。读书笔记按传统的方法,可以做卡片,也可用本子摘抄、写心得体会,还可做剪报等。现在有很多孩子能熟练操作电脑,他们可以将阅读中得到的信息储存在电脑里,如果是阅读电子版图书,可将需要的材料下载,专门设置一个文件夹储存。

　　三是思,就是思考。不管阅读什么类型的书,读后"想一想"这一环不能少。但这一点恰恰是很多孩子忽略的。家长要指导:一会分析,读完一部作品要想一想其特点和意义,想一想其中有哪些可取之处,哪些可以被自己吸收来丰富自己的知识宝库。学会用评析的眼光看书,学会读书加工法,特别是对文学作品,要分清精华和糟粕,去粗取精,免受不良影响。如果孩子有这种能力,就无须制止他看什么琼瑶小说、武侠小说……二会归纳、总结。特别是读与学科相关的书,要加以选择,将与所学知识密切相关的内容进行梳理、分类,这样就有可能将所看到的知识消化、融会贯通,成为自己的东西。如果读书就像狗熊掰玉米,读过的书变成过眼的烟云,那就毫无价值。要想做到读书有所得,写读书笔记是最好的方法。读书笔记有多种写法:可以摘录精彩的描写片断或抄录哲理性的精辟句子;可以概述作品内容,也可以为作品作注或写眉批;可以写心得,也可以写简评。如果是报纸,可以做剪报;如果是书刊,可采用资料卡片的方法。不管用什么方法,总之,要让读书花的精力有价值,要留下一些痕迹,要真正得到一些东西。

　　四是用,就是应用和实践。首先要将课外阅读中的所得和课内学习结合起来,增强对课内知识的理解,并进一步推进学习的深化。如在学习别人的好文章时,把握其写作技巧,并加以应用,帮助自己写出有特色的好作文。在课外书上看到了一些新的解题技巧,可以运用到数学、外语等的学习中去。如看了很多科技知识,自己要试着动手搞些小实验,还要敢于异想天开,搞小创造、小发明等。努力做到学以致用,以课内带课外,让课外促课内,发展智力、能力。要达到这一目的,在课外阅读中需注意三个环节:一是把在课外涉猎到的知识归类整理,与课内的知识结合起来;二是适当记忆,将涉猎的知识存入记忆仓库,和已有的知识融合;三是建立自己的资料档案,同时在实践中学会一些查找资料的方法,让资料在学习进程中发挥作用。总之,从阅读中所获得的知识,虽然不会有考试来检验掌握的程度,但如果束之高阁也就失去其应有的意义,一定要用,在用中提高实践能力和创造能力,以变得更加聪明、能干。

　　五是合理安排课外阅读时间,掌握读书的度。即合理分配课内与课外的时间,坚持先课内后课外;课内学习时间多于课外阅读时间。如早晨和晚上 7:00—9:00 的黄金时间用于读课内书或课外知识性图书;课间、饭后适宜看信息类的书;平时的节假日、寒暑假在完成作业任务的基础上可大量阅读文艺作品。如果时间分配不当,作业未完成,上正课时也偷偷看,这样本末倒置必然会分散精力,影响学习。除把握好时间度外,还必须掌握读书的量。如知识类的书并非越多越好,每门学科的参考书只要一两本相对好的即可。科普性的书刊以看了能消化为限。

以上所述仅是课外阅读指导中最基本的一些方法。此项工作既重要又大有学问,孩子真正掌握了此中门道,将会终身受益。

第70招　指导选择有价值的书

 拾碎:

有的家长和孩子经常在读书的问题上发生矛盾,产生诸多不愉快。只准孩子看课本,不准看"闲书",认为"闲书"会分散精力,影响正课学习;自己却买了一大堆参考资料,要孩子不停地做习题,认为越多越好。也有的家长特别"开明",放任自流,认为孩子把武侠小说讲得头头是道、活灵活现是孩子记性好,人前人后夸奖孩子。有的干脆什么也不管,对孩子的要求漠然置之,对孩子的行为不闻不问。

 话题:

孩子可选择哪些有价值的书?

 闲话:

其实,以上几种态度对孩子的成长都不利,与现代社会需要的人才的要求更不相符。今天,孩子的成才仅靠学校课堂上学的知识是远远不够的。要成才,既需要大量的基础知识打下扎实的功底,又必须有广阔的知识面,触类旁通,将知识化为能力。因此,课外阅读应是孩子学习的一个重要组成部分。但并非所有的阅读都有利,青少年读不适宜的书的话,是无一利而有百害的。如宣扬色情的、凶杀的、封建迷信的作品样样看,封建主义的道德观、人生观不加分析全盘接受,那必然会受到不良影响,如误将哥们义气当友谊,组织小团体、打架斗殴;感情代替理智,堕入情网不能自拔;闹个人独立,稍不顺心,离家出走等等。所以,要让孩子在课外阅读中真正有所得,选好有价值的读物是关键。孩子可选择哪些读物呢?

哪些书是孩子适宜的?不同年龄特点、不同知识水平、不同性格特点的人对

书的要求是不同的,因此,这个问题答案只能是笼统的,即选择适合孩子特点、有利于孩子成长的书。可以选择如下几类:

(1) 思想性的:古今中外关于人立身处世方面的书,反映重大历史事件和历史人物的书都是适宜的。孩子能从中得到借鉴,增强分析、认识社会的能力,以明确前进方向。我国历代的国学经典,如《论语》、《孟子》等,适合孩子的《三字经》、《弟子规》等蒙学读物,民族英雄、思想家、科学家的名人传记,近现代革命史、英雄模范的事迹等等。这些作品都可以引领孩子认识历史、认识世界、认识人生,对孩子树立正确的世界观、人生观,培养优良品德大有裨益。

(2) 信息性的:报刊、杂志。孩子应养成每天读报的习惯,经常阅读适合自身年龄特点的杂志。从这些书刊中,既能了解到天下大事,感受时代脉搏,又能从中学到做人的道理,接受必要的思想、道德教育。"秀才不出门,能知天下事",靠的就是新闻传媒。这类传媒既有广播、电视传递信息的功能,又有其他媒介不能替代的促进阅读、写作能力提高的功能。至于网络信息,面广量大,当然可利用,但必须是在家长指导下的运用。

(3) 知识性的:一种是与学校教科书配套使用的各类学科参考书和习题集,理科类的可加宽加深所学的课本知识,接触到大量的题型;文史地类可使教材中比较抽象、概念化、孤立的知识具体化、形象化、系统化。另一种是科普性的书刊,如百科全书、各种智力训练书籍、科技杂志等。这类书刊既能帮助学生巩固课本知识,为扩大孩子的知识面提供很多生动形象、趣味性极强的知识,激发求知欲望,又可丰富想象力、创造力。这对孩子树立理想有极大帮助。

(4) 文艺性的:重点阅读古今中外的中短篇名著和部分适应孩子现有知识水平的长篇名著,如外国的巴尔扎克、莫泊桑、契诃夫、高尔基等的作品;我国古代的《水浒》、《西游记》、《三国演义》等名著;现代的鲁迅、郭沫若、茅盾、巴金等名家的作品;当代作家莫言、曹文轩等的作品等。这些书既能提高文学素养,又能培养分析能力、艺术鉴赏能力,陶冶情操,这类书应是孩子生活中不可缺少的。但也要防止出现偏差,家长要指导好这类书的选择问题。最好帮助孩子选择适合他们特点的中外名著。随着年龄的增长,阅读书的难度也可适当加大,从名著的改编本到原著,从短篇到长篇逐渐过渡。

第71招　引导从书中吸取营养

  拾碎：

看孩子读书,我总喜欢问"书中讲的什么？你有什么启发？",得到的回答经常是"不知道"。看到我不满意,她还会来一句:"同学都是这样的！"我说:"看了书又得不到什么,何必浪费时间！"她马上回答说:"不行,老师要求的,不看要挨批评。"

  话题：

怎样引导孩子从书中吸取营养？

闲话：

家长都希望孩子多读书,扩大知识面以促进在校的学习。但往往事与愿违,孩子只知道根据家长和老师的要求去看,是为了完成任务。有的随着自己的兴趣看,纯粹是好玩,是消遣,看完就烟消云散,灰飞烟灭,什么也没留下；有的可是实实在在地接受,甚至去模仿,什么探险,什么哥们义气等。读了书能得到什么,真是说不上来。有人认为,不要对孩子读书提这样那样的要求,只要他看就会有收获。当然,这种看法有一定的道理,但是如果能花同样的时间获取更大的收益不是更好吗？如果能有意识地从不同类型的书中获取多方面的知识不是更有意义吗？假如有的不在意应该从中得到些什么,而随便吸取,还可能遭受毒害而误入歧途。所以笔者以为引导不引导会有不同的效果。

那么家长要引导孩子从书中得到什么呢？我们可以让孩子懂得阅读不同类型的书就可从中获得不同的营养；在看一本书时可从不同角度去理解而得到多方面的收益。一般来说,可以争取在书中获取这样一些营养：

(1) 懂得做人的道理：如读《雷锋的故事》一类书,可以学习以为他人、为集体服务为荣,先人后己的无私精神。看各种回忆录,可学习革命英雄主义精神和无私奉献的精神。孩子们都喜欢看的《夏落的网》之类的童话、民间故事,可以从中懂得如何分清善和恶、美和丑。看各种文艺作品,可从不同人物身上理解做人应该具备的各种品质。有关科学家、文学家、革命家的传记等可以让孩子从中明白怎样做人。

(2) 升华高尚的情操:如《钢铁是怎样炼成的》、《张海迪的故事》一类书,可增强孩子战胜困难、锤炼意志的意识。如《红岩》一类书,可使人懂得爱恨情仇。现在学生爱读的《安妮日记》可激发对法西斯的恨,《青铜葵花》让人懂得什么是爱。各种音乐类作品可使情感得到陶冶。

(3) 获取丰富的知识:从《上下五千年》中可了解到很多历史知识;从各种科普书籍、杂志中可获得很多自然科学知识和生活常识。现在孩子们中流行的《皮皮鲁和鲁西西》之类的书也可使孩子从他们的角度了解社会。古今中外的名家名篇名著,以及优秀作文选等都可使孩子从中借鉴到很多实在的知识。

4. 学习处世的能力:如从《鲁滨孙漂流记》学习如何生存;《哈利·波特》虽然讲的是科幻故事,但可从主人公哈利·波特的冒险经历中学会应对各种意外事件的方法;脑筋急转弯、智斗故事之类的书都可使孩子在玩笑中学知识。

总之,不同类的书可给人不同方面的营养,孩子广泛阅读必有收益。哪怕是武侠小说,里边也有很多知识,问题在于如何去鉴别、吸收。当然,并非任何书都是有益的,家长需要严把选书关。对一些比较深的书、大部头的书,因孩子理解水平和时间的局限,不宜鼓励孩子在平时学习时间阅读。总而言之,不仅要鼓励孩子多读书,而且要学会如何从书中获取营养,真正有所得。

第72招　保护创新积极性

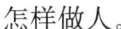 **拾碎:**

我家有很多药盒子、药瓶子,药吃完就摔。一天外孙女说:"这么漂亮的盒子扔了多可惜,要想办法利用。"我说:"好啊,你设计吧!"谁知她小脑筋一动,把瓶子、盒子一拼,做成了"多功能文具盒",竟然在区小制作、小发明比赛中得了二等奖。后来又利用茶叶盒内的包装布做了多功能浴帘模型,获得市二等奖。两件小事,真发人深省!

 **话题：**

怎样保护孩子的创新积极性？

 闲话：

  大多家长一看到孩子摆弄什么东西，就着急，唯恐孩子搞坏什么，限制不能这样，不能那样。当孩子提出想搞个什么小制作，有些家长并不在意，不是认为不可能，就是认为小孩子弄不出什么名堂，白浪费时间，一般不予支持。每个家庭都希望自己的孩子成龙成凤，殊不知成才非一日之功，必须从小培养孩子的智力，特别是创造力。家长不认可孩子异想天开的种种做法，实则是打击孩子的创新积极性，影响孩子的能力发展。明智的家长应该为孩子创造条件，开展家庭小科技活动，让孩子动脑、动手，这是发展智力、能力的一种很好的形式。

  家庭可开展哪些小科技活动呢？一般可分两大类：

  一类是动手实践活动，目的是增长技能。如利用家里的废旧器材、旧机械、旧电器，放手让孩子去敲敲打打、拆拆装装。从简单的拆装挂锁、门锁、旧钟表，到拆装修理自行车、旧无线电收音机，乃至其他家用电器。也可购买一些配件材料搞组装，如航模、照明电路等。当然烧菜烹调、缝纫等家务活动也无不可。

  一类是发明创造活动，目的是培养创造力。这类活动可根据各家庭情况和孩子的具体情况而定。如结合初中学习的物理、化学知识做实验；或者为改进生活设施搞些小革新、小发明。有个南京小朋友觉得晚上骑自行车不方便，便设计了自行车车灯，获得了专利权。家长就可以这样引导孩子发现平时生活中的不便之处，让孩子动脑筋去改革它，解决它。另外，如家庭要搞装潢，或进行布局调整，也可让孩子参与设计方案。女孩子还可在编织、服装设计等方面大胆想象，搞一些设计方案，甚至可以加之实践。利用易拉罐、饮料瓶制作各种小工艺品更是可行性强的小科技活动。如果孩子对美术、书法、音乐、舞蹈等有所爱好，可鼓励他们搞艺术创作，创作一幅画、一首歌、一种舞、一幅书法作品等都很有价值。总之，要鼓励孩子充分利用现有知识，去思考，去发现，去想象，去创造新的事物，发现新的道理。在这个过程中，孩子的智力、能力就能得到充分发挥。

第73招 培养孩子的实践能力

拾碎：

不少家长对学校花学习时间让学生参加社会实践有意见，认为孩子到学校是学知识的，花那些时间去搞什么实践，简直是浪费孩子的青春，耽误孩子。而且，还需家长付出很多精力和财力，实在得不偿失。

话题：

怎样培养孩子的实践能力？

闲话：

家长的意见有没有道理？应该说这并不是无理取闹，是有因而起的。但也确实是由于家长对基础教育的改革不了解所致。其实，实践和知识不是对立的矛盾体，书本上的知识本身是从实践中总结出来的，离开了实践的知识仅是空中楼阁；知识不到实践中去应用，不将知识化成能力，那知识仅是一纸空文；读书千万卷，不会和实际结合，也只是个书呆子；而且现在时代发展很快，知识更新的速度可以说是日新月异，如果不和实际结合，可能学了知识也无用。所以，现在提倡培养孩子的实践能力，是为了让孩子掌握真正的知识、有用的知识，让孩子获得掌握知识的能力,以便自己学习更多的知识。这和家长希望孩子多学一点知识的愿望是一致的,毫无矛盾。家长不仅不该反对,而且要把培养孩子的实践能力作为家庭教育的重要内容。

如何才能使孩子具有实践能力?现在孩子书本学习的时间都很紧,哪还有什么时间去实践?要解决这些问题,关键在于不要把知识和实践对立起来,隔离开来。两者应该是你中有我,我中有你,互有区别,又相辅相成。只要明确建立重视实践的观念,就会发现实践的机会无处不在。比如,小学二年级学计时的知识,只要让孩子每天在上学、吃饭、睡觉时有意识地关注一下时间就行了,无需另外花什么精力。可以这样说,实践能力就是在有意识的重视,在日积月累、不知不觉中培养起来的。

那么,应该重视哪些实践呢?抓住一些什么样的机会呢?通常有如下一些:

考察性实践。这是指让孩子到社会大课堂去参观、访问、调查,了解社会、认识社会,收集与书本知识相关联的鲜活知识,或者作为课内学习补充的人文、艺术、科技等方面的知识。这类实践,家庭可采用假日旅游、社会调查、走亲访友等形式进行。

实验性实践。这是指指导孩子把书本上学到的知识运用到实践中,有利于将知识化为能力。如数学中的认识时间、识图、行程问题等等都可以在日常生活中应用。自然课中的很多知识都可以在课余时间搞小实验去验证,从而加深对知识的理解。又如语文学习中的作文,更是需要去观察、去动手写才能有所体会,才能不断提高写作水平。

服务性实践。服务性实践包括自我服务实践和服务他人实践。家长应该尽量给孩子提供自己的事情自己做的机会,让孩子自己整理学习用品、书包、房间和床铺,不大的衣袜让孩子自己学着洗等。这些实践可以提高孩子的自理能力,帮助孩子养成良好的生活习惯。还要做一些服务他人的事,比如在家中洗碗、扫地、擦桌子等;为邻居、为大院打扫卫生、送报纸等;在班级、学校积极参与公益劳动和集体事务等。这些实践既能培养爱心,增强劳动观念,又能提高社交能力、动手能力等等。

创造性实践。这是较高层次的实践,在当今十分重视培养孩子的创新意识和创造能力的大趋势中,家庭应该把这项实践放到议事日程上,要打破神秘感,积极创造条件让孩子张开理想的翅膀去异想天开,大胆尝试小发明、搞小制作。另外,如进行一些时事评述,自唱自舞、自编故事或表演等等也都是创造性的实践活动。

总之,家长要利用一切可利用的实践机会,鼓励孩子大胆动手、动脑,不仅可以促使孩子发展智力,而且可促进孩子良好品质和良好心理素质的培养。

第74招　带着孩子到大自然中去遨游

 拾碎:

每次我跟孩子说星期天带她到公园玩时,孩子总会高兴得手舞足蹈,"ye!ye!"地叫起来,那种内心的喜悦溢于言表。

 话题:

怎样带着孩子到大自然中去遨游?

 闲话:

我有幸知道这样一个"秘密":南京小桃园公园才建成不久时,我带着外孙女去看新鲜。在儿童游乐场,看到有四五个孩子在一起玩得很高兴,旁边没有大人。我有些奇怪,就先让外孙女和他们一起玩,然后再问他们怎么没有大人和他们一起玩。一个小姑娘天真地笑着跟我说:"奶奶,这是个秘密,告诉你,可千万别告诉我们爸爸妈妈。"原来,他们是一个院子里的邻居小朋友,父母都上班,把他们关在家里,因为闷得发慌,就相约一起出来玩。只要在父母下班前回到家就可以了。今天已不是第一次了。当我问到家在何方时,他们七嘴八舌地说,要翻过城墙,走好远。问到为什么不让父母知道时,孩子们的回答很简单——"不让"。孩子一席话让我惊呆了。但过后细想,孩子也没有大错,他们无非是想玩,想亲近一下大自然。父母没有时间,对孩子的要求又简单地不同意,那么孩子就只有想着法儿对付家长了。由此看来,父母在工作之余,抽出一点时间,把孩子带出家门,去拥抱大自然,放松情绪是完全必要的。

把孩子带到哪里去最理想？答案应该是不固定的，要视各家的情况而定，但选择地方时有一些基本原则要坚持。一是有意义、有价值；二是适宜儿童，孩子感兴趣的；三是如果双休日出游，应该找省时、方便的地方。选择的对象可以考虑这样一些类型：有高山流水花草树木的风景优美区；飞鸟虫鱼及各种珍稀动物资源丰富区；有广阔的活动场地区；有丰富的文物、古迹区等。出游的形式，一般是父母带着孩子全家出游。但如果从孩子的心理考虑，最好有一些同龄人同行会更开心。因此，不妨试试联合出游，也就是相约有同龄或年龄相近的孩子的亲戚、朋友、同事，带着孩子一起出游；或者和孩子同学的家长相约，几家人一起出游；也可以参加社会组织的亲子活动。

走进大自然，是一件令人愉快的事情，因此不要太严肃、不要限制太多。应该多给孩子一些自主权，让孩子尽量放松，心情愉快。虽说应该让孩子在每一次活动中能够有所得，也必须是寓教于乐，而不是说教。一般来说，在这类活动中，可以在如下几个方面给孩子以引导：一是欣赏。漫步在山水中，体验祖国山河之壮美；置身于生态环境中，体验造化的自然美；在参观文物、古迹时，欣赏在历史长河中闪烁的劳动人民智慧结晶的艺术美。二是寻觅。在大自然的宝库中去发现、吸收鲜活的知识。如认识各种植物、动物，了解它们各自的形态、习性、功用等；了解文物古迹相关的逸闻轶事，从中更好地认识几千年的人类文明史，了解优秀的中华民族精神；在各种园林布局和现代建筑群中感受时代前进的脚步声。三是锻炼。把大自然看作天然运动场，利用各种自然资源，开展各种活动。散步、登山、游泳、走迷宫、探宝等；也可带着运动器械，利用天然运动场打球、玩飞碟、赛车、溜冰等；也可搞些有关生存探险的活动。总之，空间很大，可演绎的活动很多。孩子是否能玩得开心、有收获，关键是把两代人的积极性都调动起来，共同策划，共同完成。

第75招　指导过好中小学衔接关

 **拾碎：**

我参加外孙女升初中后的第一次家长会，看到有不少家长非常纠结：自己的孩子在小学成绩一直很好，为什么一进中学就掉得这么惨？

话题：

如何指导过好中小学衔接关？

 闲话：

孩子从小学升到初中,有的人形象地把它称之为"关",这种说法自有其一定的道理。因为中学生活与小学生活之间的差距比较大。孩子一跨入中学大门,客观上面临着四大变化:环境变了,有学校范围变大的感觉,特别是从一般小学进到重点中学,简直像进了大观园一样;人际关系变了,教师是新的,同学来自各小学,原来在小学是"老大",现在在中学成了"老小";学科变了,科目多了,内容复杂了,知识的广度和深度都扩展了;教师的管理方法变了,保姆式的管理方法更为淡化,相对地讲,学生的自主自理权扩大了。同时,学生主观上还会出现四大心理感受:从"小"变"中"的荣誉感和自豪感;对新生活憧憬的新鲜感和迷惘感;一切从零开始的奋发感;紧张过后进入正常学习生活的轻松感。在这样纷繁的现实面前,对一个稚气未脱的孩子来说,要处理好新的生活是有一定困难的,在这关键时刻,家长必须帮上一把,因势利导。

如何帮？首要的就是做好衔接的引导工作,其中最关键的是抓好以下一些问题:

一、明确目标

使孩子从学习《中学生守则》入手,明确作为一个中学生必须具备的条件,肩上承担的社会义务和必须遵守的校园规则,从而激发孩子争做"合格的中学生"的热情和责任感,确立进入新学校的奋斗目标。

二、认识差异

了解中小学教育的三大不同:① 从思想教育看:中学不仅把学生看作孩子,而且逐步把他们看作一个社会人来培养。要求有理想,确立人生观、价值观;要求确立爱国主义思想、集体主义观念;要求有一定的审美能力,有正确的是非观;要求有良好的心理素质,有自理自主能力;要求养成良好的习惯等。② 从教学情况看:中学的教学内容面广、量大。课程从小学的7门发展到13门,教材涉及的知识面广,内容多、题量大。各门学科间相互渗透,综合性强。教学要求高,既要求掌握好书本知识,又要求课内外结合;既要求掌握基本概念,又要求能学以致用。教师上课密度大,新课进度快,回环反复少。考试科目多,复习指导少,考卷题量大、题型多、题目活,知识迁移题多,能力测试题多。③ 从学校管理方法看:中学活动的天地变大,人际关系复杂。中学除了班主任外,不是包班制,不用保姆式的管理方法,而采用制度管理,要求学生自觉遵守。对这一切,孩子在进校前就要有一定的思想准备。

三、培养感情

和谐的环境会使人心情舒畅,会给人奋发向上的力量。人进入一个新环境,应该是人去适应环境而不是环境适应人。孩子进入一个新的天地,就要为创造美好的环境而努力。作为家长要引导孩子去发现新环境的美的所在、闪光之处,使孩子迅速地爱上新的学校、新的集体、新的老师、新的伙伴,较快融进集体,跟上集体的步伐,为创造良好的集体而奉献自己的力量。切忌家长和孩子一起怨天尤人,总认为今不如昔,否则孩子会因为得不到新环境的温暖而产生恶性情绪。

四、养成习惯

根据中学的学习生活特点,小学生那种被动的学习习惯、父母包办的生活习惯都必须改变。中学老师不当"保姆",很多家长也无力当中学生的"拐棍",因此孩子必须养成独立的学习、生活、劳动、卫生等习惯。家长要科学安排他们一天的生活,制定"一日生活时间表";指导他们养成良好的学习习惯;指导他们学会自己料理生活,并主动承担集体和社会义务。

五、改进方法

这里的方法是指学习方法。中学课程多,内容广而深,靠机械的死记硬背和考试前的突击是不可能学好的,家长要指导孩子改进学习方法。如听课的方法:如何思维、记笔记;作业的方法:先看书,后作业,独立思考;预习的方法:找出重点和难点;复习方法:梳理知识,总结归纳使之系统化,并学会触类旁通。

"良好的开端是成功的一半",只要家长能重视并科学地引导孩子搞好中小学的衔接工作,就会为孩子在中学阶段的正常发展奠定基础。

第76招　导引跨好新的每一步

 拾碎：

每当新学年来临,孩子总是满怀期盼地说:"总算假期结束了,这下可以走出家门和同学玩了,整天在家,把人都憋死了。"爸爸妈妈也如释重负:"这下总算甩下包袱了,可以专心工作了。"

 话题：

如何导引跨好新的每一步?

 闲话：

这种心情是可以理解的,但真的能这样如愿吗?答案应该是否定的。其道理也很明白,那就是,如果新学期各方面跟不上趟,无穷的麻烦就会跟着孩子,家长想要安心也都安心不起来。所以,面临这个"新"字,家长有必要作一些冷静的思考。

一日之计在于晨,一年之计在于春。新学年的第一步对孩子来说至关重要。要想成功地迈好第一步,关键要做到两个词——"知己"和"知彼"。所谓"知己",就是要搞清楚,在新的起点上,孩子的现状是什么。如,知识和能力水平达到什么程度,有什么优势,有什么特长,有什么弱点;品行上有什么优点和缺点,心理状态和身体情况如何等等。所谓"知彼",就是要了解新的学期,社会和学校对孩子会有什么要求,孩子将会在什么样的环境中成长,孩子将要达到怎样的水平才是符合标准的等等。这两个方面都分析清楚了,孩子该如何迈步的方略也就清楚了,家长的指导就能到位,孩子的第一步也就能迈得坚实。那么,家长该如何作具体指导呢?对不同年级的孩子采取的指导办法是不同的。

低年级的孩子刚跨进新学校的大门,面临的是一个"新"字,新校园、新老师、新同学、新要求、新生活,不论是从幼儿园到小学,还是从小学到中学,接触的人变多了,需要学习的知识面变广了,更大的变化是学习要求更高了。有人把这一切比喻成"关卡","关"过得好不好,会直接影响孩子今后的学习生活。因此,家长要尽快和学校老师联系，了解学校的具体要求，和老师密切配合，帮助和指导孩子过好环境关、学习关、生活关。

毕业班的孩子面临的是"毕业"，受到来自各方面的压力。最重要的是要调节好心态，不要让孩子背着沉重的包袱走完最后一年。要帮助孩子自觉地分析已经走过的路，总结成功与失败、成绩与不足、经验与教训，从而确定目标，树立自信心，调整学习方法，让孩子以良好的心态、蓬勃向上的锐气、科学的学习方法将自己塑造成一名优秀的毕业生。

对其他各年级的孩子来说，新学年的到来意味着跨上了高一级台阶，因此家长要指导孩子明确新的要求，指导孩子在原有的基础上找出差距，从而确立新的目标。除了课内学习外，在扩大知识面和能力的培养方面也要有一定的安排措施。另外，在非智力因素的培养上要花大力气，特别是爱心的培养，文明、学习、生活等良好习惯的培养，良好心理品质的培育等。这些都可以和孩子共同商量，达成共识，制订计划，使孩子一开始就心知肚明，步子就能迈得好一些。

但第一步不等于永远，要使孩子能比较自觉地走好以后的每一步，还必须在新学期一开始做好一样工作，那就是和孩子一起制定"目标"。这个目标，应该是德、智、体、美、劳全方位的。目标要具体，如智育方面，各学科的要求不尽相同，要具体分析，明确学习方法、端正学习态度。根据孩子年龄小、持久性差的特点，可以分阶段定要求，如一周、一月、半学期、一学期。目标要实事求是，从孩子的实际出发，不要和别的孩子攀比。目标要高于现实，也就是必须经由一定的努力才能达到。但是不能过高，如果是孩子再努力也达不到的目标，不仅没有鞭策和激励作用，相反会挫伤孩子的兴趣和积极性，导致破罐子破摔。目标要体现循序渐进、不断进取。随着时间的推移，各阶段呈阶梯式上升，这样导引孩子才可能不断进步。家长要尽可能避免陷入两个误区：一是"一口吃个胖子"的过高要求；一是认为"船到桥头自然直"，不问不闻、任其自然的不负责任的态度。最忌讳的是家长包办代替定目标，有两种情况会导致这种现象出现：孩子要么是懵里懵懂，没有主见，像算盘珠一样被父母拨来拨去；要么是根本不同意父母一厢情愿的意见，不肯按要求去实施所定目标，最终目标就成为一纸空文，毫无意义。因此，目标的认同性是前提，要取得认同，就需要家长尊重孩子，采取协商的办法，将自己的意愿化为孩子自己的要求。

如果家长们能够冷静地进行一些反思，科学地引导孩子制定目标，并且巧妙地指导孩子一步一步去实施，那么孩子就一定会以一个全新的形象出现在家长的面前。

第77招　让孩子在寒假中放飞

  拾碎：

一到放寒假,孩子就会向我提这样的要求:"寒假时间短,外婆,求求你跟妈妈说不要让我去补课,不要请家教。"

  话题：

孩子在寒假中应该怎样放飞?

  闲话：

孩子的这种要求反映了他们假期中曾有过的一些经历。根据天津和福建两地关于孩子假期生活的调查,确有50%—60%的孩子在假期中忙于应付此类事情。补课与家教并非不好,但如果让孩子把寒假的时间都花在这上面,就没有达到让学生假期休息的目的。教育部门之所以在一个紧张的学期过后安排假期,就是为了让学生有个身心调节的机会,有个冷静反思的时间,有个自由活动的天地,有个自主学习的空间。以此作为学校学习的补充,促使孩子健康发展。因此,如何安排孩子的寒假生活,其中大有文章可做。家长要在期间起引领和参谋的作用,让孩子在寒假中放飞。那就是——

给孩子睡眠权,让刚经过紧张考试的疲惫身体在不受限制的睡觉中放松、调节。现在的孩子因为学习任务重,普遍缺觉,欠的债要及时补上,否则,大脑长期休息不好会影响神经、心理、情绪,乃至整个机体,直接影响家长最关注的学习效果。

给孩子反思权,让孩子自己去总结上学期走过的路,对自己的学习、品行进行梳理,明确自己的努力方向。家长不要强迫孩子接受父母的分析和结论,如果两者间有差距,家长只能去启发、诱导孩子。

给孩子选择权,让孩子自己决定在假期中干些什么。应该放开让孩子看他们平时喜欢但没有时间阅读的书籍,使他们得到一些心理满足,同时也能增长知识,扩大知识面,千万不能再规定孩子只能看辅导书。让孩子参加一些自己喜欢的活动,如文艺、体育、外出参观、旅游等。孩子的最爱——电视,也可以让他们自由选择一下。特别要鼓励孩子多选择一些实践类的活动。

给孩子自主权,让他们学当自己的家。鼓励他们愿意怎么想就怎么想,愿意怎么做就怎么做。当然,不是放任不管,家长要随时关注,好的及时肯定,走偏了及时指点,培养孩子的大胆精神和自立能力。

给孩子亲情感,让孩子充分品尝爱的幸福感。放假后,由于和同学接触的机会和时间相对减少,而孩子一般是喜欢群体和热闹的,一旦独处,会产生寂寞和孤独感。如果父母只忙着工作,不关注孩子,孩子在家中可能会产生情感危机。有的会更感到父母不关心自己,导致心理压抑;有的会因心烦、空虚而变得脾气暴躁、不可理喻;有的通过网络、碟片或走出家门寻找其他感情寄托和情感发泄。照理,在假期中亲子应该走得更近,但如果处理不好,会造成亲子关系的紧张。因此,家长不管多忙,应给孩子更多的关怀和爱抚,使孩子感受到亲情的可贵。要经常和孩子沟通,增进相互间的了解和理解。如果说有的家庭平时亲子关系比较冷淡,那么通过假期这个机会,要让冰雪关系融化,温度热起来。

其实,寒假是孩子全面快速成长的大好时机,一学期下来,紧张的学习使孩子身心疲惫,放假了,尽管有寒假作业,但课业负担毕竟减轻不少,孩子身心可以放松,从而得到调节。孩子不在学校,接触家庭和社会的时间相对多了,就有更多的机会接触课本以外的知识,扩大知识面,弥补课内学习的不足。而且,孩子会更多地面对生活,解决相应的问题,在实践活动中增长智慧和能力。总之,对孩子的寒假生活,父母只要以积极的态度面对,争取主动、占住先机,不包办,也不放弃,当好孩子的参谋和导师,抓得早、抓得科学,就能达到事半功倍的效果,两代人都能轻轻松松、快快乐乐地相处。一个寒假过来,孩子不仅年龄长一岁,其德智体美劳各方面都能有长足的进步。

第78招　指导科学安排暑假学习活动

 拾碎:

暑假来临了。近两个月的时间内,家长和孩子都会考虑暑假学习的问题,该松一松还是紧一紧?一个人在家学还是请家教或上补习班?抓复习还是抓课外阅读?

话题：

怎样指导科学安排暑假学习活动？

闲话：

暑假比寒假时间长，在安排孩子休息的同时，适当抓学习是必要的。要想有成效，必须注重三忌，做到三要。

三忌：

一忌过于溺爱。父母可怜孩子平时学习辛苦，认为假期该让他们休息休息了。正好孩子也自认为平时苦不堪言，放假了先得舒服舒服。于是吃了睡，睡了玩，生活无常、懒懒散散。今日复明日，学习问题全抛在脑后，连作业都到开学前临时抱佛脚匆匆对付，空负大好时光。一个假期过去，毫无长进。

二忌放任自流。家长因为没有时间，就任孩子爱做什么就做什么。看什么书不管，看什么电视不管，看什么碟片不管，只要孩子做完暑假作业，其他的统统不管。其实暑假作业的量是不大的，一个暑假有三分之一的时间是可供自由支配的，在此期间，家长不管，孩子就瞎看，什么武打的、言情的小说；什么电视、录像、书刊……看得脑子里一盆浆糊，昏头昏脑什么也搞不清。

三忌疲于奔命。父母望子成龙，不想让儿女浪费"寸光阴"。唯恐孩子在家玩，于是作了周密的安排，各式各样的参考资料、课外习题摆在子女面前；各种各样的补习班、"兴趣班"，一个连着一个，像在学校上课一样排得满满的，有的还要赶场上学，从这个学校赶到那个学校，比正常上学还要辛苦；有的请家教老师排班上课。好心的家长把假期安排得实在太紧、太死。孩子反比平时更忙，脑力、体力

255

一起上，没等到学期开学就累瘫了。有个孩子在回答放假后最想做什么时，眼中流露出渴求，不假思索地说："我想美美地睡上一天。"家长这样安排，孩子心中肯定不情愿，即使迫于压力勉强接受，由于心中有抵触，也不容易学进东西。而且，疲劳未恢复，又接着疲劳，学习效果自然要打折扣。因此在假期生活的安排中，一定要给孩子一定的休闲时间，做到有张有弛。

三要：

一要制订学习计划表。整个暑假要有个统筹安排表，各科学习、课外知识学习、自学与辅导学习等各类活动都应纳入总体安排。每天要制定作息时间表，学习、活动、休息交替安排。最好再制作一张自我考核表，以督促计划的实施。

二要做到学习活动三兼顾。这是指学习内容要包括三部分：① 课程内容：一是暑假作业必做。完成作业是最基本的要求，但不能一口气做完，应该在对一学期的知识进行全面复习的基础上，分单元、分批做。二是系统复习不可缺少。全面回顾已学教材内容巩固知识，根据考试情况和平时的学习情况查漏补缺。三是新学期课程，预先通读一下，不管看得懂看不懂，脑中有个大致印象，使今后的学习有的放矢，收到事半功倍的效果。② 课外阅读：一是看学科参考资料，可使所学知识加深加宽，课外题可以做一点，宜精不宜多。二是大量阅读因平时学习紧张无暇看的一些大部头名著，利用假期选择适合自己水平的书籍，可以是文学类、历史类、科技类、社会类等。③ 时政学习：看报纸、听广播、看电视新闻，正面接受信息，少听小道消息，不信谣传；家长最好不要将谣传当作真实消息向孩子传播，尤其避免加上主观看法对孩子进行灌输，要指导孩子从多种信息中判断真伪，区别是非；不随意盲从，当谣言的传声筒，更不能不加考虑地随波逐流；要教育子女自觉地做遵纪守法的好公民。

三要合理安排实践活动。做到动脑、动手相结合，使平时学到的书本知识尽可能联系实际。首先是与学习紧密相关的科技活动，进行化知识为能力的实践，可以是小实验、小制作、小作文（论文），甚至小发明。其二是劳动实践，学做家务劳动，当家庭小主人。其三是社会实践活动。如参观访问，进行社会小调查，参加社区组织的服务活动等。

笔者认为，无需把整个暑假都花在学习上，但科学安排是必要的，充分利用相对集中的自学时间是应该的，进行有效的学习更是值得注意的。但好心的父母们要注意，督促是应该的，创造条件是必需的，要求是要适当的。放任自流不行，操之过急不行，控制过严也不行。不能忘记暑假是假期，不能把假期当作学校生活的延续和翻版。

第七篇　锤炼健康的体魄

> 人的生命来自父母，为人父母一生的心血都花在哺育孩子成长上面。身体健康是人生存的基本条件，指导孩子锤炼健康的体魄是孩子健康成长的保障。

第79招　让孩子的生活充满生机

拾碎：

我发现孩子不顺心时，自己会很乖的主动去弹钢琴，而且很投入，不像平时还要家长催促。我问她为什么，她的回答很简单："一弹琴就能把什么都忘了。"

 **话题：**

怎样让孩子的生活充满生机？

 **闲话：**

　　人的生活充满矛盾，不可能事事顺心。如果内心的疙瘩解不开，长此以往不仅会形成心理疾病，人的机体也会出问题，如胃肠失调、神经衰弱等病症都会接踵而至。要孩子健康成长，就要让他的内心充满阳光，让孩子生活在充满生机的生活中。怎样能让生活充满生机呢？以下几种方法可能有用：

　　其一，激发生活情趣。如果一进家门就感觉死气沉沉，人的心情肯定不好，因此要设法给家中增添生气。根据家庭自身的条件，种几盆花草，养几条金鱼，有条件的还可以养小鸟、小鸡或小猫之类的小动物，让无忧无虑、自由自在的鲜活生命打破家庭的沉闷空气。如果放眼望去，一片生机，烦恼自然会减轻，心胸自然会开阔起来。

　　其二，培养业余爱好。古人提倡琴棋书画样样精通，女孩子还要会女工，意在人要有兴趣爱好，要掌握一定的技能，使人生充实起来。实际生活中，有爱好与没有爱好的人就是不一样，前者比较开朗，即使有烦恼，也会在爱好中寻得宁静，使自己受到的伤害减轻。因此，从小培养孩子有一两种兴趣爱好不仅对发展能力有利，而且对身体也大有裨益。

　　其三，开展家庭亲子活动。家长可利用假期带着孩子进行一些参观访问、旅游活动；开展丰富多彩的亲子文体活动，如各种球类和棋类活动、登山或游泳活动、音乐和舞蹈欣赏等，对孩子的健康都是大有益处的。

　　其四，参加有意义的活动。人是需要交往的，在群体中生活就不容易感到孤独。因此，不能把孩子关在家庭的小圈子里，要鼓励孩子走出家门，到火热的生活中去。参加市、区、学校组织的中小学生夏令营活动及其他学科性活动、义务劳动等；条件允许的话，让孩子接触工厂、农村，进一步了解社会；安排孩子到社区参加适当的公益劳动，有条件的可让孩子参加勤工俭学，既增长才干，又开阔胸怀，身心也得到锻炼。

　　如果孩子除了学习，还能有如此丰富的生活内容，一定会非常愉悦，健康成长的。

第80招 开展家庭体育锻炼

 拾碎：

孩子体育不合格，成绩再好也当不上三好生，体育成绩不达标，影响中考、高考成绩，这个问题很令家长们头疼。

 话题：

怎样开展家庭体育锻炼活动？

 闲话：

从小学到中学，几乎所有的家长与孩子都将精力和时间投入在学习文化知识上，忽视了体育锻炼。这样就会造成体育成绩不合格的被动局面。解决这种局面的唯一方法是把体育纳入家庭教育内容之列。家庭怎么抓体育？这里介绍一个家庭抓体育的做法和体会：

"孩子进了中学，我们参加了学校组织的家长学校体育班学习，明确了体育的重要意义，开始着手抓家庭体育。我首先要求孩子认真地上好体育课和早操，还要求他积极参加课余时间的体育活动，坚持每天在家里锻炼1个小时以上。从此，我们全家为了孩子开展家庭体育锻炼。全家人，每天早上5:30到6:30在室外长跑约2千米,再进行压腿、立定跳远或立定跳高活动。晚上睡觉前,在室内练哑铃(一副有十公斤)、仰卧起坐、俯卧撑等活动,大约进行半个多小时。双休日和孩子一起打羽毛球或排球,有时干脆去爬山。经过一个半月的锻炼,孩子的身体发生明显变化,身体长高了许多,饭量增大了,不再是过去的小胖子,而是结实的小伙子了。我们家住在五楼,这几次换煤气包,都是他一个人将煤气包拎上楼来,力气也大了许多。身体素质也提高了,最近不小心患了感冒,他照常上课,针未打,药未吃,感冒两天就好了。体育锻炼给我们带来了太多好处,我们全家都爱上了体育锻炼。"

为什么这个家庭能使孩子在几个单调的锻炼动作中找到乐趣,自觉地参加体育锻炼呢?原因很明显,因为家长重视,像抓文化学习一样抓体育锻炼,孩子必然跟上。更重要的是孩子可能尝到了体育锻炼的甜头,体验到了锻炼的意义。所以,在开展家庭体育活动中,家长要做两方面的工作:

一是让孩子明确锻炼的意义。一可锻炼体魄。因为青少年正处于长身体的时期,不管是骨骼还是肌肉,必须经过锻炼才能发育健全。特别是大脑神经的发育正处于黄金时期,需要外界经常给以良性的刺激,而体育活动大都是有氧运动,可促使神经系统较快地趋向完善。二可培养意志、毅力。体育活动可是又脏又累的活动,不是这里碰了,就是那里撞了,能坚持下来,其意志和毅力就培养出来了。

二是讲究方法。亲子一起练是好办法,一方面家长自身能得到锻炼,同时也给孩子树立了一个榜样。而且在一起锻炼的过程中,能随时发现孩子的进步,及时表扬、鼓励,这无疑能增强孩子的自信心,激发孩子锻炼的兴趣;可以随时发现孩子在某些方面的不足之处,随时更改锻炼计划或者矫正不良动作。这样随时做思想工作,孩子的积极性就不会挫伤。一旦孩子尝到了锻炼的甜头,对体育就会产生感情,那么在学校上体育课、参加体育考试,就不会认为是苦差事,相反,会从中找到无限的乐趣。

当然,光陪是不够的,关键是指导。一是指导活动项目,如家庭体育活动可以是早晨跑步、做早操。放学回来后可以搞各种球类活动(乒乓球、羽毛球、排球、网球、篮球等),有条件的可玩运动器械,没条件的可踢毽子、跳绳、俯卧撑、仰卧起坐等,下棋也是一种很好的运动。假日里,除了前面提到的活动外,还可以根据季节和时间的长短安排活动,如夏季的游泳,冬季的滑雪、溜冰,假日的郊游、登山等。二是督促孩子坚持不懈地锻炼,使孩子逐步养成体育锻炼的习惯,这时,没有家长陪练,孩子也会自觉练习,也会知道怎么练习。长期下来,孩子就能锻炼出强健的体魄,获得学习和将来工作的可靠本钱。

第81招　开展家庭文娱活动

 拾碎：

有天孩子放学回来,说想下载一些好听的歌,我就和她一起忙起来。她嘴里不停地说:"外婆真好!""让你听歌就好?""是啊,我同学在家里听听歌就被妈妈臭骂了一顿。""同学妈妈是关心女儿,怕影响学习!""不会影响学习,"小东西马上反驳:"听听歌心情好,学习的效果就好。"

 话题：

怎样开展家庭文娱活动?

 闲话：

一提到文娱活动,有的家长就直摇头:孩子的时间这么紧,作业都来不及做,哪有时间去玩？甚至有的家长下班回来,看到孩子在听音乐,就会大发雷霆,把孩子臭骂一顿。本来孩子玩过后高高兴兴,情绪特别好,结果遭爸爸或妈妈当头一棒,弄得头脑发胀,什么也干不下去。确实,在文娱活动问题上,往往会爆发家庭战争。

孩子的生活应该是七彩的。孩子回到家里,除了完成学校的作业,进行一些必要的课外阅读和做一些扩大知识面的习题外,给孩子适当安排文娱活动是必不可少的。因为文娱活动本身也蕴含着丰富的知识,可以培养孩子的审美能力和审美情操。文娱活动中的美真是太多了,运动之美、体姿之美、声响之美、旋律之美等等,既可使人心情放松,又可使人性情得到陶冶,还可逐步认识到什么是真正的美,怎样去辨别美。而且美可以使人愉悦,使人感受到生活的乐趣,因此,大凡喜欢文娱活动的孩子都比较开朗,心态比较好。另外,参加文娱活动同样是非常艰苦的,如跳舞也有摔打,必须有不怕苦的坚持性。总之,让孩子参加文娱活动决非浪费时间,而是好处多多。

那么家庭如何开展文娱活动?

首先,父母要为孩子开绿灯,允许并且鼓励孩子参与,使孩子光明正大地做,而不是躲躲藏藏、偷偷摸摸的。父母如能参与一起做,孩子会更开心,如家庭周末卡拉OK,新年晚会等活动。

其二,父母要作指导,当好参谋。家庭文娱活动,可以是音乐欣赏,乐器演奏,音乐伴奏的自编自舞,可以适当看些影视剧等。在活动过程中家长要进行适当指导,既要指导活动的组织安排,也要鼓励孩子大胆创造新的"玩"法,如举办家庭联欢会,如何组织安排,如何主持,如何表演、如何搞出特色等,都要和孩子一起研究,这样,孩子既能玩得开心,又能长知识、长才干。

其三,要为孩子创造活动的条件。如提供必要的文娱活动器械,或和孩子一起制作;安排活动的场所,不能对孩子提出的要求设置障碍,认为这里不行,那里不能;要尽可能为孩子提供一些资料,使他们知道怎么玩得有水平;要为孩子争取一些机会,如果有听音乐会、戏剧展演等文娱活动之类的机会,要尽可能支持孩子参加。

其四,要制定一定的规则。比如,活动时间安排在什么时候,持续多长时间,有哪些能做,哪些不可做。不过规则应是和孩子共同制定的,是孩子认同的。对规则的执行,家长要予以督促,并且可与适当的奖惩结合起来。

总之,文娱活动是有益的活动,家长要充分利用这个载体,使它在孩子的健康成长中最大程度地发挥有效的作用。

第82招　当好孩子的保健医生

 拾碎：

现在孩子们中"豆芽菜"有之,肥胖者有之,"林黛玉"有之,甚至在集会时、课堂上晕倒的有之……怎么办?

 话题：

如何当好孩子的保健医生?

 闲话：

身体是一个人成功的物质基础,没有它,再好的愿望也只能是空中楼阁。按理,现在很多家庭经济条件都有所改善,生活水平提高了,再加上只有一个孩子,孩子应该健康活泼,生机勃勃才是。可现状并非如此,这说明,要培养出一个体格健壮的孩子,父母不仅要当厨师,做出一手好菜、好饭,当保姆,保护孩子不受凉、受热,而且也应是懂得科学的保健医生。

怎样当孩子的家庭保健医生呢? 主要抓好以下三个环节:

第一个环节是培养卫生习惯。从孩子懂事开始,就要训练孩子养成这样一些习惯:按时作息。早晨,冬天6:00起身,夏天5:30起身,晚上不超过10:00睡觉,中午闭眼休息半小时。有时作业多,尽量不要延长时间,而是在速度、效率方面节省时间。每天下午学校放学后有一小时的文体活动时间。讲究个人卫生,定时刷牙(每天两次)、洗澡、洗脚、洗头、修指(趾)甲、理发、换洗衣服。特别是臭袜子要每天换洗。饭前、饭后、吃东西前要洗手。注意居室卫生,每天开窗通风,床铺及时清理,常晒。要求孩子不乱吃零食,除了正餐外,不随便吃杂食。绝对不到地摊上买小吃,一般不上餐馆吃东西。这些习惯的养成,可大大减少疾病的传染源。

第二个环节是安排合理的营养。在严格要求孩子不挑食的前提下,正常情况作如下安排。早餐的食谱为:牛奶、豆浆、米饭、馒头、面包、鸡蛋、小菜。坚持干稀结合,营养品与主食结合,按时与及时吃饭结合。原则是保证孩子半天消耗的能源足够。午餐要荤素搭配,荤以鱼、蛋、肉为主,素的比例尽量大一些,经常换花色,保证各种营养成分的补充,特别是孩子发育所需的钙质和维生素。晚餐原则上和午餐一样,因为晚上孩子还要学习,消耗比较大。如遇特殊情况,诸如期中、期末考试,或者是参加某项竞赛的准备阶段等,因用脑较多,早晨肯定要吃鸡蛋,晚上加夜宵,保证足够的营养,使精力得到及时补充。

第三个环节是注意多发病、常见病的预防。重点注意四种疾病的预防:一是近视。采取的措施主要是配足灯光,因荧光灯伤眼睛,要给孩子配白炽台灯;经常注意纠正孩子的读书、写字姿势,要求看一会书就望远休息一下;房间布置要以绿色为主。父母还可学会一套防近视保健气功,与孩子一起做。当听到孩子讲眼睛疲劳或者有点模糊时,就让他滴眼药水(眼宁、珍视明),尽快消除眼睛疲劳。二是胃病。不按时吃饭,一饥一饱,暴饮暴食最容易得胃病,因此要特别注意孩子的饮食有序,一定要让他吃过早饭上学。另外,尽量少吃生冷的东西。三是神经衰弱。孩子得这种病大部分是用脑过度或心理负担太重所致。因此要一方面指导孩子合理安排时间,劳逸结合;同时指导他掌握科学的学习方法,尽量使学习效率提高,能比较自如地学习,胜任自己的学习任务,而且能取得较好的成绩,以始终保持一种愉悦的心情,避免出现烦躁、焦虑、自卑等不良心理。还要设法培养孩子的自信心和耐挫能力,这样,即使碰到困难也很乐观,积极想办法,勇往直前,避免陷入寝食不安、抑郁等困境。总之要经常关注孩子,及时帮助他平衡心理、稳定情绪,使神经免受刺激,以保持良好的精神状态。四是感冒。这是孩子最容易感染的一种疾病,因为他生活在集体中,传染源较多。另外,孩子爱运动,一身大汗后如不及时穿衣服,凉风一吹,肯定感冒。再有就是天气变化,衣服不能及时增减的话,易受凉感冒。因此一方面要督促孩子养成良好习惯,会自己保护自己,同时,也是更为重要的,要督促他加强锻炼,增强体质,提高免疫力。比如每天用冷水洗脸,每天早晨锻炼等。只要平时采取预防措施,孩子就会少生病。偶尔有些不舒服,及时吃些药也就没什么大碍。

为了孩子健康成长,每位家长要甘愿当一名兼职的保健医生。但保健医生不等于保姆,不是把孩子的一切包下来,而是设法让孩子懂得保健的重要,掌握保健的方法,为当一个健康的中国人,为将来建设现代化的社会主义祖国准备本钱。

第83招　关心孩子的心理健康

 拾碎：

为人父母者，没有人不希望自己的孩子能健康成长，但有不少家长总能发现，不管给孩子吃得多好，不管给孩子吃多少补品，孩子还是精神不佳，萎靡不振，有的还总是烦躁不安。把孩子送到医院体检，又查不出什么病，很为孩子焦虑。这是什么问题呢？

 话题：

如何关心孩子的心理健康？

 闲话：

让家长们焦虑的问题的答案只有一个——心理。据大量的调查研究发现，学生因为学习负担、人际交往、家庭、学校、社会环境等原因，往往会出现自卑、紧张、焦虑、烦躁、抑郁、嫉妒、逆反等心理问题。如果一个人的心理不健康，往往也会导致生理上的不健康，如不及时解决，就会出现病态反映。

那么，怎样去了解孩子的心理呢？根据成功家长的经验，大致可以采用望、闻、问、切的方式进行。所谓"望"，要做到三点：一望孩子的神情是欢愉还是呆滞；二望孩子的步态是轻捷还是沉重；三望孩子的动作是灵活还是迟钝。如果是后者，孩子心理必然有负担。所谓"闻"，就是听孩子说话的语气、语调、语音，话多还是话少，轻柔还是生硬，缓慢还是急促，语音正常还是变调等，从孩子的声音中辨出情绪。所谓"问"，可以是随意问、习惯性地问，或是有意识地问。前两者是在不经意的聊天中了解到孩子的一般情况；后者是察言观色后，或发现某些问题后，有目的地找孩子谈心，这种问可以对孩子了解得深一些。但不管哪一种问，都必须找准时机，问得有技巧，要问到点子上，否则孩子会把心灵的窗户关起来，你什么也问不到。"切"是根据前面三种考察，进行最后诊断。

了解的目的是为了更好地实施心理辅导，那么，如何开展心理辅导才能有所成效呢？有关专家提供了四个"四"的方法，很值得一试。

一为"四调"，即调换、调整、调控、调适。这是家长在发现孩子有心理疙瘩后，指导或直接帮助孩子时采取的措施。

二为"四心",即留心、关心、爱心、信心。这是从家长角度来说,必须以身作则做到的。

三为"四换",即换个角色、换个角度、换种心情、换种做法。这是家长在看待孩子心理问题时的立足点。只有设身处地、因事而异、灵活变通,才能实事求是地作出正确判断,采用正确方法解决问题。

四为"四分",即分享快乐、分解忧愁、分担痛苦、分流烦恼。这要求父母以朋友的身份理解孩子、鼓励孩子。

心理辅导能否成功,关键在于能否了解、理解孩子,能否架设起亲子间心灵沟通的桥梁。

第84招　进行考前的健康指导

 拾碎:

关于考前家长应该为孩子的健康做些什么的话题,家长们各抒己见。特别是对考前应吃脑黄金还是超脑力训练的问题分歧较大。

 话题:

怎样进行考前的健康指导?

 闲话:

要找出答案不难,只要能回答出这样几个简单的问题,答案就自明了。一是考前为什么要喝脑黄金?为什么要接受超脑力训练?可能每个考生都能不假思索地回答:还不是为了考出好成绩。确实,脑黄金能提供大脑最需要的营养素,能促进脑细胞和神经系统的功能发挥到最佳状态,但如果你平时不知道怎么去学这门学科,不知道怎样去应用所学的知识,例如,公式怎么用于解题?定理、定义怎么理解,怎么运用?一道题能有多少种解法,如果已知条件变化了怎么办?如此等等都不知道,试问,考前该喝多少脑黄金才能使你对以上这些问题一下子豁然开朗呢?再说,接受超脑力训练,无非是在短时间内让记忆力得到强化训练,将知识强行记住,但如果平时学习中,没有足够的知识积累,没有能把握住所学知识中的要点、重点、难点,考前老师又没有划考试范围,试问,你知道将会考什么吗?你该强记些什么呢?如果这些心中都无数,那怎样强化训练呢?如果把这些问题连起来想一想,问题的答案就很清楚了。但并非说考前对孩子的健康给以更多的关注不重要,只是说不能迷信保健品,把赌注下在保健品身上,而要抓住健康指导的关键。根据成功家长的经验,考前的健康指导主要抓两个方面:

一是时间的科学安排。不能因为考试把时间安排得紧紧的,使孩子没有一点喘息的时间。家长要指导孩子学会用"弹钢琴"的方法,学习与休息相结合、适当的娱乐与睡觉相结合、文理科复习交替进行。也有的孩子贪玩,考试前还像没事人一样,家长应适当控制孩子玩的时间,教育或者指导孩子合理使用时间。特别要防止熬夜,保障孩子充足的睡眠时间,以保证头脑清醒。

二是科学的营养。平时需要营养,考试期间就更加需要。主要是注意膳食中营养的搭配,如热能的供给,维生素、矿物质的摄入要均衡,特别要经常补充对大脑神经有补给作用的食品,如蛋类中的蛋黄、海鱼、植物油、动物油、乳类等,另外,如芝麻、山药、百合、大枣、枸杞子、藕粉,水果中的荔枝、葡萄、樱桃、桂圆等,还有如粳米、荞麦、豌豆、绿豆等谷类、豆类对益智、养心(即补脑)都有好处,应常吃。保证体内摄入足量的蛋白质和脑营养素以适应紧张的脑力劳动。谨防因早读时间长而影响食用早餐、因紧张而影响胃口吃不下饭。如不吃饱吃好,不仅影响体力,而且影响思维的敏捷性。至于是否要服用一些脑力静或脑轻松之类的药物或滋补品,答案应该是未必。

总之,考试期间,家长对孩子生活的关心,应以保障孩子的健康为根本,让孩子的脑力、体力、心理跟上考试的需要。

第85招　指导孩子学会生活

 拾碎:

我经常听到家长就孩子有没有必要花精力学会生活的问题产生争议。有人认为学生的任务就是学习,花时间去学习生活是浪费时间,工作以后再学也不迟;有人则持相反意见。

 话题：

要不要进行孩子的生活指导？

 闲话：

其实，学习与生活并非是对立的两个方面，而应该是相互依存的。生活有规律，自理能力强的人，学习一定也会安排得井井有条，学习效率高；而且，在处理生活的过程中，能培养毅力、耐挫力、创造力等各种能力；更重要的是，一个人懂得生活才可能有健康的身体，这是完成人生任务必需的前提。

现在的孩子生活能力偏弱。父母不在家，只会吃方便面。自己的房间乱糟糟的，脏衣服、脏袜子乱甩等等且不说，在中日小朋友两次夏令营的较量中都处于劣势这一事实给人的警示太深了。这种现象如不迅速改变是不行的，而家庭教育应在此种转变中发挥重要作用。

家长应该怎样对孩子进行生活指导呢？

首要的是培养健康向上的生活需要。这就需要指导孩子把生活的标尺定准，不管家庭经济条件如何，要保持中华民族的传统美德，不追求高消费，不去乱攀比。家长首先要以身作则，那种花天酒地、过分奢靡的生活，只会迷乱孩子的心志；不适当地给零花钱，不适当地给孩子买高档生活用品，不适当地满足孩子的无理要求，都不利于确立正确的生活标尺。

关键是进行生活能力的培养。对青少年来说，主要培养其基础生活能力，即自理、自立能力。培养的渠道是在生活中学会生活，方法是让孩子自己的事情自己做，自己的问题自己解决。当然，不同的家庭情况不一样，孩子可做的事情也不尽相同。但诸如自己房间中的床铺、书桌、摆设、地面、窗户等应自己整理;小件的内衣、内裤、鞋袜应自己洗涤;自己的书包要自己整理。另外,家长应放手让孩子做一些家庭服务性的劳动,有意识地创设机会让孩子锻炼。比如当一日家长,学习理财、学习管理;家庭有特殊情况,让孩子参与处理等。这样不仅可以培养孩子的参与意识和主人翁思想,还有助于增强其生活能力。

必须指导有规律的生活。指导孩子处理好两种关系:一是合理分配学习、处理生活的精力;一是合理分配学习、处理生活的时间。所谓合理就是要掌握好"度",要把握住"度",就要指导孩子学会制定两张表:一张是作息时间表,一张是学习、生活安排表。生活有了规律,就能保持充沛的精力投入学习、生活。

不能忽略高尚生活情趣的培养,使孩子的生活丰富多彩。来到花园里,来到草地上;在水中游,在天上飞;在球场上奔跑,在音乐中陶醉,让孩子感到生活充满阳光,有意义,有乐趣,内心是充实的,情绪是乐观的,那么孩子必然活力四射。

孩子的生活指导是多方面的,孩子学会生活是一举多得的事,指导得好,能有力地促进孩子健康成长。

第86招 指导孩子有序度假期

 拾碎:

我看到孩子在假期中,白天和黑夜倒着过。看电视看到半夜,第二天一觉睡到吃中饭,吃了饭再磨磨蹭蹭、东摸西摸,天就黑了,然后又循环往复,懒散而无目标地一天天混日子。

 话题:

怎样指导孩子有序度假期?

 闲话:

对孩子来说,一年中可享受的假期比较多,除平时的法定假日外,寒暑假有近三个月的时间,因此假期中的生活安排对孩子的健康成长有较大影响,父母必须重视。青少年的自控能力比较差,假期离开学校整天在家里生活,父母正常工作无时间管理、督促，要孩子独立安排自己，出现问题在所难免。要使孩子掌控好自己，家长必须做一件事，那就是和孩子一起对假期的时间作科学的安排，定出假期作息时间表。

假期时间安排的原则应是使孩子在假期中既能充分休息，又能有所得；既丰富知识面，又增强实践能力；身体既得到放松调节，又不至于懒懒散散，让孩子养精蓄锐，朝气蓬勃地迎接新的学习任务。具体安排时，首先要在整体上保证学习时间与其他活动时间的适度比例；以一天为例，安排一张作息时间表，处理好学习、活动、休息的关系。下面提供一张粗线条的作息时间表供参考。

早晨起床时间可较平时上学时间晚一些，但不能睡懒觉。一般以 6:30 左右为宜，起床后应坚持早读或早锻炼。早读内容一要坚持每天背外语单词或课文，必须"拳不离手"、"曲不离口"；二要读背一些古诗词名篇和格言、警句，以提高文学素养和语文水平。早锻炼以跑步、做操或跟大人学做气功为宜。

上午时间为一天中的黄金时间。应用两小时左右时间做作业、复习旧课、预习新课程，用半个小时到一个小时时间学做家务。

中午可午睡，下午 2:00—3:00 起床后，可安排看报纸、阅读课外书籍或者安排小科技制作。5:00 左右可安排一些文体活动，如听音乐、唱卡拉 OK、打球、下棋、游泳等。

晚上时间，因处于假期，家长可适当放宽"政策"，让孩子较自由地看看电视，听听广播，看看课外书籍。当然，家长应作适当指导，使孩子能从新闻媒介中吸取信息，增长知识。晚上睡觉时间以 10:00 点左右为宜。

以上说的是一般性的时间安排，与此同时，还要考虑假期的总体安排。总体部署中，除考虑个体因素，如孩子参加补习班、夏令营、艺术班、兴趣特长班等外，有三个共性因素必须考虑：一是充分利用假期有相对较多的自我支配时间，家长应安排一些参观旅游活动或勤工俭学活动，让孩子到社会大课堂中去看一看、听一听、学一学；二是适当安排劳动时间，可参加家务劳动、自我服务劳动、社会服务劳动等，培养自理自立能力；三是文化知识的查漏补缺，适当安排旧知的补缺和新知的准备时间。

假期时间的安排和计划的制订，绝不能由家长包办代替，应该是家长提醒、指导，和孩子共同商定，然后由孩子自己制定、自己推行，如果不是出于孩子的自觉自愿，而是家长的硬性规定，孩子肯定会产生逆反心理，阳奉阴违，最后事与愿违。

第87招　教会孩子珍爱生命

拾碎：

从报端和电视报道中，常常会看到吃农药、跳楼等青少年自杀事件，平时也会听到孩子嘴里不时冒出"我去死"之类的话，好像生命在他们眼里根本无所谓。

话题：

如何教育孩子珍爱生命？

闲话：

"生命诚可贵"几乎是每个中小学生都知道的道理，但是生命究竟有多大价值，应该如何对待生命并不是每个孩子都能明白。人都有求生的欲望，但社会上出现的那些令人痛心的悲剧警示我们，对生命的意义没有正确的理解，就会进入误区。因此，对孩子进行生命教育应视为家庭教育中必不可少的一课。

家庭如何进行生命教育？

首先要让孩子真正理解生命的意义。从生命对自己个人的价值，生命对家庭的价值，生命对社会、国家的价值三个维度来理解，让孩子懂得人出生之日起，生命就不属于他个人。生命是父母给的，你就要报父母养育之恩，就要对家庭承担责任;在天地、山河的怀抱中成长,你就不能忘记对哺育你的民族、国家负有社会义务和责任。当这些责任没有完成的时候,谁都没有理由离开人世。

其二,要教育孩子避免走入两个误区:一是轻生,稍有不称心,就拿"死"说事;遇到困难和挫折,不是勇敢地去面对,设法过这个坎,而是逃避,以最简单的"一死了之"的方法结束,把难题、痛苦丢给家人、他人。这是一种极端懦弱和自私的行为。一是保命,把自己的命看得比什么都重要,损人利己,不顾民族大义,只要自己过得好,不惜牺牲他人的利益和国家利益。当龟孙子、当叛徒都行,没有人格、没有骨气,活得轻如鸿毛。

其三,要指导珍爱生命的方法。一是关注健康。让孩子知道健康不健康这是他自己的事情,父母不管经济条件如何,总是努力为孩子创造生活条件,作为孩子要懂得珍惜。要按时作息、按时就餐;对食物不挑三拣四;不讳疾忌医,有病就看;不无事生非,保持心态平衡;加强锻炼,提高体质。二是注意安全。让孩子了解一些必要的安全知识;掌握水、火、电、煤气等出现事故时的应急措施;懂得大的灾难如地震、水灾、雪灾等出现时的自救方法,知道防盗、防骗等自我保护、免受伤害的应对办法。总之,要让孩子学会自我保护。三是不走歧途。不沾黄、赌、毒,远离毒品,不看黄色宣传物,不参加赌博,不在网吧中消磨时间,消耗生命;不铤而走险,不去打架闹事,拿生命作儿戏。

第88招　教会孩子自我保护

 **拾碎**:

从新闻传媒中不时地会听到、看到这样的消息:某孩子被拐骗,某孩子从楼上摔下,某孩子触电身亡,某孩子溺水淹死……

 **话题**:

怎样教会孩子自我保护?

 **闲话**:

发生这些令人痛心的事件的原因是多方面的,现在家庭一般只有一个"小皇

帝"或者"小公主",每个家长都希望自己的孩子平平安安、健康成长,因此多数家长都十分重视孩子的安全。但也有一些家长粗心,没有对孩子采取保护措施;有的没能及时、及早对孩子进行安全教育。

安全教育应从婴幼儿时期开始,小学时期更是安全教育的关键期。小学阶段的儿童好奇心强,有强烈的独立意识,并且有初步的外出活动能力,他们什么都想做,而且想独自去做。可是他们受到知识、经验、自制能力、身心条件等方面的限制,很多事不能做,也做不好。可以说,整个未成年阶段都是容易出事故的时期,所以,这时期的安全教育显得特别重要。由于父母不可能像老母鸡一样整日护着小鸡,故应将教会孩子自我保护作为安全教育的主要内容。

对孩子进行自我保护的指导范围是很广的,涉及到交通安全、用电用气安全、饮食安全、室内外活动安全、防盗防骗等。在家有在家的安全问题,如有陌生人敲门怎么办?遇到到家里偷窃的人怎么办?煤气罐漏气怎么办?外出有外出的安全问题,如遇到抢劫怎么办?被拐骗怎么办?女孩子遇到性侵犯怎么办?不小心掉到河里怎么办?发现火灾怎么办?迷路了怎么办?遇到突发事件怎样向"110"、"119"、"120"求助?……

要使孩子了解和掌握一系列的自我保护知识,家长必须抓住各种机会,采用多种方法进行教育。教育方法一般有:① 说理授知法。既进行加强自我保护意识的教育,又教给孩子自我保护的方法。② 正反对比法。从重视与不重视,做与不做的两种不同后果的对比中特别是结合现实生活中的实例,让孩子自己体验该怎样做。③ 模拟演练法。对比较严重的问题,口述不容易说清,可模拟操作。如遇到地震怎么办?煤气泄漏怎么办?均可在家中演练。④ 角色互换法。互换角色可使孩子产生体验或形成能力。比如,陌生人敲门怎么办?可让孩子扮演有问题的陌生人,家长扮演孩子,演一场小戏。总之,家长可根据不同内容、不同境况、孩子的不同年龄、不同的心理特点等,采用不同的方法,进行预防性的适时教育,千万不能掉以轻心。

第八篇　营造快乐成长的伊甸园

> 家庭、学校、社会实施三结合教育，目标一致，步伐协调，营造孩子快乐成长的优良环境，能为现代人才辈出提供强有力的保证。

第89招　为孩子营造良好的成长环境

 拾碎：

有一次外孙女给我出了一道题，让我评一评谁对谁错。题目是这样的：她的一个同学在家吃饭，奶奶不当心把碗碰翻了，她爸爸立刻骂奶奶，说："这么大年纪了，还这么不当心，白活了。"她很气愤，当即提高了嗓门骂她爸爸："你这么大人了，还不懂尊敬老人，白活了。"结果，她还挨了她爸爸一巴掌，说她没大没小，教训教训她。听完她的故事，我让她评价，她说是爸爸错，我问为什么，她回答我："爸爸自己没有做好榜样，还霸道。"我直夸她有见识。

 话题：

怎样为孩子营造良好的成长环境？

 闲话：

教育家马霍娃在《教育子女的艺术》一文中有这样一段著名的论述："必须用家庭的风气、父母的行动、家里人的相互关系来教育他们对人的热心和同情。父母们单单用训诫的方法去培养孩子某些道德品质是错误的。"这说明环境的影响在孩子成长中的作用是非常大的。我们不能想象，如果一个家庭中，父母整天在家里忙于"筑长城"(打麻将牌),孩子却能安心学习;父母把电视机开得哇哇直响,孩子却能在旁边专心做作业;父母整天为鸡毛蒜皮的小事吵架,孩子的心理却能平和;父母粗暴地对待老人,孩子却能讲礼貌、孝顺父母。更不能想象,当父母的整天忙于搞特权、谋私利、违法乱纪,孩子却能具备现代公民的良好品质……

总之,只有营造一个有利于孩子成长的家庭环境,孩子才能健康发展。

那么,应该为孩子营造怎样的家庭成长环境呢?应从两方面入手:一是软环境;一是硬环境。

所谓软环境是指家长自身的形象、家庭的人际关系、家庭的风气。家长是孩子的榜样,可以这样说,孩子从有知觉开始,就一直在模仿父母、学习父母,在父母的教育、指导下逐步成长。如果说环境对人的影响是潜移默化的,那么,家长对孩子的影响既是潜移默化的,又是直接的。因此,良好家庭环境的营造,首先是家长形象的自我完善。21世纪的父母,应具备"五有":一有前卫的思想。要对现代社会有清醒的认识,明确自己应承担的社会责任和自己应有的态度和行为,还要对现代社会对人才的要求很清楚。只有这样,才能明确培养目标,用时代精神教育、熏陶孩子。二有良好的道德品质。这既是自己立身的需要,也是"以身立范"的必要条件。身教比言教的作用更大,榜样是一种无声的命令。三有良好的心理素质。这是一个教育者不可缺少的素质。如果心理承受能力差,对孩子成长中的曲折就不能正确对待,就可能产生急躁、粗暴的态度。如果耐挫力差,就容易对孩子丧失信心。四有科学的育儿方法。这是良好愿望化为现实的必要手段。溺爱、放任、打骂只会扭曲孩子,只有耐心的教育、严格的管理、民主平等的关系才能使孩子接受教育,走上正轨。五有适应现代社会的能力。这里的能力含义很广,既指能出色地执行自己的工作任务,也指能应对遇到的各种困难、挫折,使自己立于不败之地。不一定要成为孩子心目中的偶像,至少也要让孩子为有这样的父母而骄傲。如果父母自身形象完善了,就能形成小尊老、老爱小,互相尊重,民主平等,互谅互让,亲密和谐的家庭人际关系。在这种关系中,孩子的心情就会平和、愉悦,身心就会健康发展。正是有了前两者,才会形成积极的、奋发上进的家风。在这种气氛中,孩子才会有一股锐气,蓬勃向上。

所谓硬环境,是指孩子德智体美劳全面发展、创新意识的培养、实践能力和创造能力的培养必须具备的物质条件。家长在经济条件许可的情况下,应尽可能进行一些投入,当然,也不是越多越好。以适用、必需为原则,可因陋就简,少花钱多办事。比如,参考资料要备,但要选择质量高的,有一套,最多两套就行了;做小制作的材料需要备;课外书籍有条件可买一些(或借一些);家里的环境布置要精心,既要有教育性,又要适合年龄特点,防止过于花哨,分散孩子注意力。

总之,良好家庭环境的营造是必要的,营造什么,怎样营造,这里面大有学问。家长需要根据孩子的不同情况和家庭的不同条件,以积极的态度去研究、去实施。重视与不重视不一样,做与不做又不一样。为了我们的孩子,行动吧!

第90招 优化家庭文化建设

 **拾碎**:

我看到很多家庭装潢得很漂亮,家具很豪华,给人的感受除了高档、气派外,就说不出什么别的了。孩子生活在这样的环境中能得到什么呢?

 **话题**:

怎样优化家庭文化建设?

 闲话:

家庭文化是当今家庭教育中的时髦概念,它涉及的范围很广,在孩子的成长过程中起着重要的作用。优化家庭文化的观点,已逐步被父母所接受。由于家庭这种组织的特殊性,家庭文化不像校园文化那样有明显的显性文化和隐性文化之分,显性与隐性两者往往交织在一起,因此我们在家庭文化建设中不管性质,只管方面。具体可从以下几方面进行:

家庭环境布置,既要给人美的享受,又要有教育性。如墙、门窗、窗帘的颜色选择淡绿、淡黄、黄色,显得清淡、典雅。墙上无需华丽的装饰品,字画即可,如壮观的黄山山水、品格高洁的梅花、一往无前的奔马等。室内陈设除了家具外,写字台上配置母子鹿相依的台灯、精美的雨花石盆景,墙角摆放四季常青的兰花、玉树等等。这就可造成一种和谐的、生机盎然的气氛。每个房间都有书橱,放着与各人工作、学习有关的书刊,既提醒人要学习,又为学习提供了方便。

丰富文化生活。① 家里订几份报纸,如《南京日报》、《报刊文摘》、《家教周报》等每人每天都要看报,早晨吃早饭时听广播,中午听社会新闻,晚上看电视新闻。吃饭时亲子间还要交流各自单位与学校发生的趣事。通过以上种种渠道使孩子感受社会与时代的脉搏。② 开展家庭文娱活动。每天中、晚饭前半小时欣赏音乐,也可以走走舞步。双休时安排一次家庭KTV,大人孩子各自表演,唱自己喜爱的歌。不定期的下下棋。春节、元旦等大节日,组织家庭游艺活动。孩子在星期六、星期天可以随便看电视。③ 组织体育活动。每天早晨起床后做操或跑步。允许孩子放学后在学校打一会球。星期天大人和孩子一起打羽毛球,或者到风景区活动。不定期的组织家庭体育比赛,如踢毽子比赛、乒乓球比赛、比臂力等。④ 指导孩子课外阅读。购买必要的参考书,要求孩子做完作业后,自己再选做几题。让孩子在参考书的帮助下对所学的知识进行综合归纳,使知识融会贯通。督促孩子抓紧时间做作业,余下时间可看一些杂志,如《少年科学》、《少年文艺》、《中学生》等。节假日要允许孩子阅读古今中外名著。每天读一首唐诗,翻译一篇文言短文,写一篇日记,可以是观察日记也可以是阅读笔记。

组织实践活动。① 家务劳动:要求孩子每天自己整理房间,自己的手帕、鞋子、内裤自己洗;每天承担中、晚饭的洗碗任务和倒垃圾的任务;自己的学习用品自己买;寒暑假帮助家里彻底打扫卫生。② 科技活动:孩子比较喜欢动手,可准备剪刀、彩纸、胶水、花布,让他学剪纸、布贴画、手工制品等;把家里的旧收音机、钟表让他拆装,准备老虎钳、锤头之类的工具,让他尝试修理自行车、门锁、水龙头之类的小毛病。家里要鼓励他搞小制作,参加学校的小科技作品展。③ 社会活动:节假日寻访名胜古迹,参观展览,到工厂、农村考察,如参观华西大队、飞速发展的乡镇企业。看管家里的花草树木,打扫楼道卫生。支持孩子担任学校红十字会会员等工作,学校、班级需要的卫生用具允许孩子从家里拿。凡学校组织的义务劳动和社会服务活动都大力支持孩子积极参加。总之,凡有实践的机会都不放过,让孩子在实践中体会劳动的欢乐、为他人服务的欢乐,热爱生活,以苦为乐,增强孩子的动手能力和自立能力。

人际交往活动。一是亲子之间的交往。父母子女间绝对平等,经常谈心,家中的事先讨论后办理,让孩子一起参与。要求他慎重考虑父母的意见,他自己处理的比较大的事也要主动与父母商量。如,让孩子身上带一些钱,明确他有使用权,但事前要和父母打招呼。一学期要开一次家庭民主生活会。二是与邻里相处。要求孩子见到楼里的长辈要打招呼,上楼梯不要抢先,叔叔阿姨提着重东西要去帮一把。有时停电、停气,隔壁奶奶一人无法烧饭,让他去送饭、送菜。大冷天、大热天四楼以上没有供水,低层的住户要主动让邻居到家里打水。与邻居小朋友和睦相处。三是带到社会舞台中。有空就带孩子去拜访父母的同学、朋友。如带他自己写的小童话给作家伯伯修改,把他翻译的文章给在大学任教的阿姨检查,向在出版社任职的叔叔讨教,到工厂的伯伯那里参观,与机关工作的叔叔们谈论社会等。总之,让孩子多方受教,受到更多人的关心。通过各种交往让孩子感受到人间的爱、社会的爱,生活在充满爱的和谐的大家庭中,人人爱他,他爱人人。

家风建设。应逐步形成有家庭特色的家风,如为人正直、讲究文明、勤劳朴素、团结和谐、严谨踏实、奋发上进。家长首先要以身作则,让家风在自己身上充分体现出来,同时要求孩子向这方面努力,并发扬光大。

家庭文化建设是一门科学,不管是物质文化还是精神文化的建设都有很大的学问。家长只有努力优化家庭文化,才能使孩子接受良好熏陶,健康成长。家长决不能不负责任,因家庭文化建设的失误而摧残孩子身心,抑制幼苗成长。

第91招　整合家庭的教育力量

 拾碎:

在一些咨询活动中,我常听到家长这样的诉苦:"我在教育小孩,孩子妈妈就在旁边怪我对小孩太凶,说我不了解情况瞎批评。奶奶又在那边喊:'快来吃饭,有话好好讲。'你说我还怎么管教孩子?"

 话题:

怎样整合家庭的教育力量?

 闲话:

这个家庭明显在打教育孩子的拉锯战。现在的家庭有不少是"四、二、一"家庭,一个宝贝,父母双全,爷爷奶奶、公公婆婆均健全。家庭教育者的队伍庞大,但也正是这样的家庭培养出了众多"小皇帝"、"小公主"、"小霸王"。家长想要 4+2＜1,还是 4+2＞6?事实证明,只有 4 与 2 合并起来,才能得到最优质的教育力量。

怎样实施家庭同步教育呢?要从两个方面作努力:

一是家庭成员思想一致、同步教育。

首先是统一认识,观点一致。家里六个大人,对把孩子培养成怎样的人,用什么方法教育这两个问题要进行商量,形成这样的共识:要把孩子培养成正直、善良、有爱心的人,讲究文明礼貌、勤劳朴素、活泼开朗的人,有志向有抱负、聪明好学、知识丰富、头脑灵活、具备多种能力的人,身体健壮、心理健康的人。总之,符合今天对现代人的时髦说法:一个中国人、现代人、文明人、智慧人、健康人。根据社会现实、家庭环境和孩子的具体情况,采用一主五辅的管理体制,即由妈妈或爸爸主管,其他配合,绝不放冷枪、打横炮。

第二,及时交流,不留面子。孩子都是鬼灵精,在妈妈这里要求得不到满足,就到爸爸那里要;在父母面前受了批评就到爷爷奶奶处哭诉告状。如果这种情况不加以阻止,很容易引起大人间的矛盾,造成教育上的不一致。最好的办法是及时交流,不给孩子留面子。如何交流?主要抓两个环节:一是当孩子有什么问题要解决时,主管者及时通报给其他人,让大家心中有数。当孩子向其他人那里提要求或告状时,谁也不能立即表态,和主管的通气后再说。二是不定期的,但至少一个星期就交流一下孩子的情况,商量如何教育的问题。

第三,一人为主,相互补台。在处理孩子的问题时,应该是一人教育,大家拥护,不一定是火上加油,但可以作正面肯定。有不同看法时,当时忍着,过后背着孩子再统一思想。有时需要一个当红脸,一个当白脸,但也要注意分寸,让孩子感到大人的目的是一致的。感到大人都这么说,也许真有道理,这样就会促使孩子冷静考虑,接受意见。比如,父母不准孩子随便用钱,爷爷奶奶就不能额外给钱花,否则,父母的要求就等于零。又如,孩子犯了较大的错误,爸爸妈妈在批评,公公婆婆就不要出来护短,否则批评就等于零。

二是教育方法上的一致性。这方面同样也要注意三点:

首先是要求明确,前后一致。前面已经说过,要对孩子的成长有个思考模式,也就是培养的总目标。为实现总目标必须将其分解成各个阶段目标,总的与分的总体上要一致。在处理具体问题时,要注意开始的要求和最终的要求一致。这样孩子就会知道事情该怎样办,不至于无所适从。

第二是方法一贯,杜绝随意。比如,告知孩子家里的事情他可以发表意见,有什么事情可以和大人商量,可是当孩子真的发表意见时,却来个"小孩子不懂,不要乱插嘴",一盆冷水浇下去。或者遇事来个"大人说了算",非要听爸爸妈妈的。几次下来,孩子就会感到父母不可信赖。假如家长不注意控制情绪,心情不好就对孩子发一通火,那么之前多次的说服教育方法也付诸东流,孩子就不会和你贴心。父母在教育过程中应尽量避免这种现象。

第三是说话算数，许诺兑现。孩子虽小，但毕竟是有头脑的活生生的人，父母千万不能失信于孩子。比如，父母要求孩子每天记日记，就要定期检查。说哪一天进行数学家庭测验，那么，父母不管多忙，都要抽时间出卷子。这样，父母的要求就有权威性，孩子知道凡父母决定了的，不做不行，逐步养成习惯，孩子也就听大人话了。当然如果孩子对父母的要求有看法，应让他们讲，如果确实有理，父母就要进行修正。如果无理，父母就不能接受，要及时做思想工作，直到孩子接受为止，当然这个工作可以是所有家长一起做。凡是对孩子的许诺一定要实现，比如答应买书，答应什么时候带出去旅游，什么时候买新衣服等等，到时要兑现。这样孩子才会明白，凡是答应别人的事一定要做到。那么，他确定了理想和目标，一定会去实现。

家庭同步教育是家庭成功教育的重要一环，要实现确非易事，需要全体家庭成员统一思想，共同努力，协调一致。

第92招　让孩子懂得孝敬长辈

 拾碎：

有一天我的一位同事下班回家晚了，见儿子已洗过澡，就问："衣服换了没有？""换了，从竹竿上收的。"可待她走到阳台一看，傻了：一竹竿衣服不是晾得好好的吗？再仔细一瞧，晾在中间的儿子的内裤、汗衫没有了。原来儿子只是收了自己的衣服，根本没想到把爷爷奶奶、爸爸妈妈的衣服一起收下来。

 话题：

如何让孩子懂得孝敬长辈？

 闲话：

老爱小，小尊老是构建和谐家庭缺一不可的。不知从什么时候起，不少家庭出现了大错位，"小公主"、"小皇帝"能把家中的老老小小指挥得团团转，"孝道"、"爱心"在长辈们的宠爱、溺爱、过分保护中逐步融化，以致消失。孩子吃苹果抢大的;好吃的菜往自己碗里拨;在卫生间洗脸,不准父母进去等现象屡见不鲜。至于熟知众多港台歌星的生辰八字,却不知自己父母的生日,更是众所周知的事实。养儿养女到如此地步,确实不能不令人伤心。古人尚且懂得"让梨"、"割股疗亲",今天,子女对父母冷漠到如此地步,岂不可叹!

怎样改变这种境况?

首先要指导孩子从传统美德中汲取营养。"首孝悌,次见闻","老吾老以及人之老,幼吾幼以及人之幼",这种"孝义"、"仁爱"作为传统美德留传几千年,美化了民族心灵。当今,在新加坡、日本、泰国等国家也得到弘扬发展。可见,继承传统可以培养"孝悌"这种必不可缺的素质。另外,我国《公民道德建设实施纲要》、《中华人民共和国老年人权益保障法》都明确提出了尊老、爱老的要求,必须要让孩子懂得这是每个公民应该具备的起码的道德品质。

父母要以自己尊老的行动给孩子树立榜样。首先在家庭中,对爷爷奶奶、公公婆婆说话的语气、态度要表示出应有的尊重;在长辈有困难、心情不好、身体有病时要关心,全心全意地照顾;凡事先考虑老人后考虑自己,让孩子看在眼里,记在心上,懂得自己也要关爱自己的亲人。其二在社会上,时时处处表现出对长者的尊重,乐于伸出援助之手帮助有困难的老人,让孩子受到真情的感动。

更重要的是为孩子创设实践的机会。如要求孝敬家中老人,饭桌上最好的菜给爷爷奶奶吃,盛的第一碗饭、削的第一个苹果都先给老人。进家门、离家外出都要打招呼,上街或游公园要扶着老人,老人住的房间要帮着打扫,用的痰盂要帮着倒。老人讲的话要耐心听,绝对不允许对老人态度恶劣。老人回家乡探亲时,节假日要写信向他们问候。带着孩子一起参与爱老、助老的活动,让孩子感受到人间的温暖,培育出一颗善良的心。

不可想象，连父母都不关心的人，怎么会有高尚的道德情操？怎会去关心他人？怎会爱国家？因此要把"孝悌"教育作为营造和谐家庭环境的重要一环来抓。

第93招　给孩子参加家务劳动的机会

拾碎：

一次咨询活动中，一位妈妈对我诉说道："我家女儿从不帮助干家务。前两天，我见她做完了功课在看电视，就叫她帮忙收拾厨房，她支支吾吾。说了几次，丝毫没有从电视那儿起身的意思，真叫人来气。我把电视关掉，批评了她。她回我一句：'我还有作业呢！'一溜烟钻进自己的房间去了。"

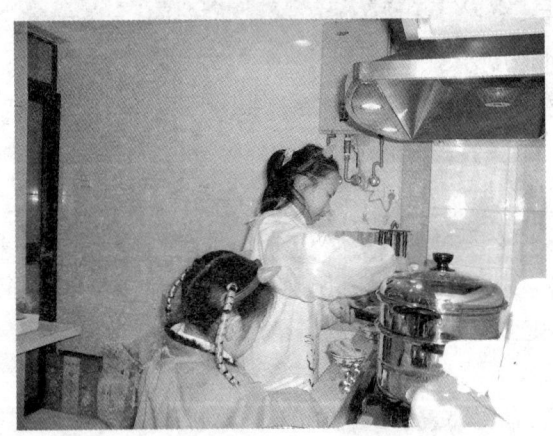

话题：

孩子参加家务劳动有什么好处？

闲话：

不愿做家务劳动确是孩子的通病。不愿扫地、倒垃圾、不愿铺床叠被、不愿烧饭、不愿上街买东西、不愿洗衣服的孩子比比皆是；甚至把臭袜子、脏手帕塞在枕头底下、丢在橱里的孩子也大有人在。别小看这些问题，它们往往是造成家庭不和谐的导火索。孩子不愿做，父母生气；父母要求做，孩子阳奉阴违或干脆顶撞，闹得不可开交。这些不和谐局面的造成，究其源还是在大人身上。孩子小的时候，家长怕他们累着，怕搞脏了，怕他们干不好，因此大包大揽。孩子稍大一些，又指挥不动，为避免矛盾，干脆自己做算了。久而久之，问题就出来了。

其实，"家务劳动"是最不花本钱的教育载体，是进行道德训练的最有意义也最能见成效的一个项目。这是育子过程中不容忽视的一环。因为"家务劳动"至少有五大好处：

其一，培养自理能力。孩子长大总会离开父母，父母不可能替他们包办一辈子。作为人，他们必须要吃饭、穿衣、睡觉，而这些能力只有孩子参与到厨房劳动、整理房间、上街选购物品等的"家务"中才能得到。

其二，懂得珍惜劳动成果。一锅饭烧出来，一盘菜炒出来要经过好多工序。自己亲自操作了才会体会到其中不易，吃起来就会特别香，特别爱惜。久而久之，惜物就会成为习惯。

其三，加深尊长情感。由于自己尝到了甘苦，就会体会到父母培育自己用心之良苦，劳动之艰辛，进而产生的感激之情、钦佩之情会逐步代替"本该如此"、"理所当然"、"活该"等不通情理的想法，从而使两代人之间的距离缩短而加深情感。

其四，培养服务精神。家务工作中有一部分属于自我服务，还有一部分属于家庭"公益"劳动，是为小集体服务，为他人服务的。只有让孩子跳出"自我"的小圈子才可能做得好，因此鼓励孩子从事这方面的劳动，实际上是打破其自私心理。为孩子日后能为更多的人服务，为社会服务打好思想基础。

其五，增长智慧才干。家务劳动不仅能培养劳动观念，而且因为它是一种实践性的活动，实践需要知识作基础，而又能使知识变成能力去获取成果，因此劳动过程实际是学习知识、培养能力的过程，对动手能力、创造能力的提高尤为有利。随着家庭现代化程度的提高，孩子在家务劳动中的收获也会越来越多。

从鼓励孩子做家务劳动开始，使孩子逐步养成劳动习惯。这是在当今物质条件普遍提高的情况下易被忽视的问题。有人曾撰文对各国中学生每日劳动时间进行比较：美国 1.2 小时，泰国 1.1 小时，韩国 0.7 小时，英国 0.6 小时，法国 0.5 小时、日本 0.4 小时、中国 0.2 小时。外国之所以重视让孩子劳动，是因为他们把劳动看作培养实际能力的重要途径。而我国有不少家长，怕劳动弄脏了孩子的衣服，怕不卫生带来疾病，怕疲劳影响身体，怕劳动耽误学习。在家里情愿自己做，也希望教师少组织孩子在校劳动，有的甚至愿意出钱雇人代孩子劳动，其结果只能是孩子越变越娇、越变越懒、越变越无能。这实在不是爱孩子而是害了孩子。家长要走出误区，利用好家庭这个平台，当好家庭指导老师，合理安排家务劳动，适当指导劳动技巧、技能，让孩子在这个平台上成长得更快、更健康。

第94招　开展家庭艺术欣赏活动

 拾碎：

外孙女要参加迎"六一"文艺演出，她不想跳看家舞蹈《青花瓷》，想另选一个舞曲。选什么好呢？我和她边听边品，《梁祝》？内容不合适；《绣金匾》？不适合独舞……选了十几首，最后定了基调欢快、节奏跳跃的《芭比，芭比》。而且，据反映，表现效果很好。

 话题：

怎样开展家庭艺术欣赏活动？

 闲话：

提到艺术欣赏，有人会认为这是艺术家的事情，家庭做不来。其实，家庭艺术欣赏、鉴赏之类的活动很常见，从睡眠曲、儿歌、讲故事，到唱歌、跳舞、绘画、手工、摄影、演奏、欣赏音乐、观看影视、阅读文学作品等，无不是当前许多家庭可进行的艺术活动。好不好听，喜欢不喜欢，已经包含了欣赏的意思，我和外孙女一起做的选舞曲这件事，也是一种艺术鉴赏活动。这类活动起着传授知识、陶冶情操、娱乐身心的作用,而且,能够增进家人间心灵和情感的交流,和谐气氛。因此,家庭开展此类活动很有意义,让孩子具备这方面的能力很有必要,应作为家庭审美教育的一种重要形式。

当然,艺术欣赏是一种层次比较高的认识活动。实践证明,艺术的鉴赏和理解能力不仅靠经验积累,而且要靠学习才能获得。对孩子来说更是需要学习才可能获得这种能力。那么,家庭艺术欣赏活动如何开展?家长怎样进行指导?根据青少年的特点,家庭可进行的艺术欣赏活动重点应放在:音乐欣赏、书法美术欣赏、摄影艺术欣赏、表演艺术欣赏、文学欣赏、影视欣赏等方面。对艺术欣赏的指导要抓三个环节:

一是理解。所谓欣赏,就是要将面前的艺术品所蕴含的美和价值发掘出来,得到启示,获得美的享受和心理的满足,使感官和心灵产生愉悦。因此,首要的是指导孩子细心品味艺术作品的内涵。比如,对文学作品的欣赏,要了解作品所描写的环境,包括自然环境和社会环境,体会其在作品中的作用;要了解作品中描写的人物,包括人物的外貌、神态、语言、动作、性格,体会人物的特点及其在表现主题中的作用;要了解作品的故事情节是如何开始、发展、到达高潮,最后又是怎样结束的;联系环境和人物,体会作品要说明的问题及其意义。孩子喜欢童话、寓言、神话故事,要指导他不仅看热闹,追求有趣,而且要学习这类作品以生动的故事情节、风趣的语言和深刻的寓意吸引人的写作特点。优秀作文能让孩子直接受到启发,可以指导孩子找寻每篇文章的优秀之处,从而学到写文章的诀窍。欣赏音乐要能体会音乐语言,如乐声中的轻声细语,如诉如泣;金戈铁马,铿锵奔腾;鸟语流水,空明宁静……情绪跟随乐声而起伏。欣赏书画,要懂得从运笔、构架、色彩、形态等方面体会其中的神韵。

二是鉴别。现在,自称为艺术的东西太多了。好的固然应该作为学习知识和提高艺术鉴赏能力的范本,但很少有作品是十全十美的。这里就有个鉴别的问题,去粗取精,去伪存真,好的吸收,坏的剔除。如古代的、外国的一些作品,由于历史和时代的局限,有些观点陈旧;由于科学的发展,认识的不断进化,有些知识不仅陈旧,还会有错误。现代的艺术作品,由于开放程度加大,鱼目混珠的现象也不在少数。如果孩子碰到的不是真正的艺术品,不仅不能得益,反而还会受到毒害。有的作品,虽然内容没有问题,但没有一点艺术性,甚至还非常粗劣,欣赏这种东西不仅浪费时间,还会使眼光变得低下。因此,家长不仅要把好关,而且要指导孩子学会如何鉴别。

三是评价。如果欣赏了半天连好坏也分辨不出,那就白花时间了。对艺术品进行评价,是艺术欣赏中不可缺少的一环。对此,家长要指导孩子从局部评价做起,逐步学会全面评价。比如看动画片,可以让孩子对其中出现的各种"人化"的动物评论一番,谁好谁坏,谁是英雄?问孩子节目好不好看,为什么好看?和另外的节目作比较的话,哪个节目更精彩些,为什么?还可以进一步启发孩子,如果让他来编,能不能编得更好一些,如此等等。假如家长经常做这方面的引导,孩子的艺术欣赏能力就能在日积月累中不断提高。

第 95 招　合理发挥隔代教育的作用

 拾碎:

我经常想一个问题:我是外婆,我对两个外孙女究竟要负多大责任?这个责任我究竟要负到什么时候?说实话,在我理智的时候积极性很高,再大的困难我都能克服,但有很多时候我也深感力不从心,浑身提不起劲。恐怕很多爷爷奶奶、外公外婆都有同感。

 话题:

如何发挥隔代教育的作用?

 闲话:

　　第三代是家庭的后代,是家庭的希望,祖辈担负教育第三代的责任应该属于分内之事,义不容辞。而且老人退休了,有时间优势,有养育孩子的经验,而且有爱心、耐心,在老有所养的同时,为家庭作些贡献也是理所当然的。

　　但责任有多大？我本以为退休了,子女工作忙,这个担子就我来挑,孙辈的学习、生活不让子女操心。管第一个外孙女的时候,甚至不要女儿过问,孩子放学后吃住、学习全在我家。结果,一个月不到,我就累得筋疲力尽,孩子却跟我抗议:"你想把我和妈妈隔断吗？"为了孩子,女儿还因管理理念不同和我争执起来。管第二个外孙女的时候,我再不要求孩子在我家住宿,放学后到我家做作业、吃晚饭即可。但只要门铃一响,小东西就像弹簧一样跳起来,嘴里喊着"妈妈回来了",手上就收作业、归书包,马上要回她的家。实践告诉我,父母是孩子的第一责任人,只要父母在,你抢不过来,也代替不了。应该是一代管一代,祖辈只能辅助孩子"他妈"、"他爸"。谁自作多情的话,孩子可不讲情面,他们会来个"不领情"。

　　"主"是作不了,但"辅助"工作绝不能推辞,要充分利用我们"老"的优势,为"小"的服务。我认为,祖辈可以发挥这样一些作用:

　　指导孩子学会做人。可直接参与家庭德育,一方面把好的家风、好的传统美德传递给孩子。通过点点滴滴的往事,就像"听妈妈讲那过去的事情"那样,让孩子了解这个家过去的人和事,让孩子懂得要继承好传统,并发扬光大。一方面把自己几十年积累的人生感悟和经验传授给孩子,让他把路走正;同时带领孩子一起直面现实社会,认识发生在周围地区的、国家的、世界的人和事,从中长见识、明事理。

　　指导孩子发展能力、特长。祖辈们经过几十年风风雨雨锤炼,在人生舞台上都有一定的表现技能,都希望把自己的绝技传给子孙后代。工农有劳动专项技能,教师能进行学科辅导,文体工作者、艺术家更有一技之长。总之,不管涉及哪些领域,能让孩子有课外的兴趣爱好,培养各种能力,发展特长,都将会使孩子终身受益。

　　指导孩子学会生活。祖辈在家最擅长的是把什么家务事都包下来,舍不得让孙子孙女这些心肝宝贝参加劳动,唯恐他们搞脏搞累。这实际上是剥夺了孩子的锻炼机会,会让他们变成离开大人不会生活的无能之辈。古人尚且知道编个颈上挂大饼的故事来讽刺溺爱的家庭教育方法,今天的我们千万不能重蹈覆辙。要敢于放手,耐心指导,从让孩子自己的事情自己做开始,到参加家务劳动,将来才可能应对社会生活。

要想这些事能切实有效地成功实施,关键是要和孩子的父母取得一致意见,得到支持。否则,你在讲传统,你的儿子在一旁不冷不热地来一句"老黄历,不要翻了!",那你的话就等于放空气,什么用都没有。相反的,孩子父母在教育时,你在旁边帮腔,同样会抵消教育作用。很多"四、二、一"家庭,6个大人管不好一个孩子,其问题大多出于此。因此,祖辈参与教育第三代,一定要注意摆正自己的角色位置,不能越俎代庖;不管多心疼第三代,都不能和孩子父母唱对台戏。应该说有祖辈帮衬的家庭是幸福的,祖辈的作用发挥得当,一定更有利于孩子健康成长。

第96招　和学校同步进行教育

 拾碎:

最近看《中国教育改革和发展纲要》,对其中有一段很是认同:"全社会都要关心和保护青少年的健康成长,形成社会教育、家庭教育同学校教育密切配合的局面。"

 话题:

怎样和学校同步进行教育?

 闲话:

孩子的成长光靠家长的力量是不够的,但把责任全推到教师身上效果也不好,不考虑社会因素关起门来教育也不行。只有三者配合起来,互为补充,形成合力,才能培养出现代化人才。这里,只想就家庭和学校、教师协同教育谈一些体会和做法:

一、同步教育的重要性

家庭与学校,父母与老师协同一致教育可以强化目标的激励效应。如孩子进入中学后,学校"家长学校"的第一课内容就是"如何搞好中小学衔接",并且向家长宣读《中学德育大纲》和《中学生日常行为规范》,家长按照这个要求教育训练孩子,使孩子明确当学生的标准,知道必须向这个方向努力,路就走得正了。家庭和学校配合,可以使父母与教师沟通情况,及时进行教育,有的放矢,效果显著。另外,对父母来说,可以从教师身上学到一些教育孩子的方法,弥补自己对心理学、教育学不懂或者知之甚少、研究不足的缺陷,使家庭教育渐趋科学化。

二、同步教育的内容

应该和教育方针中提出的将学生培养成为有理想、有道德、有纪律、有文化的社会主义新人一致。也就是说在德育、智育、体育各方面都要进行配合。首先是配合培养孩子良好的品德、行为习惯和心理素质。家、校要求要一致,同时配合开展教育和训练活动。比如学校进行文明礼貌教育,家里就训练孩子使用文明用语,教孩子待人接物的礼仪,告诉孩子应该使自己成为彬彬有礼、文明大方、有风度的男子汉。第二是抓学习。这方面的配合是每位家长都要重视的。家庭可配合抓孩子的预习、复习、作业;进行学习方法的指导;为孩子提供好的学习环境;根据教师的要求和孩子智力发展的需要,准备学习资料、课外读物和搞科技小制作的材料。同时还要关注孩子的情绪变化,发现他成绩好,有些得意时,就提醒他;发现他考试失误后灰溜溜的,就给他鼓气,使他保持平衡的心态。第三是配合抓身体。身体是本钱,父母无不关心孩子的身体,但大多局限在给孩子提供足够的营养上。如在"家长学校"听了"怎样使你孩子体育合格"和"让你的孩子有一双明亮的眼睛"的课,就要配合抓孩子的卫生习惯并进行家庭体育锻炼。如每天带着孩子跑步,增强孩子的身体素质,根据体育合格的标准,帮助孩子锻炼弱项。总之,孩子需要全面健康成长,因此,家庭配合的内容也应既有重点,又尽量全面。

三、家庭配合学校的方法

常用的方法有以下几种:

(1)在"家长学校"认真上课。通过"家长学校"讲授的内容,学习心理学、教育学知识,学习科学的教育方法。了解学校的要求与孩子的情况,以克服教育过程中的盲目性。

(2)参与学校的活动。凡是学校要求家长参加的活动,家长要必到,有时夫妻两人可一起参加。如出席学校家长会,观看军训表演,参加"迈好青春第一步"主题活动等。家长可从活动中了解到孩子在学校的真实表现,更主要的是能了解学校的总体情况以及别的孩子的情况,从而看清自己孩子所处的位置,找出适当的教育路子。另外,还可参加一些学校管理工作,如协助班主任走访后进生,担任学科的辅导工作,帮助联系社会实践地点和交通工具等。每当家长为学校做事时,孩子一定很开心,好像是他对集体作了贡献。当然,家长能为孩子们做些服务工作一定也很开心,因为可以从中领略到教育工作的艰苦和乐趣。

（3）和老师保持经常性的联系。一种是定期的联系，一般一个月左右就和老师联络一次，主要是了解孩子在学校的真实表现，反映在家里的情况，及时和老师商量教育措施。联系方式，可到学校拜访，但会占用老师的工作时间，一般最好电话联系。同时，制定一个家校联系簿，一周传递一次，互通情报。另一种是即时联系，也就是在教育过程中遇到问题及时联系。如有个孩子突然老提"死"字，只要父母稍微批评一下，他就把房门关起来拒绝见人。家长自己无法解决，就向教师讨救兵，邀请老师家访。老师在家里与孩子进行了两个多小时的谈心活动，终于解开了谜底。原来孩子是不原谅父母因工作忙对他的冷淡，加上最近看了一些老庄哲学的书，感到一切都没有意思，不如变成蝴蝶飞走。找到了原因，并及时采取措施，孩子的思想疙瘩很快就解开了。

（4）采取主动的配合措施。家长要把在"家长学校"学到的知识应用到实践中去。认同学校的各项要求，注意孩子道德行为的训练，学习上督促，活动上全力支持，抓好课外阵地。特别注意树立教师的权威，使孩子尊敬老师、热爱老师、尊重老师的劳动，使孩子的心和老师靠近，以增强学校教育的效果。有配合默契的愿望到真正配合默契之间有一段距离，但一旦真正配合好，同步教育的效果肯定比单一教育强。

第 97 招　指导孩子融入集体中

 拾碎：

我常听外孙女讲到班上有些同学不理人，自己游离在集体之外，成为"孤独者"。又说×××和另外几个同学整天在一起，不理其他人。有时候见她回来气呼呼的，抱怨同学太不像话，打扫卫生都跑掉，害她一个人做。一个班几十号人，事情还不少。

 **话题**：

怎样指导孩子融入集体中？

闲话：

看到有些孩子既不想为集体服务,也不愿感受集体的温暖,真为他们担心。

其实,随着年龄的增长,孩子的独立意识越来越强,社会交往的范围也越来越大。他们已不再满足于家庭,而是渴望着生活在更大的集体之中,感受同伴与老师所给予的温暖、尊重、理解,享受集体赋予的权利,承担集体赋予的义务。如果能够充分重视孩子的这种情感体验,引导他们当好集体中的一员,那么孩子必然会在集体的怀抱中得到鼓舞,得到力量,思想、品德,甚至性格都能得到健康发展。因此,每个孩子都应该置身于集体之中。

要使孩子当好集体中的一员,必须从以下几个方面作指导：

一是明确个人和集体的关系。父母要教育孩子懂得要想赢得集体的爱,首先要爱集体的道理。对于青少年来说,这个集体所涵盖的范围很广,有校内的正规组织,如班级小组、学科小组、课外活动队、班集体、校集体、共青团组织;有校外的正规组织,如文学社团、俱乐部、少年宫等;也有一些校内外自发组织的小集团。这个集体可以小至一个小组,大至一个国家。马卡连柯曾说过:"任何一种不为集体利益打算的行为,都是自杀的行为,对社会有害,也就是对自己有害。"这种爱不是用言语而是用行动来表示的。要以集体为家,当集体的主人,班荣我荣,校荣我荣。

二是投身到集体的怀抱中。也就是要积极参加一切集体活动,按照集体的要求规范自己的行为。千万不能以有困难为由不参加,或者以自我为中心,要集体服从自己,更不能与集体对着干。自觉承担集体义务,集体的工作抢着干,凡是集体交给的任务,小至打扫卫生、出黑板报、同学间的互助,大至代表班级、学校参加各项竞赛、外出义务劳动、进行校际交流、外事接待等等,只要是集体的任务,力争不折不扣出色完成,为集体增光添彩,用自己的行动赢得集体的信任和尊重。

三是以谦虚、谨慎、正直、直率、真挚的态度与同学相处。以心换心,以诚换诚;以他人之长补己之短;乐于向同学伸出友谊之手,绝不落井下石;为同学的进步和成绩高兴,和同学、老师建立真诚的友谊。

当孩子在集体中遇到不顺心的事,产生消极情绪时,要帮助孩子分析,具体问题具体解决,尽快使孩子心理平衡。当发现孩子自尊心过强,因希望自己的能力得到公认而争强好胜、制造矛盾时,要及时引导拨正。当发现孩子与社会上的不良自发集团有联系,受他们诱惑,对正规的集体不感兴趣,参加所谓的"团伙",为之死心塌地地卖命时,必须坚决切断他们之间的联系,但切记不能痛打一顿了事,要晓之以理,动之以情,谨防把孩子推到"团伙"一边去。

马克思说得好:"个人只有在集体中,才能获得全面发展其才能的手段。"所以,必须让孩子在集体的大环境中成长,和千千万万个孩子一起走好人生路。

第98招 引领到社会大课堂去

拾碎:

某中学高二的一位学生,暑假到餐馆打工后写下一篇题为《爸爸妈妈,你们听我说》的文章,文中有这样两段话:"一个不想在社会的狂潮中搏一搏、闯一闯的年轻人,不是一个合格的青年。仅仅拥有书本知识,而不到社会上去实践,是很难提高自身能力的。你们说,到那些个体餐馆当服务员是很容易学坏的,但是作为一个有一定文化知识、有头脑的年轻人已具有一定的分辨是非、识别美丑的能力……我自己觉得,这段时间内我所取得的大大超过我在过去得到的。时间虽不长,却使我懂得了一些在学校、在家庭无法得到的东西。从店主的言谈和我的所见、所闻、所做中,我知道了成功来之不易;从接待客人的言谈举止中,我懂得了知识的重要;从在店里接触到的各种人物中,我看到了社会的明与暗;从劳动实践中,我培养了自己的动手能力。"

话题：

怎样引领孩子到社会大课堂中去？

 闲话：

看到孩子的这番心里话，做爸爸妈妈的怎么想呢？我们觉得至少应该注意到以下两点：第一，到社会大课堂中实践是孩子的渴望；第二，社会确实是培养人才的大课堂，它能使孩子增长知识，增长才干。由此可见，让孩子到社会中去实践，是家庭成才教育中不可忽视的一环。更重要的是，现代社会是信息社会，由于各种原因，学校在接收新的信息方面有较大局限性。如果关门办学，学生的知识、能力就会落后于社会，培养出的人才就不能适应现代社会的需求。我国的社会主义现代化建设事业，对人才的需求是多元的，多元的人才需要学校、家庭、社会共同培养。因此，让孩子在社会实践中锻炼成长，既是时代的需要，也是社会的需要。那么，怎样指导孩子到社会中去学习呢？天地广阔，道路多条，方法各异。加上每位家长所拥有的主客观条件不同，指导的途径和方法必然各有特色。

这里根据实践内容和形式的不同，从四个方面谈一下社会实践的指导问题：

一、学习人文知识

节假日，父母带着孩子或让孩子和他的同学、朋友一起进行参观、访问、调查。访问各类典型人物与事件，根据社会热点作专题调查。这些活动，能让孩子熟悉社会、认识社会，感受时代脉搏，感知社会心态，从而体会到自己所处的角色位置，意识到自己该怎么办，同时也可提高孩子的交际能力、思辨能力。考察的另外一种形式是"旅游"。西汉司马迁周游各地十多年，为撰写"史家之绝唱、无韵之离骚"的《史记》打下坚实基础。明代徐霞客踏遍名山大川，写出了融科学与文学于一体、名留千古的《徐霞客游记》。有机会让孩子置身于祖国的壮丽河山中，寻访历史遗迹，观赏祖国的灿烂文化、艺术结晶，了解各地风土人情，必然能激发他们的民族自豪感和爱国热情，激发他们奋发向上的进取心。这种教育所起的作用是课堂上难以产生的。

二、学习做人的道理

这类实践是为了让孩子体验到为他人服务的欢乐，为树立为人民服务、为祖国服务的思想打基础；培养尊老爱幼等传统美德，锻炼处世能力、自立精神。这类实践可采用四种形式：一是社会服务实践。比如，平时帮邻居或家庭所在的居民大院干活，或者帮助孤寡老人做事。二是校园服务实践。首先要认真做好班级值日生工作，还要积极参加学校的一些义务劳动。三是家庭服务实践。即要求孩子为家庭的其他成员服务，如烧饭、洗衣、换煤气等，改变孩子在家中当"小皇帝"、"小公主"的地位，让他成为家庭中的普通一员。四是自我服务实践。即自己的书包自己整理、自己的房间自己打扫、自己的床铺自己收拾、自己的衣服自己洗，让孩子体会到日常生活中的事情是琐碎、复杂的，但又是必须做的；懂得珍惜父母为他们付出的劳动，同时使他们在实践活动中增加知识、增长才干，依赖性逐步减弱而趋向自立。

对于中小学生来说，军训是非常有价值的体验实践活动，很多学校都采用。低年级请解放军进校训练，高年级到军营中生活一段时间，学当人民解放军。军训既能使孩子从军人身上学到好思想、好品德、好作风，获得很多书本上学不到的知识，又能进行意志、毅力等良好心理素质的培养锻炼，还能提高处理人际关系、安排个人生活的能力。因此家长要积极配合学校，鼓励孩子积极参加军训。有些有条件的家庭，还可利用寒暑假让孩子到农村去体验生活。

三、学习科学知识

这是孩子将课堂上所学的知识联系实际、培养动手能力和创造能力不可或缺的一种实践类型。家长可根据孩子的兴趣爱好，做好必要的物质准备，指导孩子在课余时间或节假日搞一些自由活动。比如喜爱书画工艺的，可指导他到社区校外辅导站学习书法、篆刻、绘画、摄影、剪纸、编织、刺绣及制作手工艺品等；喜爱文体的，可以参加社区文体活动，如谱曲、唱歌、弹琴、跳舞、各种田径、球类活动等；喜爱科技的，可采集植物标本、养小动物、种植花草树木、进行动植物解剖；或学当收藏家，集邮、集火花、集门票、集纪念章、集雨花石等；或学习现代化技术如计算机、英文打字、四通打字等；或学当小发明家，将旧钟、旧收录机、旧电视机拆拆装装，运用已知的一些基本原理大胆设想，搞小革新、小发明等。世界是五彩缤纷的，对孩子有极大的吸引力，父母千万不能忽略。

四、认识社会

世界风云变幻，社会现象纷繁复杂，各种思潮并涌，人际关系无常，如果孩子不会观察、不会辨析，思想就会迷乱，行动必然会产生偏差。因此父母要告诉孩子，必须关心国内外、家内外发生的重大事件，并及时和孩子一起评议，形成基本看法。要关心孩子看的书报、电视,及时地引导他去分析、评论。经过反复实践,孩子的观察、思辨能力能得到不断提高。如果具备了这种能力,孩子将终身受益。还可让孩子直接尝试充当社会角色的实践,比如开展勤工俭学,寒暑假到工厂当几天工人,或到餐馆当服务员端盘子;也可利用星期天进行一些实践活动,例如,某中学有些学生每星期轮流到教材门市部当营业员售书。在这些实践中,孩子既可从劳动者身上直接学习劳动技术和优良品德,又可通过接触社会上形形色色的人,了解社会,更可以让孩子体验到劳动的欢乐和艰辛,培养劳动观点,为将来成为千千万万劳动大军中的一员作好思想准备。

以上这些学习都是十分重要的,但并非每个人都能同时进行。父母在指导孩子实践的过程中,要因材施教、实事求是,根据孩子的特点、知识水平、可接受的程度进行。要处理好学校和社会的主次关系,合理分配课内外的时间,这样才能使社会大课堂在育才中发挥应有的作用。

第99招　指导孩子科学使用互联网

 拾碎:

可以说现在的孩子都渴望上网,希望从网络中获得愉快和满足,离开网络,便会烦躁不安,情绪低落。一旦迷上网络,游戏成瘾、滥交网友、迷恋色情、滥收信息,就把内心闭锁起来,拒绝交往,甚至把学习都会丢在一边,真让家长愁坏了。

 话题:

如何指导孩子科学使用互联网?

 闲话:

网络文化是多元的,传统文化与现代文化的交融、本土文化与国外文化的交融、优秀文化和低俗文化的交融,有益文化与有害文化混杂。古今中外的社会科学、自然科学、文化艺术等,包罗万象,极大地丰富了我们的生活。但拜金主义、色情信息、封建迷信、自由化观念等渗透面广,迷惑性强,腐蚀力大。特别是对青少年来说,网络是把双刃剑,一方面可从中扩大视野、激发兴趣、增长知识,培养创新能力,另一方面,由于网络化生命情感交流为文字符号交流,人的真实特征被掩盖,生命的真切感受被排斥,情感、欲望和行为容易出现偏差。虚拟世界中虚无缥缈的未来,异想天开的想象,恶意的伪造、恶搞等,使孩子如身临其境,迷恋难返,以假当真,分辨不清,导致误入歧途。一旦上网成瘾,就会造成角色混乱、交往失落、道德失范、学业荒废、身体诱发疾病、人格异化扭曲等不良后果。纵使孩子有了网瘾,亲子关系由亲变疏、交流减少,家长的权威降低,但家长决不能放弃,要及时采取应对策略。

首先家长要提高自身素质,转变教育观念,了解必要的网络知识(QQ、博客、微信等),提高自身上网能力(认知、思辨、资料搜集),掌握导引方法(沟通、指导、管理)。

其二要关注孩子的网络行为。① 了解孩子的网络行为:上网时间、地点,访问内容、方式,网络影响程度。② 及时矫正网瘾:先寻找网瘾的成因,看是自身个性问题、家庭教育失误、人际交往障碍,还是学校教育失职,然后采取矫正的对策,如脱离法、替代法、干预法、表扬法、辅导法等。

其三要适时进行上网指导。① 进行网德教育,学会自律。② 指导怎样积极用网,吸取有益知识。③ 指导上网方法,提高四种能力:搜索有效信息的能力、创新思维的能力、沟通能力(邮箱使用、微博、QQ 聊天)、自我保护能力(掌握网络安全知识,如如何防止陷入网上交友陷阱;如何避免接受不良信息;如何降低网购风险等)。

其四要构筑必要的网络防线。从渠道上——杜绝出入网吧、封锁有害网站;从内容上——了解上网动机、掌控上网动向;从时间上——关心上网时机、控制时间长短。

其五要和社会、学校沟通合作。① 利用社会、学校构建的优质网站,从新闻信息、文化传播、心理咨询等平台获取有益内容。② 指导孩子浏览健康网站,获取正能量。③ 加入健康的 QQ 群和博客论坛,锻炼思辨能力。

其六要丰富、充实精神生活。扩大孩子生活圈——走出家庭、走向自然、走向人群、走向社会,使孩子的上网兴趣转移;避免孩子沉溺于网络——走进书海、走进操场、走进音乐、走进艺术、走进科学实验、走进社会实践。

家长是孩子的监护人,也是孩子的导师,既有保护孩子不受网络伤害的责任,更有指导引路使孩子健康成长的职责。

第100招　充分利用社会教育资源

 拾碎：

我在"南京市中小学生谈心投诉电话"遇到这样一件事：那天我值班，有个女孩打来电话，我接过一交谈，知道她是小学四年级的孩子。我问她要奶奶帮她解决什么困难，她说她现在一个人，好孤独，想听个故事。我顿时觉得孩子很可怜，于是满口答应，讲了《铁杵磨成针》的故事。她没听完就说："你讲的是李白，我早就知道。"要我讲一个她没听过的鬼故事，我先讲了一个聊斋故事，她说已听过，于是我就临时编了一个不怕鬼的故事，她说不好听，要我讲外国的魔鬼的故事。这时通话已近一个小时，我就跟她商量说现在还有好多小朋友等着打电话，我下次再给她讲，可她坚决不同意。我想强行挂电话，又怕得罪了小"上帝"，担心她给我们电话组提意见，只得答应她再讲一个。当我刚开始讲《渔夫的故事》时，她却打断我说："奶奶，你把电话挂起来。"我以为她不想听了，心中暗喜，哪知道这个小鬼灵精说道："电话打得时间太长了，要付好多钱。奶奶，你按照这个号码打过来。"随即告诉了我号码，我回答电话组有规定，只准接，不准往外打。可她斩钉截铁地说："可以的。"并且举出实例，×月×日×阿姨就这样做的。这下我懵住了，只得给她讲。一边讲，一边还得听她的插话，这样一直聊到六点钟。我说我该下班了，她却说："你可以到六点半下班，××叔叔就是这样的。"这下，我干脆跟她拉家常，了解到她是独生子女，父母一个在工厂、一个在公司，每天回来很迟，学校放学早，回家后感到寂寞，想找人聊聊天。"谈心电话"出台，正好成了她的伙伴，我那天充当了她"侃大山"的对象。

 话题：

怎样利用社会资源？

 闲话：

这件事后，我心中有一种说不出的滋味，像这种情况的孩子又何止一个！怎么办？孩子内心深处感到孤独、空虚——完成作业后无事可做，回家无人陪伴，害怕寂寞,想找人说话。孩子的性格任性、刁蛮,处事精明以至有自私之嫌:她只顾省家里的电话费,别的电话费花多少她不管;她只要自己心理满足,其他小朋友怎样她不管。孩子身上出现的众多问题表明孩子父母有不可推脱的责任,他们忙于工作,忽略了对孩子生活的全面关心和安排,更忽略了对孩子心理和情感变化的把握。学校老师在全面关心孩子成长的过程中,管了校内,而忽略了校外孩子的表现,也有一定责任。但从另外一方面看,孩子很聪明,她知道如何利用外界条件帮助自己。可见,社会力量完全可以成为学校和家庭教育的一个补充。可是,到目前为止,还有很多小朋友没能像她这样利用谈心电话,说明家长在家庭教育中有必要指导孩子学会利用社会资源帮助自己成长。

在这个问题上,更重要的是家长要研究如何整合社会资源,增强教育力量。

首先争取与学校的密切配合。将家庭教育与学校教育衔接起来,将孩子放学后与家长下班回家之前这段时间利用起来,这样就可有效避免学生打游戏机,交坏朋友,或者感到孤独、空虚。建议学校根据自身条件,适当延长放学时间,让学生在校内开展丰富多彩的文体活动、读书活动;或者除布置学科作业外,布置适量文体作业,有需要孩子独立完成的,也有孩子与父母共同完成的;或者根据就近原则,成立校外的学习活动小组,弥补独生子女"独"的不足。

其二要指导孩子参加社区教育活动。参加街道、社区的校外辅导站活动,各类文体和科技活动,参加市、区青少年宫的活动等,使孩子的校外生活丰富而健康。

其三要充分利用节假日,让孩子到社会大课堂去。可利用一切人文景观、历史遗迹、风土人情、现代建筑等"活"的教育资源,以及青少年德育和科技教育基地、博物馆、展览馆、各类纪念馆等,使孩子从中受到教育。

其四,要利用好多媒体的教育作用。近年来,多媒体作为信息传播的现代化工具不仅被广泛运用在社会教育、学校教育中,而且也进入了家庭,以其自身的优势在育人中发挥的作用逐渐被人们所认识和接受。大量实践证明,如果多媒体运用得当,它会给人们带来欢乐和成功,更会加速现代化人才的培养进程。

家庭教育中如何运用多媒体呢?从家庭本身来说,首先要引进适合家庭的多媒体硬件,还要注意积累相关的软件资料,更重要的是要充分利用多媒体的特性发挥其应有作用。可以在以下几个方面寻求效能:利用媒介性特点,让孩子在小家看大世界,了解社会,胸怀世界;利用及时性特点,培养孩子的敏感性、灵活性;利用直观性特点,丰富孩子生活,激发兴趣,增添生活情趣,在多姿多彩的声响、画面中得到美的享受,培养审美情操;利用广泛性特点,扩大孩子的知识面,让孩子在大量的信息中培养观察能力、思维能力、想象能力和创造能力。要让多媒体在家庭教育中产生良性效应,关键还在于家长自身的素质,除了家长本身要自觉提高素质外,学校可通过办"家长学校"起催化作用。

应该说,多媒体在育人中的作用是积极的,但是如果运用不当,也会产生负面效应,如新闻媒介在网络传播中,难免混杂一些消极的信息,孩子不会批判吸收就会起到反作用。此外,由于多媒体传播信息形象生动,青少年易过于投入,沉溺其中,费时费力,影响正常学习,有时更会因此造成家庭关系紧张。因此,在家庭中使用多媒体要注意内容上有选择,时间上定制度,对象上讲针对,形式上要多样。特别是看电视,本应该是有意义的学习和娱乐活动,但看什么栏目和在什么时段看就大有讲究。一般来说,儿童节目、《零距离》、《东方之子》、《东方时空》、《科技博览》等都很好,一些连续剧就要考虑,泡沫剧太浪费时间,凶杀类的有害身心健康。看电视的时间,上午不宜,也不能连续看几个小时。网上游戏并非不可,也有内容和时间规定,不能玩到无节制,另外还有个地点选择,上网吧是不宜的。

要做好这一切,需要家长具备与现代社会相适应的育儿观念,正确处理本职工作和育儿的关系,全面关心孩子的成长。要改变对孩子不闻不问、放任自流或者过于宠爱的倾向。要主动摸索科学育儿的方法,避免充当孩子成长的"拐杖",而要教会孩子自己"游泳"。

只要把社会资源利用好,孩子的校外生活就丰富多彩,充实而有情趣,良好的道德情操、心理素质得到培养的同时,智力、能力也能得到充分的发展。